U0812425

经营性国有资产保值增值机制研究

——基于EVA的理念与方法

李小平　著

科学出版社
北　京

内 容 简 介

国有资产保值增值是国企生产要素资本化的本质要求，建立国有资产保值增值机制是国有资产管理体制改革的重要任务。EVA（经济增加值）是一种以 EVA 为标准来激发经营者和员工努力为出资人创造财富的价值思想和方法。本书从 EVA 思想出发，建立 EVA 与国有资产保值增值机制的联系方式，探求 EVA 与国有资产保值增值机制的关系机理，解释 EVA 对国有资产保值增值机制的重要影响，以寻求更有效的国有资产保值增值新机制；内容主要包括 EVA 与国有资产保值增值机制的价值目标、EVA 与国有资产保值增值机制的激励机制、EVA 与国有资产保值增值机制的资本结构、EVA 与国有资产保值增值机制的治理文化。

本书适合高校社会主义政治经济学教学与研究的教师及学生，国有资产管理部门与研究机构的人员，以及国家或地方国有企业的经营管理者阅读。

图书在版编目（CIP）数据

经营性国有资产保值增值机制研究：基于 EVA 的理念与方法 / 李小平著. —北京：科学出版社，2020.9

ISBN 978-7-03-066177-7

Ⅰ. ①经… Ⅱ. ①李… Ⅲ. ①国有资产－资产管理－研究－中国 Ⅳ. ①F123.7

中国版本图书馆 CIP 数据核字（2020）第 175975 号

责任编辑：马 跃 李 嘉 / 责任校对：王丹妮
责任印制：张 伟 / 封面设计：无极书装

科学出版社 出版
北京东黄城根北街 16 号
邮政编码：100717
http://www.sciencep.com

北京虎彩文化传播有限公司 印刷

科学出版社发行 各地新华书店经销

*

2020 年 9 月第 一 版 开本：B5（720×1000）
2020 年11月第二次印刷 印张：11 3/4
字数：237 000

定价：108.00 元

序　言

经营性国有资产（下称国有资产）是国有经济的价值载体，是我国经济制度的重要物质基础，其保值增值不仅是国有企业生产要素资本化的本质要求，也是促进国有资本做强、做优、做大，使其富有市场竞争力不可缺少的一种优势。如何深化国有资产监督管理制度建设，以寻求有效的国有资产保值增值机制，一直是社会和学界普遍关注的重要问题。五年前，笔者有幸获得国家社会科学基金支持，研究这一问题，并完成项目结题，本书是该课题结题的基本成果。

国有资产保值增值机制的理解与建立有两种思路：一种认为国有资产保值增值机制是对国有资产进行管理、运营与监督的机制，其建设涉及国有资产产权关系的明晰，国有资产管理、运营与监督之间职责的划分，国有资产运营效率制度的确立，等等，是一揽子国有资产保值增值监督管理体系；另一种认为国有资产保值增值机制是提高国有资产运营效率的机制，其建设包括国企高管的选择，国有资产保值增值考核标准的重建，国有资产经营者责任的强化，等等，是一揽子国有资产监督管理体系的一部分。现有研究主要基于第一种思路，即从完善国有资产监督管理体系的角度出发，来探讨国有资产保值增值。但笔者认为，在国有资产管理体制新框架已经确立，国有资产管理、运营与监督之间的职责已经明确的情况下，立足国有资产运营效率来研究其保值增值，并建立相应的有效机制，是更有必要的思路取向。

同时，笔者认为，在立足国有资产运营效率研究国有资产保值增值机制的建设路径上，如果从企业价值管理的角度，建立EVA（经济增加值，economic value added）与国有资产保值增值机制的全面联系，探求 EVA 理念与方法对国有资产保值增值机制的深刻影响，或许是一种不失积极的有效选择。因为，EVA 既是一种财务指标，也是一种价值理念和方法。作为一种度量全要素生产率的关键指标，EVA 反映了管理价值的所有方面；作为实现股东利益的最好价值理念，EVA 与国有资产保值增值机制之间存在着本质的内在联系。

因此，本书呈现给大家的是一种以 EVA 理念和方法为基础的、关于我国国有资产保值增值机制完善和提升的、新的分析框架。该分析框架包括 EVA 与国有资产保值增值机制的价值目标、EVA 与国有资产保值增值机制的激励机制、EVA 与国有资产保值增值机制的资本结构、EVA 与国有资产保值增值机制的治理文化四个部分。从中我们可以看到，EVA 对国有资产保值增值机制的积极影响主要体现在四个方面：国有资产保值增值机制价值目标的正确选择，国有资产保值增值机制激励机制的有效比较，国有资产保值增值机制资本结构的合理决策，国有资产保值增值机制治理文化的“软性”制度安排。

本书的特点如下。

第一，建立 EVA 与国有资产保值增值机制联系的分析框架及关系模型，系统讨论 EVA 管理工具对我国国有资产保值增值机制优化的重要价值，这在目前的国有资产保值增值机制研究中是一种新的视野与方法。

第二，提出国有资产保值增值的新概念，设计基于 EVA 的国有资产保值增值率指标的计算标准，这与目前国务院国有资产监督管理委员会引入 EVA 考核中央企业负责人经营业绩的目标是一致的，因此，实践上对其加以尝试与应用应该有一定的现实性。

第三，构建国企资本结构优化的每股 EVA 决策模型，该方法将权益成本纳入资本结构决策分析的思路，使权益成本成为企业权益融资的硬约束，有利于改变国有上市企业的过度股权融资偏好，也有利于推动非国有上市企业债权人接受“债转股”的方式。

第四，提出国企治理文化的概念，认为国企治理文化的根本属性是国有资产所有者价值意识，体现这一价值意识的最好概念是 EVA；国企治理结构的制度软肋是国企治理文化的缺失，这是限制国有经济向更高质量发展的一种约束。

当然，需要说明的是，本书所有问题的讨论，都是建立在国有企业既有的产权制度基础上的，并没考虑国企产权的弱点及其委托代理方式存在的问题对国有资产保值增值机制建设的影响。事实上，国有资产保值增值机制建设与优化的任何路径都要依赖国企产权制度改革的深化，如国有企业分类布局改革、混合所有制改革、市场化经营机制改革等，否则，基于 EVA 的国有资产保值增值机制的作用是受到一定的局限的。因此，如何厘清国企产权制度与国有资产保值增值机制的关系机理，如何在基于 EVA 的国有资产保值增值机制的建设中倒逼国企产权制度的改革，这也是需要我们认真思考的问题。本书的主要不足或需要进一步研究的问题，也在这里。

李小平
2020 年 4 月 8 日

目 录

第1章 绪　论

1.1 基于EVA探讨国有资产保值增值机制的现实性

伴随我国社会主义市场经济目标的确立和国有企业的改革，经营性国有资产（简称国有资产）的监督管理一直是一个社会普遍关注的焦点问题。这一问题既包括对国有资产经营效益高下的认识，也包括对国有资产流失与否的争议，以及近几年来，因“国进民退”和国企“垄断”的“凸显”而对国有资产发展方向与战略定位的诸多思虑。

虽然人们对国有资产监督管理的认识不尽相同，但对这一问题的普遍性关注却显示了这样一个日渐清晰的共识，即在国有资产作为我国基本经济制度的重要物质基础，其保值增值作为国有企业生产要素资本化的本质要求和市场竞争不可缺少的一种优势的情况下，良好的国有资产保值增值机制对于保障国有企业的可持续发展具有非常重要的作用。

在过去的十多年时间里，我国在改革国有资产管理体制、促进国有资产保值增值方面取得了很大的进展。2002年11月，中共十六大报告针对国企改革的新问题，把重心放在深入调整国有经济的结构和布局、改革国有资产监督管理体制上面，明确提出：建立中央政府与地方政府分别代表国家拥有出资者权益，行使所有者职责，责、权、义相结合，管资产和管事、管人相统一的国有资产监督管理体制[①]。2003年3月，第十届全国人大决定了新一轮的机构改革，批准建立国务院国有资产监督管理委员会（简称国务院国资委），其重要职能是依据国家授权行使出资者权力，监管国有资产的保值增值，这表明我国国有资产管理体制改革步入了一个制度创新的阶段。2004年6月，国务院国资委与所有中央企业负责人签订了年度与任期经营业绩考核责任书，并相应制定了配套的《中央企业负责人

---

① 江泽民. 全面建设小康社会，开创中国特色社会主义事业新局面——在中国共产党第十六次全国代表大会上的报告. http://www.most.gov.cn/jgdj/xxyd/zlzx/200905/t20090518_69741.htm，2012-11-08.

薪酬管理暂行办法》，将中央企业负责人的绩效薪金与企业经营业绩考核结果挂钩，明确了国有资产保值增值的经营者责任。2009 年 5 月 1 日，《中华人民共和国企业国有资产法》正式施行，从法律上确认了国有资产出资人的职责与权益、经营管理者的选择与考核、国有资本经营的预算与监督等一系列保障国有资产保值增值的规范，这使国有资产的监督管理迈入了法治的轨道。2009 年 12 月 28 日，国务院国资委发布了《中央企业负责人经营业绩考核暂行办法》，决定从中央企业负责人第三任期（2010~2012 年）开始，在中央企业全面推行 EVA 指标，这表明国务院国资委对国有资产保值增值的考核引入了一个崭新的标准，由企业资产规模和利润转移到以 EVA 为导向的价值创造能力。2013 年 11 月 15 日，中共十八届三中全会发布《中共中央关于全面深化改革若干重大问题的决定》，强调市场在资源配置中的决定性作用，允许更多国企发展成为混合所有制企业，这意味着新一轮国企改革的一个重要方向是通过股权多元化的方式，推动国有企业完善现代企业制度，提高国有企业的经营效率，让国有资产在市场化规制下更有效率地增值，实现"不断增强国有经济活力、控制力和影响力"[①]的目标。2019 年 3月 1 日，国务院国资委发布新的《中央企业负责人经营业绩考核办法》，着力围绕经济高质量发展要求，多角度构建以 EVA 为代表的中央企业高质量发展考核指标体系，持续加强国有资产保值增值导向机制的建设。

我国国有资产管理的制度建设显然经历了一个逐步加快和深化的过程，同时，国有资产的结构优化及其保值增值也相应取得了巨大成就。2003 年在国务院国资委成立时，中央企业的数量是 196 户，从 2006 年开始，国务院国资委确定每年约 10 家规模较小的企业并入大型优势企业，达到央企数目减少至 100 户的目标；2018 年底，中央企业户数已减至 97 家。2002~2018 年，中央企业的资产总额从 7.13 万亿元增加到 80.34 万亿元，营业收入从 3.36 万亿元增加到 33.88 万亿元；2018年，中央企业净资产为25.95万亿元，净利润总额为1.46万亿元，净资产收益率为 5.6%；缴纳税金为 3.24 万亿元，净资产纳税率达到 12.49%；平均国有资产保值增值率为 107.5%[②]。2018 年公布的世界 500 强企业中，国有企业上榜总数为 83 家，其中中央企业 48 家，财政部出资企业 11 家，地方国企 24 家；上榜的 48 家中央企业平均利润为 15.92 亿美元，与 2017 年上榜中央企业的平均利润相比，增长了 10.25%[③]。

尽管过去十多年我国国有资产的监督管理取得了显著的进步，但保证国有

① 新华社. 坚定不移沿着中国特色社会主义道路前进 为全面建成小康社会而奋斗——胡锦涛同志代表第十七届中央委员会向大会作的报告摘登. http://theory.people.com.cn/n/2012/1109/c40531-19530534-2.html，2012-11-09.

② 财政部. 2018 年 1-12 月全国国有及国有控股企业经济运行情况. http://www.gov.cn/xinwen/2019-01/22/content_5360098.htm，2019-01-22.

③ 刘青山. 独家解读！数说入围 2018 年世界 500 强的中央企业. 国资报告，2018-07-20.

资产持续保值增值的挑战仍明显存在。我国现阶段的国有资产监督管理体制有其显著的“中国特色”：因为缺乏企业治理市场演进的必要历程，不论是关于企业控制权还是剩余索取权，国有企业基本没有形成依据委托代理关系的有效激励方式；对国企经营者既缺少企业内部有效的考核与选择机制，又缺少一个相对高效的外部竞争环境；国企经营者普遍缺失所有者价值意识，上市企业投资者的风险与回报极不对称，股票市场上的人气累累遭受打击；国有资产的规模扩张和结构布局仍主要靠传统的增量投入思路，其转型升级的动力还不显著，对新的具有战略意义的国有资产保值增值增长点的培育并不突出；由于国有资产规模的快速膨胀，国有资产经营效益很不稳定，近几年国有净资产收益率及其增长均呈低位水平[①]。因此，进一步重视对我国国有资产监督管理制度的研究，着力推进国有企业改革，不断探寻国有资产保值增值的有效机制，依然显得十分现实和急迫。

深化国有资产监督管理制度建设、寻求有效的国有资产保值增值机制这一问题，一直受到学界的密切关注。特别是 2003 年 3 月国务院决定组建国务院国资委以来，围绕如何维护国有资产权益，如何实现国有资产保值增值，理论界进行了更为积极的探索。相关讨论和研究主要集中在四个方面：一是国有资产管理体制新的框架；二是国有资产管理体制改革的方向和目标；三是国有资产管理新框架下国有企业的改革；四是企业国有资产法的立法。理论界普遍认为，国有资产管理问题是国有企业改革的核心问题，国有资产保值增值是国有资产管理体制改革的重要目标，国有资产保值增值机制的建立是实现这一目标的关键（魏杰和赵俊超，2003；张卓元，2003；杨瑞龙，2003；陈清泰，2003；刘纪鹏，2003；黄群慧，2016）。对于如何理解与建立国有资产保值增值机制，人们提出了许多有益的见解，如认为国有资产保值增值机制，即国有资产的管理、运营与监督机制，其建设涉及国有资产产权关系的明晰，国有资产管理、运营与监督之间职责的划分，国有资产运营效率制度的确立，等等（邓子基，2003；李保民，2003；赵国良和干胜道，2003；陈清泰，2003）；又如，认为国有资产保值增值机制是确保国有资产运营效率提高的机制，它是国有资产监督管理体系的重要组成部分，其建设必须重视国有资产企业管理者的选择，国有资产考核标准的重建，国有资产经营者责任的强化，国有资产经营预算的规范，等等（沈丽英，2005；许晓涛，2006；李荣融，2007；贾康，2013；陈清泰，2016）。这些见解和建议对国有企业改革和国有资产保值增值的制度建设无疑具有重要的影响和启示，且也实质性地起到了推动作用，如推

① 财政部. 2018 年 1-12 月全国国有及国有控股企业经济运行情况. http://zcgls.mof.gov.cn/qiyeyunxingdongtai/201901/t20190121_3126699.htm，2019-01-22.

动《中华人民共和国企业国有资产法》于2008年10月通过了立法，《中央企业负责人经营业绩考核暂行办法》自2010年1月1日在全国开始实施。但现有研究主要从完善国有资产监督管理体系的角度来探讨国有资产保值增值机制。在国有资产管理体制新框架已经建立，国有资产管理、运营与监督之间的职责已经明确的情况下，对于如何立足国有资产运营来研究其保值增值，并建立相应的有效机制，现有研究还显得很不够，具体表现为：①现有研究还未触及现行的国有资产保值增值指标在业绩评价上忽视出资人利益的根本缺陷，EVA概念虽然开始引入，但还是初步的，科学的考核标准体系还未建立；②对国有资产经营者激励机制的建立，虽然比较看好年薪制和股票期权，但忽视了其作用的有限性和局限性，故仍需要寻求更有效的激励方式；③对国有资产保值增值的重要影响因素——资本结构，鲜有从投资者投资的机会成本角度进行解释，需要探讨有助于国有资产保值增值的资本结构决策模型；④尚未将股东价值这一反映国有资产保值增值的核心理念纳入国有资产保值增值机制的分析框架。

鉴于上述研究，我们认为，在建设国有资产保值增值机制的思路上，如果从企业价值管理的角度建立EVA价值与国有资产保值增值机制的全面联系，探求EVA思想与方法对国有资产保值增值机制的深刻影响，或许是一种不失积极的有效路径和选择。

价值管理（value management）是肯尼斯·布兰佳（Kenneth Blanchard）教授在自己所著的《价值管理》中提出的核心概念。他认为，只有企业的绝大多数股东、员工和消费者都能成功，企业才有成功的基础。为了达到这一“均好”的企业目标，企业必须围绕企业远景，确立符合企业远景与文化的、能为企业成员普遍接受的核心“价值信念”，并将其贯彻落实到员工的实际工作中，成为企业的常态行为规范。价值管理本质上是一种基于价值的管理（value based management，VBM）模式，其目标是追求股东价值的最大化，即股东价值的管理是高层管理者的核心职责（科普兰等，1997）。

基于价值的管理，能使企业经营者的决策重心放在价值的驱动因素上，将远景目标、决策程序与管理技巧协调起来。价值管理注重在各个层级上都能有助于做出价值增加的决策，这要求从总经理到一线员工都要树立价值创造信念，并清醒认识制约企业价值提升的关键因素，将价值最大化目标转化为实际的、可操作的具体举措，以期在企业内部传达管理者期待的战略目标。

20世纪80年代，价值管理实践在欧洲和北美得到了迅速发展，90年代，其理念进一步传播到亚洲。在采用价值管理企业中，运用最为广泛的方法是EVA。EVA是一种经济收入，它是将包括债务和权益的资本成本均从税后净经营利润中予以扣除的经济利润。EVA反映的是剩余收入，是扣减经营费用和全部资本成本后所有者能享有的部分，它是一种以实现股东价值为目的的价值理念。

EVA作为实现股东价值的价值理念，它是一种既具体且综合的方法，其应用效应与国有资产保值增值机制之间有着本质的联系。例如，国有资产保值增值机制的构建，其首要任务一定是确立国有资产保值增值的价值目标，即明确国有资产保值增值到底是要实现谁的利益。按照我国《上市公司治理准则》和《中华人民共和国企业国有资产法》，将实现出资人（所有者）的权益作为国有资产保值增值的价值目标本是没有疑义的。但在理论和实际中，这一目标却遭到了极大的冲击和干扰，出资人的权益不断受到侵害。究其原因，这与我们在确立国有资产保值增值的价值目标时，没有站在如何确保出资人权益的立场，通过EVA来重新界定出资人所得有直接关系。又如，国有资产保值增值机制建立的关键问题，是要设法找到一个有效的激励方式，以解决委托代理条件下，出资者与经营者之间激励相悖不容的问题。而激励方式是否有效，关键要看该方式所蕴含的机理能否使经营者与出资人的利益一致起来，让经营者能像所有者一样去思考问题和选择行动。经济学界的不少实证研究和发达国家许多成功大企业的经验表明，基于EVA理念设计的激励方式在降低委托代理成本、解决激励相悖不容问题、减少经营者去职风险等方面，比其他激励方式更显优势。再如，国有资产保值增值机制的充实健全，还必须借助国企治理文化这一"软性"制度安排的有力支撑，而良好的国企治理文化又要有能够充分反映企业远景与发展的核心"价值信念"。这要求核心的"价值信念"不仅要成为人们行动的向导，而且要具有广泛的适应性，只有这样，核心的"价值信念"才能成为企业主流的价值思想和意识，才能形成所有成员的行为标准和方向。而EVA作为股东价值的标准，它可以以一种容易认识和理解的方式，被分解为企业各个层面经营者和员工各自不同的工作目标和任务，并为大家所接受，从而充分激发所有员工对股东价值的追求，使其成为企业的共同信念（李小平，2006）。

因此，探讨EVA理念与国有资产保值增值机制之间的本质联系，分析EVA价值管理方法的机理、内容和对国有资产保值增值机制的重要影响，寻找EVA思想和方法与国有资产保值增值机制之间的结合点，并以之为基础，提出基于EVA的国有资产保值增值机制的建议，无论对于深化国有企业改革，还是引导国有企业进行价值管理，促进国有资产转型升级，都有重要的现实意义。

本书从以上认识出发，试图基于委托代理与价值管理理论，应用EVA理念与方法，为我国国有资产保值增值机制的研究建立一种新的分析框架，以探寻出更积极有效的国有资产保值增值实现机制。

1.2 国有资产保值增值机制与EVA思想的研究述评

1.2.1 国有资产保值增值机制方面的研究

对于国有资产保值增值机制，人们通常有广义和狭义两种理解：广义上的国有资产保值增值机制是指国有资产的管理、运营与监督的机制，它涉及了国有资产产权关系的明晰，国有资产管理、运营与监督之间职责的划分，国有资产运营效率制度的规范，等等，是国有资产保值增值的监督管理体系；狭义上的国有资产保值增值机制是指提高国有资产运营效率的机制，它包括国有企业高管的筛选、国有资产保值增值目标的确立、国有资产经营者职责的赋予、国有资产经营预算的强化等，是一揽子国有资产监督管理体系的一部分。在国有资产的管理、运营与监督的职责已经划分明确，即国有资产监督管理体制的新框架已经搭建起来的情况下，如何立足国有资产的运营来研究其保值增值，并建立相应的有效机制，这是本书的研究主旨，因此，下面的研究文献梳理主要围绕这一主题展开。

1. 国有资产保值增值机制的理论研究基础

从国内外有关国有资产保值增值机制的研究文献来看，绝大部分的研究都集中于国有资产的管理模式（刘远航，2003），而这方面与企业治理结构直接相关。因此，国有资产保值增值机制的研究一般以企业理论和相应的产权理论为基础（李保民等，2003），其研究状况随这些理论的发展而深入。

产权理论主要研究企业的产权、激励与行为取向的关系，认为企业对资源的配置是对所属资源使用权力的配置，它既要受到企业产权结构的影响，也要受到政府、法律等环境因素的约束。企业治理本质上是对企业所有权结构的安排，而国有资产保值增值则是国家所有权的利益表现。

企业理论有交易成本理论和代理理论两个分支，两者虽然都将企业视为契约的一组集合，但它们研究的内容和角度却有不同的侧重点。传统的交易成本理论侧重于企业与市场关系的研究，认为契约的监督实现须以一定的治理机制为条件，主要运用事后进行的方式。20世纪80年代后期出现的不完全合约理论比较引人注意，突出的代表人物是莫尔（Moore）和哈特（Hart）。他们对“完全合约”这一传统交易成本理论的假设提出了质疑，认为“合约是不完全的”，并以此为新假设，提出了企业剩余控制权的概念，且对所有权做了进一步的定义，这使产权理论和传统交易成本理论的空间更为开阔（哈特，1998）。在“合约是不完全的”研究中，企业治理结构决定了其在资产保值增值前提下对剩余控制权的安排。

代理理论以企业内部成员与组织结构之间的关系作为研究对象，它对企业资产保值增值研究有更加直接的影响。代理理论认为，企业治理就是处理所有者（委托人）与经营者（代理人）之间的关系，监督代理人对委托人的委托，通过设计有效的激励方式克服契约不完全产生的代理问题，以实现资产的保值增值。

20世纪90年代后期，随着对企业治理结构的深入研究，国有资产保值增值的研究开始表现得多样化。继青木昌彦和钱颖一（1995）的研究之后，转型时期的国有资产保值增值成为人们关注的热点，在有关国有企业的内部人控制、经营者的决定、所有者的监督约束与激励、国有资产的立法、国有资产的经营预算、国有资产运营的效率等方面涌现了不少的文献（张春霖，1995；张维迎，1996；林毅夫等，1997；郑红亮，1998；刘红和马洪，2001；魏杰和赵俊超，2003；纪丰伟，2003；张卓元，2003；吴敬琏，2003；许保利，2010；李曙光，2012）。由不同国家不同的历史背景、政治环境、文化传统、经济发展程度和企业治理现状等因素影响而引致的国有资产管理模式方面的差异也受到了关注（梁能，2000；王宝库，2003；刘远航，2003；邵平桢，2012；陈东琪等，2015）。

2. 国有资产保值增值机制价值目标的争议

国有资产保值增值机制价值目标是一个为谁保值增值的问题，它是国有资产保值增值机制设计的前提。关于这一问题，目前理论界存在许多不同观点，有很大的分歧，将其归纳起来，主要有“股东价值论”、“利益相关者论”和“利益相关者主次论”三种观点。

“股东价值论”是把股东利益置于国有资产保值增值的中心位置，认为股东是资本的供给者，具有绝对的主导地位，理应确保其投资回报（Fama and Jensen，1983；张维迎，1996）。张维迎教授在关于企业所有制、治理结构与代理关系的论文中明确肯定，在一般状况下，企业风险的真正承受者唯有股东，因而企业所有者只能是股东，股东理应获得剩余索取权和剩余控制权这一显示所有者的权益。因此，国有企业红利上缴是理所应当的[①]。

“利益相关者论”是把股东与债权人、政府、经营者、员工、供货商等利益相关者的利益置于相同的位置，认为国有资产保值增值的目标不能只以实现股东利益为转移，而应包括国企股东在内的所有利益相关者的利益（Blair，1995；费

① 2013年11月12日，十八届三中全会通过的《中共中央关于全面深化改革若干重大问题的决定》，提出提高国有资本收益上缴公共财政比例，2020年提到30%，更多用于保障和改善民生。

方域，1996a；杨瑞龙和周业安，1998）。这一观点是以人力资本理论为依据，认为董事、经理、员工等利益相关者对企业也进行了投资，投资的是自身的人力资本这一专用资产，因而利益相关者也是企业所有者，也应获得企业的剩余。因此，国有企业红利上缴须在国企出资人和其他利益相关者之间寻求一个合理的平衡比例。

“利益相关者主次论”将股东利益放在国有资产保值增值的主导地位，但同时认为，必须合理地界定包括股东在内的所有利益相关者的利益关系，协调好彼此之间的利益矛盾，即在这一观点看来，股东与借款人、政府、经理、员工、供货商等有层次之分，股东比利益相关者更有主导性（Jensen，1993；孙永祥，2001）。克拉克（1999）将这一观点归纳为适度理想主义，而“利益相关者论”则是高度理想主义。表面上看，这一观点是对“股东价值论”和“利益相关者论”的调和，但实际上，从这一观点仍然强调利益相关者的利益来看，它与“利益相关者论”并没有本质上的差异。

基于“股东价值论”的思想，国有资产保值增值机制的设计主要考虑如何使国有资产出资人拥有对国企更大的控制权和对经营者实施更有效的监督，以确保国企出资人的利益。基于“利益相关者论”的思想，国有资产保值增值的机制设计应该实现股东与利益相关者在决策上的共同参与、在监督上的互相约束、在利益上的共同分享。

3. 国有资产保值增值机制的关键与基础

从解决委托人和代理人目标函数不一致的角度看，激励机制的有效确定是国有资产保值增值机制的关键（张维迎，1999）。这一思想的要义是，经营者能否像所有者一样思考问题并积极行动（埃巴，2001）。科斯等认为，倘若将激励也看成一组契约，这组契约则是指所有者选择一种激励方式以诱引经营者按照所有者的意愿行事的一系列条款（科斯等，1999）。为了有效解决委托代理问题，在对经营者的监督与激励两个方面，所有者除了安排必要的监督手段外，还应侧重设计一系列的激励方式（青木昌彦和钱颖一，1995）。

国有资产保值增值的激励机制有不同的形式，从诱引性激励方式来讲，主要有薪酬性激励和精神性激励两类（罗宾斯，1997）。从人的自然本性着眼，薪酬性激励是诱引性激励的主要形式（张正堂，2003）。在薪酬性激励方式中，运用最多的是股票期权、年薪制和 EVA 激励。但在国内的理论与实务中，比较看好的是股票期权和年薪制，EVA 激励方式虽然开始被国企引入，但还显得很初步。

在国有资产保值增值机制的基础上，普遍的看法是，资本结构是国有资产保值增值机制的重要基础。对这一问题的研究主要反映在资本结构的影响因素和资本结构对企业价值的决定两个方面。对于影响资本结构的因素，除了传统财务理论涉及的税率、代理成本、破产成本之外，还包括企业的成长性、营利性、规模大小、行业性质、风险因素等（陆正飞和辛宇，1998；沈根祥和朱平芳，1999）。在资本结构与企业价值的关系上，张维迎（1999）认为，经济学之所以关心企业的资本结构，其原因有三：一是企业的资金成本和市场价值受资本结构的影响；二是股东、经理、债权人之间的契约关系，即企业的治理结构受资本结构的影响；三是总体经济通过资本结构影响企业行为与资本市场。

在目前的研究文献中，资本结构对企业价值的影响的研究逐渐形成了激励理论、信息传递理论和控制权理论。激励理论关注的是资本结构与管理者行为之间的关系（Jensen and Meckling，1976）。信息传递理论是把不对称信息思想引入企业资本结构的讨论框架中（Ross，1977）。控制权理论着重分析的是资本交易对剩余收益分配和剩余控制权分配的影响（Harris and Raviv，1991）。这三种理论的共性是，都将资本结构与企业治理联系起来，讨论资本结构是怎样借助对企业治理的影响来影响企业价值的。

4. 国有资产保值增值机制的非正式制度安排

对国有资产保值增值机制的非正式制度安排，现有文献针对的主要是国企治理文化，其研究主要体现在国企治理文化对国有资产保值增值的重要意义和国有资产保值增值机制的文化缺失两个方面。

张维迎（1996）把企业治理视为一组契约的组合，这些组合的契约可以分成两类，一类是正式的，另一类是非正式的。非正式的契约是由社会传统、文化积淀等所产生的行为规范，这种规范虽然没有写入正式的合同，不具有法律上的约束力，但它在实际中确实发挥了作用。美国的科特和赫斯克特（2009）在其合著的《企业文化与经营业绩》一书中，总结了他们长期对170多家企业的治理文化和经营业绩的大量研究，对一些世界知名企业在经营上的成功与失败进行了个案的深度分析，认为企业文化（尤其是企业处于发展壮大的上升时期）将对运营业绩产生极为突出有力的影响。金思宇（2002）专门分析了企业文化的“软性”制度安排对企业经营及其业绩的作用。美国学者卡本特（2004）通过分析美国的《萨班斯法案》，肯定了企业经营绩效及其成长发展对企业文化的内在要求，认为企业高层管理者的价值观是企业道德责任与行为的基础。沈天鹰（2004）教授在“国有企业治理的畸形及其矫正”项目研究中，认为国企治理文化不仅是国企文化的核心，而且是整个社会文化不可缺少的组成部分。

日本学者小宫隆太郎在对中国企业进行了广泛调研后，认为中国不存在企业，只存在车间，原因是中国按国外做法建立的现代企业治理制度始终是“形似神不至”（彭昊，1985）。中国证券监督管理委员会原上市公司监管部主任杨华（2004）依据我国上市企业治理制度的建设现状进行实证分析，认为中国企业治理之所以会产生“形似神不至”的问题，根本原因在于国内企业存在治理文化的缺失。不少学者认为，这也是国有上市公司缺乏国有资产保值增值有效机制的主要问题。因此，要建立健全国有资产保值增值机制，需要引入和吸取一种新的企业文化（李小平和范锡文，2014）。

5. 国有资产保值增值机制存在的问题与改革重点

国有资产保值增值机制问题与国有企业的改革直接相联系，它伴随在国有资产管理体制改革的各个阶段，涉及很多方面，但其存在的问题与改革的重点却更引人注目。这一问题的研究存在较多的文献，归纳起来主要分两个方面。

（1）对国有资产保值增值机制存在的问题与原因的看法。其包括国有企业中的委托代理问题，国有资产出资人的职责问题，内部人控制问题，对经营者的选拔、评价、激励和约束问题，国有资产的定位与布局问题，等等（费方域，1996b；张维迎，1999；吴敬琏，2003；张卓元，2003；林毅夫等，1997；陈清泰，2003；李荣融，2007；陈东琪等，2015）。张卓元认为，我国国有资产保值增值机制存在的问题主要有三：一是长期以来，由于国有资产出资人职能被多个部门分割，其国有资产保值增值的责任难以有效落实，对国有资产保值增值也难以负责；二是由于国有资产事实上的所有者不到位，国有企业的“内部人控制”问题十分突出，造成国有资产低效运营、流失严重；三是一些地方政府干预企业日常经营活动，使企业自主经营的权利得不到很好落实，从而影响国有资产的保值增值。

（2）怎样建立国有资产保值增值机制。其包括国企治理结构的创新、“内部人控制” 的控制、企业监督体系的重塑、国有资本经营预算的强化、经营者激励机制的建立等（谢庆华和黄培清，2003；杨瑞龙，2003；田发等，2003；李曙光，2012；贾康，2013；陈清泰，2016）。在国有资产保值增值机制改革的重点上，有三种观点比较引人关注。

一是以张维迎为代表的学者主张实施产权改革的观点。张维迎（1999）在《企业理论与中国企业改革》一书中，从阐释资本雇佣劳动这一现象出发，对影响企业内部委托代理机制的多种因素进行了研究，认为只要是劳动受雇于资本的，那作为出资人的委托人思考如何设计一个最有效的激励方式，以诱引代理人（经营者）为自己的利益目标行事，就自然成了资产保值增值最为重要的课题。因此，明晰国企产权、理顺委托代理关系应是构建国有资产保值增值机制的重点。

二是吴敬琏（2003）从国有经济战略定位和布局的角度提出的加快国有资本集中的见解。他主张，国有经济应该逐步有序地从一些自身不具有优势的行业中退出，以集中资源加强对关系国计民生的重要领域和民营企业不愿进入的领域的投入，使国有经济的整体结构与布局实现战略性调整。唯有这样，国有经济的资源优势才能得以充分发挥，国有资产的主导力、控制力、保值增值力才能真正得到增强。

三是魏杰（2003）主张依据国有资产经营预算来加强国有资产管理的观点。魏杰认为，国有资产有两个评价标准：一是效益标准，就是要求保值增值；二是效率标准，就是要求高效运营。但是，无论是效益标准还是效率标准，其对国有资产运营的评价，都要依赖于国有资产经营的科学预算。因此，对国有资产经营进行科学预算应该成为改革国有资产管理、实现国有资产保值增值最重要的方面之一。

1.2.2 EVA 方法及其应用的研究

EVA 是一个经济学概念，企业剩余收入（residual income）是其最初的来源和基本形式，它的历史已经有 200 多年。但 EVA 作为一种现代财务理念，其理论的直接渊源是基于弗兰科·莫迪利亚尼（Franco Modigliani）和默顿·米勒（Merton Miller）这两位诺贝尔经济学奖获得者在 1958~1961 年所发表的关于企业价值模型的多篇论文。他们与斯坦福大学的威廉·夏普（William F. Sharpe）共同致力于企业价值的研究，通过对公司股票的市场表现和企业价值关系的探讨，指出经济收益是企业价值创造的源泉。后来，西方的一些财务专家对企业未来收益的现值进行了“未来收益的现值是账面价值与未来剩余收益现值之和”这样的新解释。这一解释把企业价值定义为企业投入资本与经营活动创造的未来剩余收益的折现。它的基本思想是，企业的价值就在于其价值增值的能力。目前这一分析理论已经成为资本市场背景下开展 EVA 价值研究的一个重要基础（赵治纲，2009）。

但最早对 EVA 进行定义，并把 EVA 作为企业价值管理工具加以提升和推荐的是美国思腾思特咨询公司（Stern Stewart & Co）（李小平，2003a）。该公司的创始人贝内特·斯图尔特（Bennett Stewart）和乔尔·斯特恩（Joel M. Stern）早在 1976 年就开始了对企业价值评估方面的探索。他们基于对可口可乐公司新罐装生产线的价值评估，就“如何激发管理者尽所能创造企业价值的激情”做了深入细致的思考，认为在激励罐装生产线的经理们时，应该采用经济利润的概念，他们称之为 EVA。EVA 的含义是，对企业剩余收入的计算不仅要考虑债务成本，也要考虑权益成本，它应该是企业净经营利润扣除所投入的全部资本成本后的剩余，即只有利润的增长超过了资本成本，EVA 才会提高。而只有在这种情况下，经理们才能分享到自己创造的 EVA，也才有更有效地使用资本的积极性，从而使企业价值最大化。EVA 方法所体现的理念受到了《财富》杂志极为高度的肯定，被认为对现代企业管理具有革命性意义（埃巴，2001）。现代管理学大师彼得·德鲁克（Peter Drucker）认为："作为一种度量全要素生产率的关键指标，EVA 反映了管理价值的所有方面。"而美国《华尔街日报》的高级经济学作家 Al. 埃巴借用《财富》杂志的话说："EVA 是创造财富的真正关键所在。"（埃巴，2001）

1989 年，思腾思特咨询公司正式推出了 EVA 概念，并在美国、英国、法国、加拿大、中国等 30 多个国家进行了商标注册，在全球建立了 17 个分公司或代表处，极力开展 EVA 的价值管理与财务咨询服务。目前，全球已有 400 多家知名企业在采用 EVA 管理方法，如美国可口可乐公司、德国西门子公司、日本索尼公司、新加坡航空公司、美国邮政总署等。

EVA 概念是 20 世纪 90 年代初被介绍到我国，因为引入的时间不长，其实践应用和理论研究总体上还比较薄弱。但学界对其在我国发展的关注和思考一直呈"上升"趋势。特别是 2001 年 3 月思腾思特咨询公司开始在我国开展 EVA 咨询业务以来，EVA 的影响越来越大，相关研究文献更是不断增多。这些研究主要集中在两个方面。

一是对 EVA 内涵的理解。这方面，主要通过两种方法来凸显 EVA 考虑所有资本成本这一最根本的特点。一种方法是描述 EVA 的一般模型，从历史的角度分析 EVA 思想的理论来源和基础，以反映 EVA 对剩余收入概念的承接和发展（Epstein and Young，1999；Lovata and Costigan，2002；葛文雷，2000；胡玉明，2008；张先治和李琦，2012）。另一种方法是将 EVA 与其他业绩指标进行比较分析，从现实的角度搭建关于 EVA 的框架概念，以反映 EVA 的突出优势和相对局限（Biddl et al.，1998；赵治纲，2009；池国华等，2013）。

二是对 EVA 应用的研究。这方面，主要集中在业绩指标和激励机制的讨论上。用 EVA 指标来衡量企业的业绩比较容易。当 EVA > 0 时，表明企业在计算期所创造的价值除了补偿资本成本还有剩余，企业价值因此增加；当 EVA < 0 时，则表明企业创造的价值不足以补偿资本成本，企业价值受到侵蚀。但 EVA 指标的具体计算比较复杂，它涉及事先对企业现有的财务账面价值进行多项目的调整（埃巴，2001；刘希成和张军，2009；任丽丽，2011；赵治纲，2009；刘焕荣，2013）。

把 EVA 作为激励机制进行应用，最具代表性的是思腾思特咨询公司所制定的"EVA 奖金方案"。该方案通过设立"奖金库"的特有方式，把企业经营者和员工的业绩与 EVA 的创造挂钩，以激发经营者和员工创造 EVA 的想象力和主动性，使 EVA 成为诱导人们选择正确行为的方式（格拉斯曼和华彬，2003；贺宇，2002；李小平，2005；梁颖和安同良，2005；曾宪文，2011；赵治纲，2011；池国华等，2013）。

2010 年 1 月 1 日，我国以引入 EVA 为考核基本内容的《中央企业负责人经营业绩考核暂行办法》开始在全国中央企业实施。自此，对“中国式” EVA 的考核理念、考核标准、资本管理、激励方式、环境培育等的研究不断涌现（尹凌青，2010；殷明德，2010；余海宗等，2011；赵治纲，2011；闫晓慧，2011；李小平和范锡文，2014）。尹凌青（2010）认为，确定 EVA 为央企负责人业绩考核的基本内容，意味着我国从政策上、制度上、文化上实质性地推进了 EVA 考核，具有中国特色，并将其称为“CEVA”。殷明德（2010）认为，在引入 EVA 理念和方法的实践中，中国企业需要基于 EVA 的基本理论尤其是价值理论，对 EVA 的应用方法进行整体化、本土化的打造和升级，避免纯粹照搬国外做法的 EVA 误区。赵治纲（2011）认为，中央企业在推进 EVA 考核的实际操作中，应该把握 EVA 考核与价值管理的本质要求，逐步建立以 EVA 为核心的考核与管理的长效机制。

1.2.3　简要评述

综上可见，理论界对国有资产保值增值机制的研究已经取得了显著的成就，这对我国国有资产保值增值机制的改革与建设无疑具有重要的启示性和指导性。但从理论的深度研究来看，特别是相对于当前我国国有企业全面深化改革的实践需要来看，上述研究仍有许多不足。我们认为，现有的国有资产保值增值机制研究在三个方面存在问题。

在制度的整体建设方面，偏重对国有资产监督管理体系的分析，忽视了其与企业管理的深入联系。从完善国有资产监督管理体系的角度来探讨国有资产保值增值的机制问题是很有必要的，但还须考虑其与企业管理的密切联系。否则，只是基于监督管理体系分析而提出的国有资产保值增值的建设意见容易显得空泛，不具有适用性。特别是在国有资产管理体制新框架已经建立，国有资产管理、运营与监督之间的职责已经明确的情况下，对于如何立足国有资产运营来研究其保值增值，现有研究还显得很不够。因此，应用新的管理理念和管理工具来讨论我国国有资产保值增值机制的制度建设是一种必要的路径。

在国有资产保值增值机制的内容方面，还缺少对其结构及其内在联系深入、系统的研究，具体表现在以下几个方面。

（1）国有资产保值增值机制的边界还不清晰。如果把国有资产保值增值机制界定为国有资产的整个监督管理体系，则其无疑是一揽子企业内部和外部的监督手段；如果把国有资产保值增值机制解释为提高国有资产运营效率的机制，则其应是企业内部的制度安排。国有资产保值增值机制的边界不清，将会导致国有资产保值增值主体的错位，责任不清。

（2）国有资产保值增值机制的价值目标还不明确。这表现在两个层面：一是“股东价值论”作为现代经济学的主流思想，一直受到来自“利益相关者论”的质疑和干扰；二是“股东价值论”本身对股东价值还没有充分的解释，特别是在怎样评价股东价值的实现程度上还未确立科学、有效的标准，这使国有资产保值增值机制结构的其他方面，包括企业绩效的衡量、激励机制的建立、财务结构的优化等缺少有力的基础和前提。

（3）还缺乏有效的国有资产保值增值激励机制。在理论与实际中，人们对股票期权、年薪制的激励机制比较推崇，但设计股票期权激励机制的重要前提是股票市场的有效性，年薪制激励则一定要以正确的经营者业绩指标为基础，而这两方面目前都存在一定的局限，这使股票期权和年薪制的激励相容无疑有很大的限制。

（4）缺少对国有资产保值增值资本结构的深刻认识。目前人们对国有资本结构的认识主要基于债务资本和权益资本在资本总量中的构成及其相互关系，少有从国有资本成本的视角来解释国有资本结构，并以此为基础来分析国有资本结构对国企价值的影响。

（5）没有将国企文化纳入国有资产保值增值机制的框架。这使国有资产保值增值机制的建设缺少核心价值观念的支撑。

在 EVA 的应用方面，EVA 与企业价值创造的关系分析滞后于实践要求。从目前国内关于 EVA 研究的文献来看，总体上侧重于对 EVA 理论和方法的描述、阐释等理论性分析上，联系 EVA 在我国的应用而进行的经验实证还比较薄弱，尤其是在 EVA 与企业价值创造的关系研究方面。虽然现在已有不少文献开始从国有资产保值增值机制完善的方面来分析 EVA 的应用和影响，但研究还很初步，其系统性尤其不足。

概言之，我们只有面对以上问题，对国有资产保值增值机制进行深入研究，才能真正明确如何对其进行进一步构建。因此，如何将 EVA 与我国国有资产保值增值机制的整体建设联系起来，系统思考 EVA 思想和方法对我国国有资产保值增值机制的影响，从而为我国国有资产保值增值机制的完善找寻一条具有启示的路径，这在理论与实践上都是一个很有意义的课题。

1.3 研究的对象、方法与内容结构

1.3.1 研究对象

国有资产保值增值机制虽然是一个引起全球关注，具有一定普遍性的问题，

但摆在这里的是我国的国有资产保值增值机制问题，即本书的研究对象是我国的国有资产保值增值机制。我们之所以要强调我国的国有资产保值增值机制，是因为我国国有企业的现代公司制改造比较晚，与发达国家的企业制度相比显得很不成熟，需要解决的问题很多，其建设对于深入推进我国国有企业制度的现代化进程具有重大意义。特别是，我国经营性国有资产的规模大，对国民经济的影响深，其发展质量、运营效率一直受到全社会的广泛关注，包括不少海内外学者的质疑和批评。因此，研究我国国有资产保值增值机制，从理论和实践上着力国有资产质量和效率的提高，能积极回应全社会对我国国有资产的关注或质疑。不过，在这里需要做两点说明：一是经营国有资产的国有企业类型比较多，我们没有将它们做类似中央企业与地方国有企业、国有独资企业与国有控股企业、国有上市企业与国有非上市企业等这样特别的区分，而是将讨论对象聚焦于全部的国有企业。因为从确保国有资产出资者的利益出发，我们认为，目前我国各类国有企业在国有资产保值增值制度建设上所面对的问题是基本相同的。当然，在分析中，基于问题的典型性，有时我们会专门提到中央企业；为了分析数据来源的便捷和可信，有时我们要以国有上市企业为例。二是本书的研究范围只限于我国经营性国有资产保值增值机制问题，像国企治理结构的改进，如董事会、股东大会和高层管理人员之间的权利安排，像国企产权改革，如国企的合并、出让和收购等，虽然也是国企改革，但这些改革明显不属于本书要讨论的内容。

1.3.2 研究方法

本书主要基于文献的基础理论和现实的经验数据，除了必要的规范分析外，注重运用比较分析、实证分析和政策分析，采用定性与定量相结合的方法。

规范分析中，基于委托代理理论的根本要求，把确定国有资产保值增值机制价值目标作为国有资产保值增值机制研究的逻辑起点和前提，从价值管理的基本原理出发，解析国有资产保值增值机制的价值目标及其实现的 EVA 标准；以企业理论、产权理论、行为理论、营销理论等学科知识为基础，采用结构分析方法，把国企治理文化置于国有资产保值增值机制的有机联系中，分析国企治理文化在国有资产保值增值中的作用机理，提出国企治理文化的应有属性。

比较分析中，基于理论研究所得出的规律性认识，以典型数据为依据，运用比较分析法，讨论 EVA 理念约束下的国有资产保值增值机制的价值目标、激励机制、资本结构、治理文化所具有的优势。例如，不同的国有资产保值增值机制价值目标的争议与比较，EVA 业绩指标与传统会计业绩指标的差异，股票期权制和年薪制的激励方式与 EVA 激励方式的对比，等等。

实证分析中，以国有上市企业披露的财务数据为基础，采用统计分析工具，讨论国有资产保值增值机制中的资本结构及其与资本成本、企业价值、融资决策的关系；分析 EVA 对国有资产保值增值机制的重要影响，建立国企资本结构优化的 EVA 决策模型。

政策分析中，基于所搭建的理论关系框架和模型，沿着提出问题、分析问题和解决问题这样的思路，对国有资产保值增值机制进行政策研究。例如，基于 EVA 的国有资产保值增值指标的提出与确定，EVA 激励计划在国有企业的实施与改进，基于 EVA 的国企资本结构优化模型的设想，国企治理文化建设的 EVA 思路，等等。

1.3.3 研究架构

本书共有 7 章，第 2~7 章的内容要点如下。

第 2 章主要建立 EVA 与国有资产保值增值机制的关系模型。该章首先对国有资产保值增值机制的内涵、内容、边界等基本范畴进行了界定，其次提出了本书的基本假设、假设前提和假设依据。在此基础上，将 EVA 理念的内涵与国有资产保值增值机制的内容做了关系梳理，最终建立起了 EVA 理念和方法与国有资产保值增值机制相联系的理论框架和关系模型。

第 3 章讨论的是 EVA 理念对优化国有资产保值增值机制价值目标的影响。国有资产保值增值的价值目标是国有资产保值增值机制的起点和前提，其优化有两个问题必须解决：一是明晰合理的国有资产保值增值机制的价值目标，二是确定有效的国有资产保值增值机制价值目标的评价标准。该章通过对颇有争议的三种国有资产保值增值机制价值目标观点的分析，讨论了“股东价值论”的合理性，通过引入 EVA 概念，把 EVA 与现行的财务绩效指标进行对比分析，得出 EVA 指标在有效评价国有资产保值增值机制价值目标上的重要价值，提出基于 EVA 的国有资产保值增值的新概念，并对其计算方式做了初步的模型设计。

第 4 章主要分析 EVA 思想与方法对国有资产保值增值激励机制优化的效应。从解决代理人和委托人目标函数不相容的角度讲，有效的激励机制是保障国有资产保值增值的关键。该章以有效激励机制应达成的基本目标为基点，着重讨论薪酬性激励机制，通过对股票期权、年薪制和 EVA 三种薪酬激励方式的比较，认为在激发激励相容、促进激励程度、减少去职风险和降低股东成本四方面，EVA 激励具有相对优势，同时，提出我国国企 EVA 激励的相应方案。

第 5 章是 EVA 与国有资产保值增值机制资本结构优化的分析。资本结构是企业剩余索取权和控制权分配的关键因素，是国有资产保值增值机制的基础。该章基于 EVA 考虑全部资本成本的突出特点，实证解释资本成本对资本结构及国有资产保值增值机制的影响机理，并依据现实数据，分析国有资产保值增值框架下国企资本结构的不合理性，提出优化国企资本结构的 EVA 决策模型。

第 6 章分析 EVA 理念和方法对国企治理文化建设的重要价值。文化是企业的一种“软性”制度安排，良好的国企治理文化是国有资产保值增值机制的坚实支撑。该章把国企文化置于国企治理结构的联系框架中，提出国企治理文化的概念及其应有的基本属性。基于 EVA 思想，解析国企治理文化及其所有者意识对国有资产保值增值机制的根本影响，结合国有企业治理文化存在的缺陷，明确其提升的 EVA 思路。

第 7 章是基于前述各章分析的基本结论，归纳本书研究的主要观点，从总体思路和相应对策上为改革和提升我国国有资产保值增值机制提出政策建议。

第 2 章　EVA 与国有资产保值增值机制的关系模型

2.1　基本概念的廓清与界定

为了使问题的展开与讨论有明了的逻辑基础，现就本书中所涉及的一些基本概念做必要的廓清与界定。

2.1.1　国有资产保值增值机制方面的概念

1. 国有资产的本质

从国内学界来看，国有资产的定义有四种比较有代表性的表述。

一是国有资产是指国家或依据法律，或基于权力行使，或由于预算内及预算外支出，或由于资产收益，取得的应属于国有的财产；或国有资产指的是属于国家所有的全部财产（即增值财产和存值财产的总和）以及各种自然资源财富（刘小腊，1997）。这一定义虽然有上述两种不同的表述，但其有一个相同点，就是把资产与财产两个概念等而视之，认为国有资产就是国有财产。

二是国有资产是指国有财产中能为国家提供未来经济效益的那部分经济资源（刘小腊，1997）。该定义把“资产”严格限定在“能为国家提供未来经济效益”这一范围之内，是将其与“财产”相区别，表明国有资产是处于生产经营活动中的，它构成为生产要素，具有增值的要求。但该定义没有区分国有资产和国有企业的资产，国有资产似乎可以看成是国有企业中的经营性资产的总和。

三是国有资产是指国有企业中国家作为出资人对企业净资产的所有权，即在国有企业的经营性资产总和中，国有资产仅包括国家所有者权益（李小平，

1997）。该定义把国有资产与国有企业的资产看成是两个不同的概念，认为国有企业的资产是企业经营性资产的总和，它包括国家所有者权益和负债，但从产权的角度看，国有资产只能是国有企业的资产中产权属于国家的“净资产”部分，即国有企业的资产减去负债以后的余额，它与国家所有者权益是等同的。

四是国有资产是指法律上为国家所有并能为国家提供未来经济效益的各种经济资源的总和。该定义表明国有资产具有两个明显的特征：一是资产增值性，二是产权国有性。资产增值性特征可以把国有资产与国有财产区别开来；产权国有性特征则可以把国有资产与国有企业的资产区别开来。这一定义与上述的第三种定义实质上并没有区别，只是它把能为国家提供经济效益的国有资产的范围拓宽到了国有企业之外，它不仅包括企业的经营性国有资产，还包括依法转为经营的行政事业性国有资产和资源性国有资产（李小平，1997）。

上述四种定义概括了国有资产的不同方面或特征，但基于企业价值管理的角度，与本书一致的是第三种定义，即本书所定义的国有资产是国有企业中的经营性国有资产，它是指国家作为出资人在企业中依法拥有的资产及其权益（2009 年的《中华人民共和国企业国有资产法》；2011 年的《企业国有资产监督管理暂行条例》）。或者说，本书研究中所涉及的“经营性国有资产”或“国有资产”都是这个意义上的国有资产概念。

基于以上定义，国有资产虽然具有资产增值性和产权国有性的特征，但其中最能体现国有资产本质的，应该是其增值性的特征。因为产权国有是个产权明晰的问题，其目的和实质不仅仅是清楚界定产权归谁所有，更重要的是要实现所有者的经济利益，即要求其所有的资产能够最大限度地增值。依据国有资产的这一本质特征，我们认为，国有资产在本质上就是国有资本，因为国有资本最能体现国有资产增值的特性。

2. 国有资产保值增值的内涵

国有资产作为投资者在国企中依法拥有的资产及其权益，不管它表现为怎样的形态，其本性就是企业的生产要素，它具有资本保值增值的基本属性，即保值增值是国有资产资本化的内在要求。那如何定义国有资产保值增值呢？从理论和实务来看，有两种不同的观点与判定。

一是主流的、按国家所有者权益实现程度判定的观点。该观点承认，国有资产是国有企业中国家作为投资人对企业净资产的所有权，它等同于国家所有者权益。因此认为，国有资产是否保值增值就看企业中的国家所有者权益的年度变化程度，如果年末国家所有者权益与年初国家所有者权益刚好相等，表明国家所有者权益在该年度没有发生变化，这就是国有资产保值；如果年末国家所有者权益大于年初国家所有者权益，则表明国家所有者权益在该年度增加，这就是国有资产增值。这一国有资产保值增值的判定标准，通常是用国有资产保值增值率指标来表示。在算式上，国有资产保值增值率是年末国家所有者权益与年初国家所有者权益的比率，即若国有资产保值增值率=1，表明国有资产刚好实现保值；若国有资产保值增值率＞1，表明国有资产实现增值；若国有资产保值增值率＜1，则表明国有资产减值。该观点及其判定方法之所以是主流，是因为目前在我国国有资产保值增值考核的实务中，国务院国资委实施的就是这一国有资产保值增值率标准①。

二是非主流的、考虑国有资产使用机会成本的观点。这一观点认为，现行的国有资产保值增值率是以国家所有者权益这一会计项为计算基础，而该会计项有一个致命的缺陷，就是其核算没有考虑事实上存在的国有资产使用的机会成本，即按现行的国有资产保值增值率的标准，当年末国家所有者权益＞年初国家所有者权益时，表明国有资产实现了增值，同时也意味着国有净资产收益率＞0（因为国家所有者权益与国有净资产在会计上是等量的）。这就是说，只要国有净资产收益率＞0，就表明国有资产实现了增值，国有资产出资人的财富在增长。但是，实际中有这样的情况，当国有净资产收益率＞0 时，但却有可能小于国有净资产的机会成本，即小于国有资产投资于其他风险相当的领域能够得到的最低回报率（如国有净资产收益率是1%，而同期商业银行存款利率至少为3%）。如果真的出现这种情况，我们显然不能说国有资产实现了增值，国有资产出资人的财富有了增长。因此，国有资产保值增值的内涵应该考虑国有资产的机会成本，即在判定国有资产保值增值时，国家所有者权益的认定必须要补偿国有资产在市场上的最低投资回报率（李小平，2005）。

上述两种观点在国有资产的认识上是一致的，都将国有资产定位为企业的国家所有者权益，但在基于国家所有者权益的变化来判定国有资产保值增值的问题上，两者具有不同的标准。从“股东价值论”出发，本书认同第二种观点，认为补偿国有资产机会成本后的国家所有者权益，更能反映国有资产保值增值的内涵，更能体现国有资产出资人的利益。

3. 国有资产保值增值机制的边界

如前所述，人们对国有资产保值增值机制有广义和狭义的界定，如果从广义的角度来理解国有资产保值增值机制，其边界是企业内部和外部的一揽子监督管理制度及手段，包括国有资产产权的明晰，国有资产管理、运营与监督之间职责的划分，国有企业管理者的选择，国有资产运营效率制度的确立，等等；如果从

① 2019 年 4 月 1 日实行的《中央企业负责人经营业绩考核办法》中，强调以管资本为主，加强国有资产监管，有时运用的是国有资本保值增值率指标，但其计算式与国有资产保值增值率相同。

狭义的角度来理解国有资产保值增值机制，其边界只是企业内部的制度安排，包括国有资产保值增值标准的确立，国有资产经营者责任的强化，国有资产经营预算的规范，国有资产核心价值观的培育，等等。我们认为，如果立足国有资产运营效率来研究其保值增值机制，研究重心应基于企业制度建设，其边界不应该超越企业治理的范围，否则，国有资产产权的明晰、管理职责的划分、经营者市场的建立等这些本应由政府负责的外部环境，似乎也该纳入企业制度建设的范围，这势必会导致国有资产保值增值机制边界的泛化不清，以及国有资产保值增值责任主体的混乱。因此，本书对国有资产保值增值机制的讨论将限于企业内部。当然，这样界定，并不是否认企业外部环境建设的重要性及其对企业良好的国有资产保值增值机制形成的积极影响。

4. 国有资产保值增值机制的内容

同国有资产存在许多不同定义一样，关于国有资产保值增值机制的内容也存在许多不同的看法。我们认为，一旦把国有资产保值增值机制定位为国企内部的制度安排，且把这一制度安排与企业的价值管理联系起来，国有资产保值增值机制的内容将包括以下四个部分。

（1）国有资产保值增值的价值目标。国有资产保值增值不可能是为保值增值而保值增值，它总要贯穿一定的利益诉求，即国有资产保值增值机制必须明确它到底要实现谁的利益。不论是“股东价值论”主张确保出资人的最大利益，还是“利益相关者论”主张维护所有利益相关者的权益，实际上都是要求国有资产保值增值要有明确的价值目标指向。而且，国有资产保值增值价值目标还不是一个简单的、“追求谁的利益”的问题，事实上它是整个国有资产保值增值机制的一个前提。因为，只有把国有资产保值增值价值目标作明晰廓清与确定，国有资产保值增值的动力才有方向，经营者的激励才有出发点，企业治理文化的核心信念才有凝聚中心。当然，不同的国有资产保值增值的价值目标，决定了国有资产保值增值机制有着不同的前提，相应会派生出国有资产保值增值的不同理念、不同机制。本书肯定“股东价值论”的主张，始终把为出资人创造更多价值作为分析全部问题的基点和前提。

（2）国有资产保值增值的激励机制。国有资产保值增值机制中最为关键的制度设计是能合理配置剩余控制权的激励机制。而人们通常比较关注股东大会、董事会和经理层之间的结构关系，实际上看重的是企业在国有资产保值增值中的监督与制衡机制。从制度的整体来看，制衡机制固然是重要和必要的，但与一个有效的激励机制相比，它还不是最为关键的制度考虑（张维迎，1999；埃巴，2001）。因为只要立足股东价值的立场，就一定要思考创设一个能使代理人像委托人一样去思考问题并采取行动的激励机制，只有这样，才能从根本上保障出资人的利益，从实质上解决委托代理问题（李小平，2005）。

（3）国有资产保值增值的资本结构。资本结构是企业资本中的债务资本和权益资本的构成及其对比关系，它反映企业的财务结构和融资能力。理论界通常认为，在一定的制度约束下，考虑负债与税盾的作用，资本结构对企业价值有着十分重要的影响（陆正飞和辛宇，1998；陈玲，2005；邵榕筠，2013）。但人们多从不同融资方式所产生的账面资本成本的角度来讨论资本结构对企业价值的影响，少有从不同融资方式所筹资本机会成本的方面来解释资本结构对企业价值的作用。我们认为，从国有企业的全部资本成本（包括国有资产的机会成本）来讨论国企的资本结构及其对国企价值的影响，更能说明国企资本结构对国有资产保值增值的基础性作用。

（4）国有资产保值增值的治理文化。文化是企业的一种非正式制度安排，良好的企业文化是国有资产保值增值机制不可或缺的支撑。因为文化所蕴含的价值观念、核心思想一旦深入人心，它比正式制度更具有约束力和影响力。因此，在国有资产保值增值机制的制度安排中，培育良好的企业治理文化分外重要。

图2-1反映的是国有资产保值增值机制的内容及其关系。

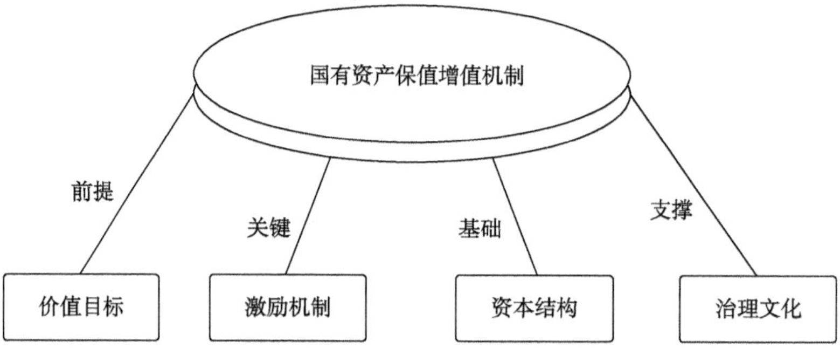

图2-1　国有资产保值增值机制的内容及其关系

5. 国有资产保值增值机制的优化与标准

从国企内部的制度构建来讲，国有资产保值增值机制的优化就是引入新的制度安排，以提升现有的国有资产保值增值机制的制度水平和运行效率。什么样的制度安排能够促进国有资产保值增值机制的提升？不同的企业因其所处的体制背景不同、发展历程不同，国有资产保值增值机制所存在的问题也就不同，因而在国有资产保值增值机制建设中所选择的策略、模式和路径也不相同。应该说，不同机制模式之间本身没有优劣之分，只要它们各自确实切中问题要害，它们对国有资产保值增值机制就都具有优化的作用。当然，任何一种制度安排对国有资产保值增值机制的提升作用都存在相对性，因为我们不能期望它们能够针对国有资产保值增值机制中所存在的所有问题，也不能期望它们能够随着国有资产保值增值机制中出现的新问题而自行调整和完善。

但是，引入新的制度安排后，国有资产保值增值机制是否得以提升有一个基本的取向判断，即不能以现有的制度均衡是否有了改变为尺度，而要以制度均衡的改变是否实现或在多大程度上实现国有资产保值增值价值目标为标准。因为我们认同“股东价值论”的观点，因此，在本书的逻辑体系中，判断国有资产保值增值机制是否优化的标准显然是看新的制度安排能不能为国企出资人创造财富，能在多大程度上为国企出资人创造财富。

2.1.2　EVA 理念与方法方面的概念

1. EVA 的定义

EVA 最基本的形式是 200 多年前就已提出的剩余收入概念，而 EVA 的现代定义，主要出自贝内特·斯图尔特和乔尔·斯特恩两位美国学者。EVA 的基本含义，是指企业的剩余收入必须足以补偿投资风险，或者说是企业净经营利润扣除掉所有投入资本的成本后的剩余。其算式是

$$\text{EVA} = \text{NOPAT} - \text{TC} \times C\%$$

其中，NOPAT 是税后净经营利润；TC 是投入的所有资本；$C\%$是资本成本系数，$\text{TC} \times C\%$是所有资本的成本。EVA 计算所包含的财务信息是，若 EVA > 0，表明企业资产使用效率高，企业价值增加；若 EVA=0，说明企业的盈利仅能弥补权益资本和债务资本的成本；若 EVA < 0，则表明企业资产使用效率低，企业价值遭受减值，即使财务报表上的净收益 > 0。

2. EVA 理念与方法

近十几年来，EVA 在国内虽然越来越受到关注，理论界出现大量的研究文献，但这些研究大多还只是将 EVA 作为企业管理的一般技术工具加以分析、应用，鲜有把 EVA 上升为一种先进的管理理念与方法而加以深入提炼。其实，EVA 不只是一种业绩度量的指标，或一种经营者激励的方式，也是一种创造出资人财富的价值信念，一种以所有者为本的文化倾向。我们认为，EVA 作为一种理念，它本质上是一种以 EVA 为标准来界定企业经济利润，以 EVA 为指标来度量企业经营业绩，以 EVA 为核心观念来凝聚企业资源并激发管理者和员工努力为所有者创造财富的价值思想与方法。EVA 一旦上升为一种价值理念与方法，并被引入国有资产保值增值的制度安排中，它将在国有资产保值增值的整个思想体系以及国有资产保值增值机制的有效搭建发挥主导作用。

3. EVA的应用

本书是将EVA作为一种基本的价值思想和方法应用到我国国有资产保值增值机制的研究中。通过研究，期望在EVA理念与我国国有资产保值增值机制之间找到内在的联系点，以分析EVA思想和方法对国有资产保值增值机制可能产生的积极影响，进而提出改革和完善我国国有资产保值增值机制的一些政策建议。在这里，有两点需要特别说明：一是我们的研究是将EVA作为一种先进的管理理念和有效的价值手段来探讨其对我国国有资产保值增值机制建设的作用，对EVA本身的一些技术问题不做深入研究，如EVA的会计处理方式，EVA在某方面的局限性，EVA方法的改造，等等。也就是说，我们研究的重点是EVA已有成果的应用，而不是EVA本身。二是我们的研究是将EVA作为一种系统的思想与方法来讨论其在我国国有资产保值增值机制的构建中的作用，而不是只对国有资产保值增值机制的某一方面作特别探讨。正是从这个意义上讲，本次研究事实上是一个以EVA为基本范畴与方法的、关于我国国有资产保值增值机制建设的分析框架。

2.2 EVA与国有资产保值增值机制的关系假说

2.2.1 基本假设

基于本书提出的问题与研究目的，现提出本书研究的基本假设：

总假设 H：EVA理念与方法可以优化我国国有资产保值增值机制。

这是就EVA理念与方法作为一种系统、综合的价值管理思想和管理工具能对我国国有资产保值增值机制产生全面的积极影响而提出的总体假设。

子假设 根据前述关于国有资产保值增值机制内容和EVA理念与方法的界定，我们在总假设的基础上，提出四个子假设：

H_1：EVA理念与方法可以优化国有资产保值增值机制的价值目标；

H_2：EVA理念与方法可以优化国有资产保值增值机制的激励机制；

H_3：EVA理念与方法可以优化国有资产保值增值机制的资本结构；

H_4：EVA理念与方法可以优化国有资产保值增值机制的治理文化。

H_1是就EVA作为一种价值标准，它在度量国有资产保值增值价值目标的实现上比通常的价值标准可能会更有效而提出的假设；H_2是就EVA作为一种激励方式，它比现行的一些激励机制有可能更好地解决国企中的委托代理问题而作的假定；H_3 是就 EVA 作为一种经济范畴，它将影响国企资本结构并可能成为国企资本结构决策的重要依据而提出的假设；H_4 则是就 EVA 作为一种价值意识，它对国企治理文化存在重要影响并有可能成为国有资产保值增值机制的核心观念而作的假定。

2.2.2　假设前提

本书的研究，除了前述对一些基本概念的廓清与界定外，还有以下两个重要的假设前提。

1. 企业所有者与经营者之间的关系是委托代理关系

企业所有者与经营者之间的关系在不同理论中有不同的论述。最有代表性的是现代管家理论（stewardship theory）和委托代理理论（principal-agent theory）。

在新古典经济学中，企业被假设为完全理性的经济人，企业的目的是基于一定的市场需求环境和一定的生产要素价格，以一定的生产函数方式最大化地实现企业利润。在这一理论基础上所产生的古典管家理论认为，企业中的出资人与管理者之间的关系是一种纯粹无私的信托关系，管理者不会违背所有者的利益行事。随着股份制现代企业的兴起，1990 年，Donaldson 提出了现代管家理论。他认为，委托代理理论存在一个基本的错误，就是把企业中的经营管理者都看成是机会主义者和偷懒者，而事实上经营者有自身的尊严和信仰，有对工作成就的满足，为此他们会努力管好企业，能够成为企业资产好的“管家”（Boyd，1995）。这就是说，在经营者的自律基础上，经营者与所有者之间的利益是一致的。

委托代理理论视所有权与经营权分离下的企业所有者与经营者之间是一种委托代理关系。该理论认为，委托人与代理人有着不同的效用函数，委托人追求的是自己财富的最大化，而代理人追求的是自己工资收入、奢侈消费和闲暇时间的最大化，这是代理人行为有可能背离委托人利益的根本原因；而所有者和经营者之间存在责任不对等、契约不完备、信息不对称，这会促使经营者行为背离所有者利益的可能性发展为现实。

本书研究是以企业所有者和经营者的委托代理关系为前提的。以此为前提的原因在于，所有权与经营权分离的国有企业存在经营者对所有者利益的背离，这就使得所有者必须确立一种契约——国有资产保值增值机制，以控制和激励经营者，使经营者的行为能够符合所有者利益的最大化。

2. 价值评价遵循的标准是企业的内在价值

从价值管理的内容而言，它包括价值评价和价值创造两个方面。价值创造是企业价值的来源，价值评价则为价值创造确立一定的价值标准。

企业选择什么价值标准来衡量企业价值，采用什么方法来测定企业价值，这是价值评价涉及的主要问题。不同的人出于不同的立场和视角，他们对企业价值有不同的认识和定义，会选择不同的价值标准及测定方法来评定企业的价值。通常而言，经济学家对供求均衡环境下市场价格如何反映企业价值比较关注，所以重视市场价值标准和捕捉交易价格信号；资产评估师对信息充分条件下交易双方自愿达成的价格尤其重视，因而主张采用公允价值标准和占有足够多的交易信息；注册会计师则对企业资产在一定时点的表现特别看重，所以主张采用账面价值标准和历史成本方法；而投资者一般对企业预期未来的价值特别在意，因而他们非常重视企业内在的价值标准和现金流量折现方法的应用。

由于企业内在价值标准是站在投资者的立场思考问题，有利于从根本上保障出资人的利益，而且，这一价值标准在价值管理的理论与实务中受到广泛推崇（科普兰等，1997）。所以，本书选择将其作为企业价值的评价标准和研究的重要前提。

2.2.3 假设依据

我们之所以做出上述基本假设，从理论上讲，是依据 EVA 思想和方法与国有资产保值增值机制之间所存在的内在联系。这种联系主要体现在四个方面：国有资产保值增值机制价值目标的选择、国有资产保值增值机制激励方式的比较、国有资产保值增值机制资本结构的决策、国有资产保值增值机制治理文化的安排。

1. 价值目标——EVA 与国有资产保值增值机制的首要结点

我们知道，基于委托代理理论，将国有资产保值增值机制的价值目标界定为保障出资人的利益是一种符合逻辑的自然结论，虽然目前这一目标界定因为利益相关论者的质疑还面临许多干扰。但从 EVA 概念来看，其思想和方法的根本点完全是确保出资人的利益，最大程度地实现出资人的价值。在这里，EVA 的根本点与国有资产保值增值机制的价值目标之间具有高度的一致性，这是 EVA 与国有资产保值增值机制联系的重要基础，也是其关系的首要结点（图 2-2）。

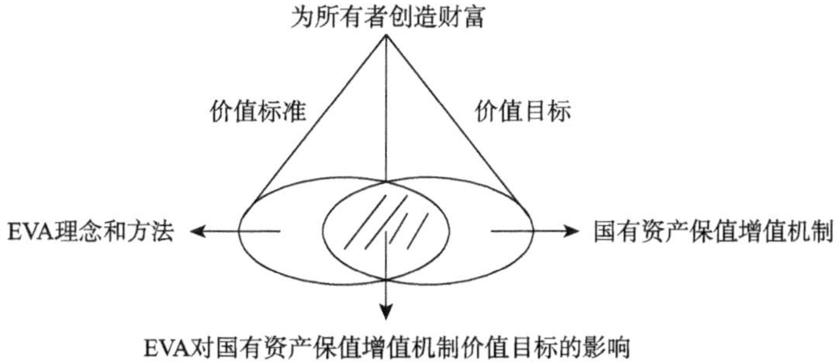

图 2-2　EVA 与国有资产保值增值机制

围绕着共同的目标，EVA 与国有资产保值增值机制两者表现的角度和作用有不同的特点。在现行的国有资产保值增值机制中，保障国有资产出资人的利益是国有企业核心的产权制度安排，它明确表明国有企业所有权结构中控制权和剩余索取权所应该具有的最好配置，它在国有资产保值增值机制的整个框架中居于基础地位。但作为基础，它却存在一个明显的缺陷，就是它只表明了国有资产保值增值机制的价值目标是确保出资人利益，但出资人利益的价值表现应该用什么方式来正确测定还缺少有效的标准。因为国有企业现行的经营绩效大都是以会计利润来反映的，它的计算因为只是扣除了债务资本成本，权益资本成本完全被忽视了，其计算结果不能真实反映出资人价值的增长状况。也就是说，国有资产保值增值机制的价值目标虽然是正确的，但它在计量上的失真会大大扭曲国有企业经营业绩的实际表现，进而影响和制约国有资产保值增值机制中其他制度的建设和发展。从EVA 理念出发，在企业贯彻EVA 概念及方法不仅是实现出资人价值的根本要求，也是为企业进行价值管理而树立的有效的价值标准。EVA 价值标准的优势在于，EVA 的计算反映了企业所有资本的成本，即它不仅扣除了资本中债务资本的成本，也补偿了资本中权益资本的“机会成本”[①]，它是站在所有者价值立场对企业经济利润新的定义，它为正确评价出资人的价值实现提供了合理的测定标准。所以，基于实现国企出资人利益这一共同的价值愿望，国有资产保值增值机制价值目标的搭建离不开 EVA 理念和方法。

2. 激励机制——EVA 与国有资产保值增值机制的第二结点

基于委托代理理论，国有资产保值增值机制的目的是解决国有企业存在的代理问题，以最大限度地实现出资人的价值利益。为此，国有资产保值增值机制理应包含一种控制和激励经营者行为的规范或契约，尽力使经营者的行为取向能与

① 这里的机会成本，是指投资者由于持有现有的公司证券而放弃的，在其他风险相当的股票和债券上的投资所预期的回报。

出资人的目标函数相一致。很显然，建立必要的激励机制是国有资产保值增值机制建设的一项关键任务。基于EVA理念和方法，建立以EVA价值为基础的经营者业绩标准及相应的激励计划，对于激发经营管理者努力为所有者创造财富具有重要意义。因此，企业管理中实施EVA的经营者激励是进行价值管理的一项重要课题。可见，EVA理念和方法的出发点与国有资产保值增值机制的价值目标是一致的，都是为了最大化地保障出资人财富的增长。所以，从根本上讲，国有资产保值增值机制的激励方式所要解决的问题与价值管理中的EVA激励机制所要解决的问题是相同的，都是国企的代理问题。

国有资产保值增值机制有不同的激励方式，从激励的诱导性来看，主要是精神激励和薪酬激励，而薪酬激励方式最为广泛。薪酬激励的具体方式比较多，目前以年薪制、股票期权和EVA激励最有代表性。在我国国有企业的改制中，目前一般看好年薪制和股票期权。虽然从2010年起，EVA激励开始在中央企业实施，2019年4月1日实行的《中央企业负责人经营业绩考核办法》也坚持将EVA指标合理纳入央企负责人的年度与任期考核，但其深度和广度还十分有限。EVA激励是一种独特的薪酬激励制度，它将EVA作为经营者的业绩衡量标准，并把EVA的增长与经营者和员工的奖励紧密联系起来。目前，最有影响的EVA激励方式是思腾思特公司推出的“EVA奖金计划”（埃巴，2001）。EVA激励实施的大量实证数据表明，该方式对建立企业资产保值增值激励制度可以产生多方面的积极影响。例如，与传统的利润指标比较，EVA不仅补偿了债务资本成本，也扣除了权益资本成本，是真正的企业“剩余”，因而它能为企业资产保值增值的激励机制提供正确的业绩评价标准。又如，根据“EVA奖金计划”的基本方法，企业经营者的报酬与EVA的增加紧密联系，它是不确定的，且没有封顶的限制，这使经营者和所有者的利益能够统一起来，从中可以为解决激励不相容的矛盾找到一种积极的方法。再如，EVA激励不受企业是否是上市公司因素的约束，其适用性比较广泛，不同类型的国有企业都可以选择EVA激励机制，对同一类型企业不同层级的员工也可以采用EVA激励。

EVA激励方式与国有资产保值增值机制在根本点上的一致性，是建立EVA理念和方法与国有资产保值增值激励机制之间联系的内在基础；同时，也是我们讨论EVA如何对国有资产保值增值激励机制产生影响的重要根据。

3. 资本结构——EVA与国有资产保值增值机制的第三结点

企业理论的许多实证研究表明，资本结构可以通过对资本成本的影响，来影响企业价值，进而得出企业资产的使用效率及其保值增值（杨亚达和王明虎，2001）。因而，企业的资本结构是重要的。资本结构影响企业价值的简单解释是，假如企业做百分之百的权益融资决策，那企业就不存在债务资本，当然也就不能享有负债带来的减税利益，这样，企业资本成本相对较高，企业市场价值较低；如果企业选择百分之百的债务融资，那么企业虽然能够最大限度地利用财务杠杆带来的减税好处，但这时，企业破产的风险最大，融资成本将随之增高，它会在一定程度上抵消负债减税的利益，使企业资本成本也相对较高，减少企业市场价值。不同的资本结构，会产生不同的资本成本，这意味着在其他条件不变的情况下，企业的市场价值及资产的保值增值肯定会受到资本结构选择的约束和影响。

从 EVA 思想及其方法来看，EVA 对资本结构存在着重要影响（沈维涛和叶晓铭，2004）。EVA 对资本结构的直接影响关系是，EVA 是企业的净经营收入扣除所投入的全部资本的成本后的剩余，其计算本身涉及资本成本信息。而企业在做不同融资方式的选择时，融资成本的高低肯定是融资决策考虑的重要因素；EVA 是剩余收入，它实际上等同于经济利润，企业的营利能力能够从中得到反映。通常而言，盈利的企业可能有较多的收益留存，融资一般容易选择内部留成，因此营利能力越强的企业越存在低负债资本结构的倾向。另外，EVA 不同于现行的会计利润指标，它没有把商誉、研发费用、员工培训支出等具有资本性开支特征的支出在会计上列为费用，而都将其资本化，这使企业的成长性能够在 EVA 上得到反映。一般情况下，具有成长性的企业容易追求扩张企业的规模，但扩张规模所引致的高成本却会造成企业盈利下降；同时，规模扩张会减少企业能够用于抵押的资产，这使企业破产的风险增加，进而使企业融资的负债能力随之降低。还有，因为 EVA 反映企业的市场价值，企业声誉会因此受到直接影响。而通常情况下，债权人是很看重企业的社会声誉的。如果企业具有良好的社会声誉，企业一般容易以较低的成本筹措到债务资本，这将改变企业的资本结构（沈维涛和叶晓明，2004）。

EVA 与资本成本之间、资本成本与资本结构之间、资本结构与企业价值之间的这种重要关系，是我们将 EVA 理念和方法与国有资产保值增值机制联系起来的理论依据。它表明，通过引入 EVA 理念和方法来探讨国有资产保值增值机制中的资本结构及其决策将很有意义。

4. 治理文化——EVA 与国有资产保值增值机制的第四结点

目前理论与实务界对国有资产保值增值机制的探讨，主要目的是希望安排出一套解决国有企业委托代理问题的正式制度，鲜有将治理文化这一“软性”制度纳入国有资产保值增值机制的框架。为什么存在这种制度安排的偏向？这之中可能是因为预设了一个这样的假设：企业的所有问题都可以通过正式制度得以解决。但我们可以看到的事实是，国有资产保值增值机制所要解决的国有企业代理问题，其产生牵涉了许多不同因素，如委托人与代理人之间的信息不对称、目标不一致、责任不平衡等；代理问题的表现往往比较复杂，如代理人采取机会主义、损公肥私、偷懒等“道德风险”行为，或代理人做隐瞒企业经营实际情况和自己经营管理能力等“逆向选择”。而且，这些不同因素所导致的代理问题在不同行业和不同企业还会有更多不同的表现。面对企业代理问题的复杂情况，从契约的不完备性来看，任何正式制度的设计都可能存在无法顾及所有代理问题的漏洞或空档。因此，要期望正式制度能够应对企业所有的代理问题并很好地解决它们是不现实的，这要求我们在国有资产保值增值机制的设计中，应该纳入治理文化这一非正式制度安排。

要将治理文化纳入国有资产保值增值机制的建设，必须要有核心概念的支持。这一概念既要充分体现国有资产保值增值机制价值目标的内涵，也要易于成为国企经营者及员工普遍信奉的价值信念。在这方面，EVA应该是一个最能产生积极影响的概念。EVA作为一个衡量企业经营绩效的评价指标，由于它是补偿了企业全部资本成本（包括权益资本的机会成本）后的剩余，对所有者来讲，是最具意义的经济利润，因而它与国有资产保值增值机制的价值目标是完全一致的。因此，如果用EVA来表明国有资产保值增值机制价值目标，用EVA来反映国企所有者的价值思想，用EVA来作为国企成员的行动指南，无疑将是一个很好的选择。尤其值得注意的是，EVA完全是支付了政府的税金、债权人的利息、供应商的货款、员工的工资、管理者的薪酬等企业利益相关者的全部收入后的剩余，它清楚地表明：只有首先补偿了利益相关者的收入，所有者才能最终得到回报。从这个意义上讲，EVA概念与利益相关者的利益是不冲突的。用EVA作为国企治理文化的核心概念能够激起大家的共鸣，能够得到普遍的响应。最根本的是，EVA激励机制是将EVA增长的数额按比例奖励给贡献者，它以一种让人十分容易理解的方式告诉管理者和员工，增加EVA就是增加自己的利益，要想更多地实现自己的利益，就必须要更多地创造 EVA。在这里，激励是相容的，用 EVA作为国企治理文化的价值标准，能够在国企的所有成员中形成一种追求EVA的内在的自觉意识。

可见，EVA具有治理文化的属性。这一属性有助于我们进一步理解EVA理念和方法与国有资产保值增值机制的内在联系，并思考EVA理念和方法在国有资产保值增值机制的建设中可能产生的重要影响。

2.3 EVA与国有资产保值增值机制关系的基本模型

2.3.1 关系模型

根据EVA理念和方法与国有资产保值增值机制各构成内容的内在联系，我们可以构架出 EVA 影响国有资产保值增值机制建设的一般关系模型（图 2-3）。

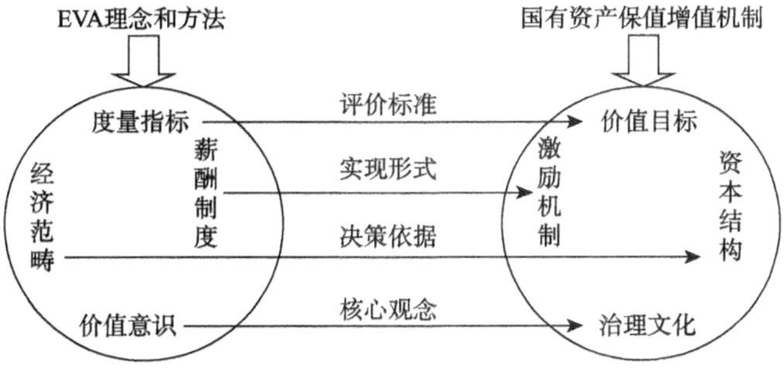

图 2-3　EVA 与国有资产保值增值机制的关系模型

在该模型中，国有资产保值增值机制的构成内容包括四个方面：国有资产保值增值价值目标、国有资产保值增值激励机制、国有资产保值增值资本结构和国有资产保值增值治理文化。其中，国有资产保值增值价值目标是为所有者创造财富，它为国有资产保值增值动力作方向牵引，是整个国有资产保值增值机制的基本前提。国有资产保值增值激励机制则是一套激励和约束企业成员努力为所有者创造价值的契约规范，它是国有资产保值增值机制的关键制度安排。国有资产保值增值资本结构是指企业总资本中债务资本与权益资本的构成关系，它决定了企业产权安排中的控制权和剩余索取权，是国有资产保值增值机制的重要基础；治理文化则是关于国有资产保值增值价值目标实现的核心信念与集体意识，它是为解决国有企业代理问题而设计的非正式制度，是国有资产保值增值机制不可或缺的文化支撑（图 2-1）。

EVA 作为现代价值管理的一种理念和方法，它主要表现在企业经营业绩的度量指标、员工创造价值的薪酬制度、融资决策的经济范畴和所有者思想的价值意识四个方面。在 EVA 理念和方法中，这四个方面是一个有机的整体。其中，度量指标、薪酬制度、经济范畴决定和反映所有者价值意识，是 EVA 理念和方法的基本方面；所有者思想的价值意识则是对度量指标、薪酬制度、经济范畴的提升和统领，是 EVA 理念和方法的根本方面。

在 EVA 理念和方法与国有资产保值增值机制的关系方面，EVA 对国有资产保值增值机制具有全面的影响，EVA 理念和方法的四个方面对应国有资产保值增值机制的四方面内容并分别产生作用，具体表现为：①EVA 作为业绩度量指标，它为国有资产保值增值机制的价值目标提供评价标准。这一标准对于测度国有资产保值增值机制价值目标的正确性和实现程度具有价值标尺的作用，它有助于价值目标成为国有资产保值增值机制正确设计的前提。②EVA 作为薪酬奖励制度，它成为国有资产保值增值激励机制实现的一种形式。这一制度在化解激励不相容冲突、降低经营者离职风险、激发企业成员努力创造 EVA 价值等方面具有显著优势，它能够促使激励机制在国有资产保值增值机制中发挥关键作用。③EVA 作为融资的经济范畴，它是企业选择不同资本结构的重要依据。它从权益资本、机会成本的视角，对影响资本结构的因素做了新解释，这有利于国企财务结构的优化并保障其在国有资产保值增值机制中的基础地位。④EVA 作为所有者价值意识，它是国有资产保值增值机制治理文化的核心观念。这一观念充分体现了国有资产保值增值机制的价值目标，容易形成国企广泛的集体意识和共同的行为标准，有助于强化治理文化在国有资产保值增值机制中的支撑作用。

2.3.2　数学模型

根据 EVA 理念和方法与国有资产保值增值机制的上述关系模型，我们可以建立相应的数学关系式。

国有资产保值增值机制与其构成内容的关系式可以表达为

$$A = f\left(G_i, E_i, P_i, C_i\right) + u_i \tag{2-1}$$

其中，A 是因变量，表示国有资产保值增值机制的优化；G_i、E_i、P_i、C_i 是解释变量，分别表示国有资产保值增值机制的价值目标、激励机制、资本结构和治理文化；u_i 作为随机变量，代表其他影响因素。实际工作中，G_i、E_i、P_i、C_i 共同对 A 产生影响；理论分析中，当讨论某一变量对 A 的作用时，可将其他变量及影响因素视为不变的常量。

式（2-1）中，G_i、E_i、P_i、C_i 四个解释变量可以作不同的选择。如果将现行的、不考虑 EVA 理念和方法约束的国有资产保值增值机制的价值目标、激励机制、资本结构、治理文化分别表示为 G_O、E_O、P_O、C_O，则它们对国有资产保值增值机制的影响可表示为

$$A = f\left(G_O, E_O, P_O, C_O\right) + u_i \tag{2-2}$$

而如果把 EVA 思想和方法引入国有资产保值增值机制的框架中，将该约束条件下的国有资产保值增值机制的价值目标、激励机制、资本结构、治理文化分别表示为 G_E、E_E、P_E、C_E，则 EVA 思想和方法与国有资产保值增值机制优化的关系式为

$$A = f\left(G_E, E_E, P_E, C_E\right) + u_i \tag{2-3}$$

如果把国有资产保值增值机制价值目标的优化、激励机制的优化、资本结构的优化和治理文化的优化分别表示为 A_G、A_E、A_P、A_C，即把 A 分解为 A_G、A_E、A_P、A_C。由式（2-1）可以得到四个一元函数关系式：

$$A_G = f\left(G_i\right) + u_i \tag{2-4}$$

其中，A_G 是因变量；G_i 是解释变量；u_i 包括视为常量的 E_i、P_i、C_i 和其他影响因素。G_i 可以是 G_O，也可以是 G_E。G_E 对国有资产保值增值机制价值目标优化的解释力取决于它与 G_O 的比较。

$$A_E = f(E_i) + u_i \tag{2-5}$$

其中，A_E 是因变量；E_i 是解释变量；u_i 包括作为常量的 G_i、P_i、C_i 及其他影响因素。其解释变量 E_i 可以是 E_O，也可以是 E_E。E_E 对国有资产保值增值激励机制优化的意义，取决于它与 E_O 相比是否存在优势。

$$A_P = f(P_i) + u_i \tag{2-6}$$

其中，A_P 是因变量；P_i 是解释变量；u_i 包括作为常量的 G_i、E_i、C_i 及其他影响因素。P_i 作为解释变量，可以作 P_O 和 P_E 的不同选择。如果 P_E 较之 P_O 更有解释力，则它对资本结构的影响一定更大。

$$A_C = f(C_i) + u_i \tag{2-7}$$

其中，A_C 是因变量；C_i 是解释变量；u_i 包括看作常量的 G_i、E_i、P_i 及其他影响因素。C_i 有 C_O 和 C_E 的选择，C_E 的解释是否成立，关键看 EVA 对国有资产保值增值机制的治理文化有怎样合理的解释。

2.3.3　模型的简要说明

上述关系模型和数学表达式只是一种理论模型，还不是变量之间确定的数量依存关系方式，它只表明了 EVA 理念和方法与国有资产保值增值机制之间解释与被解释的关系。但它的展开，可能为阐释我国国有资产保值增值机制优化提供一个正确的方向。本书后面各章内容的逻辑与分析正是基于上述模型关系而展开的。

第 3 章　EVA 与国有资产保值增值机制的价值目标

国有资产保值增值机制价值目标是一个为谁保值增值的问题，它是国有资产保值增值机制设计的前提。本章将对三种有代表性的国有资产保值增值机制价值目标的观点进行比较、解释，以说明国有资产保值增值机制合理的价值目标；通过引入EVA概念，分析EVA在评价国有资产保值增值机制价值目标及其实现问题上的重要性；基于EVA思想，提出国有资产保值增值的新标准，初步设计相应的计算方式。

本章要回答本书的第一个假设：H_1——EVA 理念与方法可以优化国有资产保值增值机制的价值目标。

3.1　国有资产保值增值机制价值目标的合理解释

3.1.1　国有资产保值增值机制价值目标的争议

从本质上讲，国有资产保值增值机制价值目标是指国有资产保值增值机制所要实现利益的主导对象，它表明了国有资产保值增值机制的根本目的。国有资产保值增值机制到底应以谁的利益实现为主导？对这一问题，目前学术界存在不少争议，主要观点有三种。

1. “股东价值论”

“股东价值论”是新古典经济学关于公司治理应以确保股东利益为中心这一主流观点的衍生思想，它认为国有资产保值增值机制的价值目标与公司治理目标是一致的，其中心仍是确保股东利益，确保企业所有者得到理应得到的投资回报，股东应该处于绝对的主导地位（张维迎，1999；李小平，2003a；池国华等，2013）。这种观点来源于新古典产权学派对企业所有权结构及关系的分析和解释，在德姆塞茨和阿尔钦（1991）、Jensen 和 Meckling（1976）、哈特（1998）和张维迎（1999）等的论著中有比较详尽的论述。虽然这些学者对企业所有权问题研究的视角有所不同，但他们在三个重要问题上的观点存在共同性：一是他们均认为实现利润最大化是企业最重要的目标，因而最该拥有企业控制权的应该是追逐利润动机最强烈的人；二是在企业所有权结构关系中，资产所有者既是剩余索取者，也是企业关键人事和重大决策的最终控制者；三是认为企业所有权结构要具有效率，就必须使企业剩余索取权与控制权能够互相匹配与对应。

衍生于新古典产权学派的国有资产保值增值机制价值目标，其财务上有企业利润最大化、企业价值最大化和股东财富最大化等含义。新古典经济学追逐利润动机论述的侧重点是企业利润最大化目标，并将其作为企业财务的基本目标。企业利润最大化要求国有资产保值增值机制价值目标与企业财务活动之间保持紧密的关联性。企业通过一定的财务活动能够对国有资产保值增值机制价值目标的实现产生控制和影响。企业利润最大化目标在操作上具有容易计算、便于衡量的优点。企业价值最大化和股东财富最大化的目标则是对新古典经济学思想特征比较全面的反映，关于二者的含义，不同的学者有不同的解释。有的认为二者表述不同，内涵是一致的；有的认为二者不仅仅存在表述上的差异，而且内涵也是不同的。美国学者 Haim Levy 和 Marsharl Sarnat 通过数学上的严密推算，得出企业价值最大化和股东财富最大化这两种表述没有实质上的区别，认为这两种最大化均是股东财富的最大化（冯静，2000）。余绪缨教授也对这两种表述做过专门研究，得出的结论与上述美国学者的观点完全是一致的（冯静，2000）。从思想上讲，“股东价值论”者一般都赞同这一观点。股东财富最大化目标强调了出资者对企业剩余的索取权，突出了出资者在企业的地位，并把剩余索取权与控制权的对应看成是企业实现资产保值增值必备的条件。

从新古典经济学关于企业产权关系的上述观点可以发现，该理论认识的根本点是股东至上（shareholder primacy），它遵循的是资本雇佣劳动的逻辑。在实践中，“股东价值论”的一个显著特点是容易计算、便于操作。也就是说，只要企业的出资者被赋予对应的剩余索取权和控制权，企业利润的最大化和企业价值的最大化（或股东财富的最大化）目标就能够十分容易地实现。而且对产权明晰的企业来讲，到底谁是出资者，其投资状况怎样，这是很容易判定的，并不需要太多的费用支出。但是，在理论与实际中，这一观点不断受到来自“利益相关者论”的质疑和干扰。不少人认为，企业的剩余索取权和控制权只是由出资者独自拥有的观点，与产权结构发展变化的现状并不相符。实际中，企业所有权由出资者与利益相关者（如人力资本所有者）一起分享的制度安排，在许多企业已成为事实，如经营管理者的年薪、股票期权的激励方式，一般员工的“底薪+提成”的结构薪酬方式，等等。面对这样的质疑，“股东价值论” 虽然有不少理由，但其解释还不充分，尤其是在股东价值实现程度的计量标准上还缺少科学有效的评价指标。

2. “利益相关者论”

“利益相关者论”认为，国有资产保值增值机制价值目标不能单纯以股东利益的实现为绝对主导，而应把股东利益者同债权人、国家、供应商、董事会、经理、员工等利益相关者置于同等的位置，即国有资产保值增值机制价值目标所要实现的是包括股东在内的所有利益相关者的利益（费方域，1996a；杨瑞龙和周业安，1998；李维安和武立东，1999）。这一观点衍生于学术界在企业所有权结构问题上反对“股东价值论”、主张由利益相关者分享企业剩余的思想。首先提出“利益相关者”概念并对之进行专项研究的是美国斯坦福大学研究所（Stanford Research Institute，SRI）。后来弗里曼教授在其战略管理新方法的相关论著中，对企业利益相关者方法做了阐述。诺贝尔经济学奖得主斯蒂格利茨（2007）则提出了多重代理理论（multi agent theory），也就是利益相关者理论（stakeholder theory）。对于利益相关者理论，不少学者有比较全面的阐述（Blair，1995；周其仁，1996；杨瑞龙和魏梦，2000），认为其思想主要包括四个方面：一是认为企业实际上是许多契约的组合，在企业中，包括股东在内的所有利益相关者都以不同的方式投入了专用性资产（specialized assets），都承担了一定的风险，因而都应分享企业的剩余。二是认为大型上市公司由于股权极为开放和分散，股东们会因“搭便车”而缺乏足够的动力去监督经营者的“逆向选择”和防止“道德风险”行为，因而不能只是单方面把企业的剩余索取权和控制权给予股东。三是基于人力资本的专有与稀缺的特性，认为人力资本所有者完全应该得到对应的企业的剩余索取权和控制权，也就是劳动应该雇佣资本。四是强调企业的目标不是为股东创造财富，而是为社会创造财富。布莱尔说：“这种认为公司在最大化股东回报之外还应该拥有部分社会目标的观点毕竟在竞争中生存下来了，而且还使那些率先思考公司治理问题的人对于公司的目标问题形成了一种新的认识，这一新的观点是，公司的存在是为社会创造财富。”（Blair，1995）

衍生于利益相关者思想的国有资产保值增值机制价值目标，其财务上有利益相关者收益最大化、利益相关者权益最大化和社会财富最大化等要求。这些要求只在表述上存在差异，实质上并没有两样。在利益相关者收益最大化思想看来，企业所有权的主体是一个利益相关者的共同体，股东只是其中的主人之一，共同体的主人还应包括债权人、供货商、客户、国家、管理者、员工等利益相关者。

实现企业价值目标的活动应考虑不同利益相关者的不同利益取向而均衡展开，最终使利益相关者收益达到最大化。也就是说，“利益相关者论”主张的不单纯是经济效率的目标，还涉及对社会效益的追求。它要从根本上否定“股东至上”思想和资本雇佣劳动的逻辑，并以此为基础，强调利益相关者对企业所有权的共同拥有和对企业剩余的共同分享。

从企业所有权关系变化的实际情况来看，利益相关者理论对解释“怎样的企业所有权结构才有效率”的观点有一定的合理性。但从理论指导的实效性来看，这一观点因其存在实践上根本无法操作的弊端而受到理论界许多学者的质疑。第一，它不具备利益相关者参与的系统理论基础。尽管资源依赖理论从利益相关者为企业提供关键资源的角度，Zingales、Rajan 和布莱尔等从企业获得资产专用性的角度，分别对此进行了一定研究，但前者并没有一个基于企业理论的严格论证，后者则根本没有一个关于全部利益相关者的完整体系。第二，利益相关者理论并不能真正处理好所有者和其他利益相关者之间的关系。因为所有者和其他利益相关者之间的关系在根本上是利益关系，其关系的协调都是利益的协调，而这些都要以企业拥有必要的、充实的盈利为基础。也就是必须承认，企业的价值在于为社会创造财富，盈利是企业的根本目的，企业只有在盈利的情况下，才能保证其他利益相关者的利益。第三，利益相关者理论无法清楚界定利益相关者的身份，且计量利益相关者的利益相关度也遇到了难以解决的困难，即利益相关者理论强调企业剩余索取权与控制权应由利益相关者共同分享，但到底谁是利益相关者？各利益相关者之间的利益差异究竟有多大？这些问题往往是无法回答的。

3. “利益相关者主次论”

这是一种介于“股东价值论”和“利益相关者论”之间的观点，是新古典产权学派和利益相关者学派关于企业所有权关系理论的交叉衍生观点。该观点认为，在国有资产保值增值机制价值目标的利益主导对象的安排上，股东利益居于主导地位是必须的，但也不能不合理厘清所有者与其他利益相关者之间的关系，协调好他们因所有权结构因素所产生的利益差异。在“利益相关者主次论”者看来，在相关利益的层次中，所有者居最高层次，而债权人、供应商、用户、国家、经理层、员工等居相应次高层次。也就是它对所有利益相关者相互作用的利益关系做了整体考虑，同时也突出了其中的所有者在利益关系整体中的相对中心或主导的地位（孙永祥，2001）。“利益相关者论”被美国学者克拉克（1999）视为高度理想主义，“利益相关者主次论”则被视为适度理想主义。对“利益相关者主次论”的观点，国内学者孙永祥有比较全面的讨论，主要有三个方面的观点：第一，由于股东在企业治理中能够对经营者发挥特有的监督约束作用，因而在企业利益结构的安排上，股东应该受到特别关注；第二，不能否定董事、经营者、员工等利益相关者确实通过其人力资本对企业做了投资，因此他们也应该在企业利益结构的框架中获得相应剩余；第三，协调股东与其他利益相关者利益关系的重点，是如何既注重股东利益，同时又清楚界定所有利益相关者之间的关系。

衍生于新古典产权理论和利益相关者思想的“利益相关者主次论”，它在国有资产保值增值机制价值目标上的财务要求是，股东主导的利益相关者收益最大化。这一目标的含义是，通过平衡所有利益相关者在企业所有权结构中的利益，实现利益相关者共同发展，协调增进企业的经济效率和社会效益。它的难点在于如何正确度量利益相关者之间的权益均衡点。因为所有者是以企业总体效用的增加作为权益让渡前提的，如果总体效用因分权而下降，所有者一定会采取措施进行应对，甚至不惜关闭企业，这将损害全部利益相关者的利益。因此，可以用股东边际效用的指标来决定股东与其他利益相关者的权益均衡点，该指标以 0 为极限值，一般呈下降趋势，但应该大于 0。

“利益相关者主次论”试图将“股东价值论”和“利益相关者论”两种观点综合起来，但由于它像“利益相关者论”一样缺少系统的利益相关者参与理论的基础，因而理想主义十分明显。第一，尽管它肯定了股东必须居于利益相关者利益结构的主导位置，但为什么股东必须居于主导位置？其他利益相关者之间是否也存在层次之分，且层次又如何划分？其解释是很苍白的。第二，尽管它强调股东利益是企业价值目标的主导对象，并认为清晰界定各利益相关者的关系十分重要，但实际操作中对关键的利益相关者将怎样识别和判定，对利益相关者之间的利益冲突应采取什么方式进行协调，它并没有相应的标准和办法。第三，试图说明企业的所有利益相关者在不同层次、不同位置的责任，实际上等于没有说明任何利益相关者的责任，这将使企业的委托代理关系变得模糊混乱。

表面上看，“利益相关者主次论”是对“股东价值论”和“利益相关者论”两种观点的一种综合或调和，但因为其基本思想上多目标的理想主义追求、对利益相关者利益的主张和坚持、在实践操作中仍然难以指导等，因而实际上它与“利益相关者论”并没有实质性的区别。

3.1.2 国有资产保值增值机制应有的价值目标

在上述由新古典产权理论和利益相关者理论所衍生的国有资产保值增值机制价值目标的争议中，各种观点尽管都有各自的理论证明和基础，但比较后，我们对“股东价值论”的思想更为认同，即国有资产保值增值机制价值目标应以实现国有企业所有者价值为主导，以确保国企出资人财富的最大化为价值取向。我们之所以倾向“股东价值论”，除了基于股东是企业所有者这一客观事实之外，也因为一些虽然不明显但却很有说服力的理由。

（1）股东是企业所有者，为股东创造财富是实现所有者利益的根本要求。这一解释遵循的是资本雇佣劳动的逻辑，它的合理性的最好证明是，现代企业理论和包括中国在内的绝大多数国家公司法均认为股东是企业的所有者，股东享有企业所有权。在国有企业，则是国有资产的出资人享有企业的所有权。这里的所有权除了剩余控制权当然还包括剩余索取权。现在有人把债权人、供应商、董事会、管理者、员工等利益相关者也看成企业所有者，认为他们对企业也进行了人力资本的专用性资产投资，他们也应同股东一样分享企业的剩余。其实，这种观点在理论上是站不住脚的，因为它混淆了企业所有权与财产所有权。

在现代企业理论中，把企业所有权（ownership of the firm）与财产所有权（ownership of the asset）区别开来，对理解企业产权制度安排是非常重要的（张维迎，1999）。在经济文献中，财产所有权与“产权”（property rights）是等价的概念，指的是对给定财产的占有权、使用权、收益权和转让权，而企业所有权指的是企业的剩余控制权和剩余索取权。剩余控制权指的是在契约中没有特别规定的活动的决策权。剩余索取权是对企业收入在扣除所有固定的合同支出（如利息、税金、工资、货款等）后的余额的要求权，这里的余额是不确定的、没有保障的，因而剩余索取者也是企业的风险承担者。根据契约经济学的观点，企业作为一种契约，它虽然是由不同财产所有者（主要是物质资本所有者和人力资本所有者）通过产权交易组成的，但并不是说这些财产所有者都是企业的所有者，都享有企业的所有权（张维迎，1999）。在企业中，什么样的财产所有者应该享有企业的所有权，关键要看各种财产的所有者是否是企业风险的承担者（张维迎，1999）。从财产的产权特征来看，物质资本与人力资本的根本区别在于，物质资本与其所有者是可分离的，这使物质资本天然地具有抵押功能，容易被其他成员作为“人质”（即所谓跑了和尚跑不了庙），也容易受到其他人员的“虐待”；而人力资本与其所有者是不可分离的，它不具有抵押功能，不可能被其他成员当作“人质”（即庙随人走）（张维迎，1999）。物质资本与人力资本在产权特征上的这种根本区别，决定了企业风险的实际承担者“天生”是物质资本所有者——股东，而不是人力资本所有者①。因此，股东理应享有企业所有权，理应要求享有具有风险意义的剩余收入。

（2）股东财富最大化是一种引导社会资源用于最有效率和最有价值领域的行为。在市场经济中，股东财富最大化同时意味着企业价值最大化，而企业价值作为企业未来全部预期收益的现值总和，它是通过资本市场来衡量的。在完善的资本市场上，如果一个企业的价值通过股价呈最大化或最大化趋势，这不仅表明

---

① 这里是指企业在存续期间，即在正常状态下的风险承担。

该企业的股东利益得到了切实的保证，同时也表明该企业在社会资源的利用上具有价值和富有效率（李小平，2003a）。这样，该企业必将因为得到资本市场的肯定而能够吸引更多的资本投资，聚集更多的社会资源，并创造出更多的社会财富。从这个意义上讲，企业是创造社会财富最伟大的“机器”，为股东创造价值的过程也是为社会成员创造财富的过程。换言之，如果企业不去追求股东财富最大化，则意味着企业价值将得不到最好的市场表现，资本市场将会因此而失去合理的竞争水准，导致社会资源将会被错误配置，产生低效和浪费，国民的社会福利也将会大大地受损。2008年以来，我国股票市场不断出现投资者套现离市的惨淡场面，股票指数从高位持续走低，为什么？这之中的原因固然很多，如上市公司质量不高、财务信息造假、监管不严、行政化干预严重等。但从根本上讲，还是因为我国上市企业（包括国有上市企业）整体的经营业绩表现差、资本使用效率低、股东不能从中获得投资回报。试想，一个不能为股东带来投资回报的企业，它在资本市场上凭什么进行竞争？一个使广大投资者普遍亏损的股票市场，它凭什么聚集人气？一个令投资者失去信心的资本市场，它又怎样发挥配置社会资源的决定性作用？这些年，因为股东的投资信心严重受挫，希望通过吸引社会资本来激发市场活力、改善投资结构、促使经济增长方式转变的市场改革取向肯定会受到影响。而且，这种影响不会只是单方面的，它会渗透到整个国民经济体系的各个方面，从整体上影响国民经济的竞争力、国民经济的素质及国民福利的水平（李小平，2003a）。

因此，从根本上说，追求股东财富最大化与有效利用社会资源、改善国民福利水平是不可分的，正是因为希望追求每一位社会成员财富的最大化，我们才应当追求股东财富的最大化。应该说，这是国有资产保值增值机制价值目标为什么要确保国有资产出资人利益的最重要的依据。

（3）追求股东财富最大化实际上并不损害其他利益相关者的利益，恰恰相反，它是以保证其他利益相关者利益为前提的。从契约经济学的角度看，企业是一系列企业与它的各种利益相关者之间契约的组合。根据契约，出资人、债权人、供应商、管理者、员工，他们自愿地走到一起，利用出资人提供的资本，去组织其他生产要素，去生产一种希望用户愿意购买的产品。在这一系列契约的组合中，如果管理者没有公平、公正地对待每一个利益相关者，而任意违反契约规定，受其对待的各个利益相关者必然会中断与其关联的交易（埃巴，2001）。如果一家企业试图压低员工的薪酬，它就不能雇佣到它所希望和需要的、一定素质的员工；如果它对供应商的货款拖延支付，供应商会提高供货的价格，或者要求取消赊销业务；如果提供的产品没有达到企业所承诺的品质，用户将会放弃购买，并可能转向它的竞争对手；如果企业不能偿还到期债务，债权人将会降低它的资信，提高其再融资的成本；如果企业不兑现管理者的业绩奖金，管理者会选择“用脚投票”，企业的去职风险会随之加大（李小平，2003a）。因此，要确保股东价值的实现，企业不能不考虑其他利益相关者的利益，或者说不能不根据契约的约定给予其相应的回报。从这一意义上讲，股东利益与利益相关者的利益是统一的，实际中，不讲利益相关者利益的股东利益总体上是不存在的，或存在也是不会持久的。强调股东利益并非是绝对的“股东至上”。

而且，我们说股东与利益相关者的利益是统一的，这在很大程度上还基于这样一个事实：股东是企业剩余的索取者，同时也意味着他一定是最后得到回报的人。因为从财务会计上看，一家企业只有向供应商支付了货款，向债权人支付了利息，向员工支付了工资，向管理者支付了薪酬，向政府支付了税金之后，它才能向股东支付回报（埃巴，2001）。这是任何企业在会计核算上都要遵循的支付逻辑。既然股东是最后得到回报的人，那么将国有资产保值增值机制的价值目标确定为确保股东利益，应该说是善待其他利益相关者的最明智、最可靠的方式。

（4）为股东创造财富还有一个实用主义理由，就是该目标简单明晰、易于操作，有利于提高企业治理效率（李小平，2003b）。在企业治理过程中，投资者与经营者利益目标相冲突会导致经济损失，产生治理成本，这就要求企业治理这一作为协调、规范企业系统各利益主体权利及行为的制度安排应遵循效率原则。企业治理也有价值导向与目标，它是企业治理制度安排中的一项重要内容，其合理与否将直接影响企业治理的效率，影响企业经营的效益。很明显，在企业治理的价值目标这一问题上，如果强调利益相关者利益，将所有利益相关者置于相同的位置上，势必导致企业治理价值目标的多元性、多重性①。多重目标其实就是没有目标，它不仅会使企业管理人员失去统一的行为准则，造成企业治理的混乱，而且会使本已存在的股东与其他利益相关者之间，或者不同利益相关者之间的利益冲突更加难以协调和权衡，从而加大治理的难度，增加治理的成本。同时，在多重目标的要求下，由于各利益相关者之间的利益冲突没有权衡的标准，管理者很容易为自己的过失或“机会主义行为”找到正当的借口或理由加以掩盖，由此也增加了代理成本（李小平，2003b）。

1998 年日本公布的《日本公司治理原则》中对日本与英国和美国公司治理模式进行了比较分析，深刻地反思了日本公司治理结构模式的弊端，指出日本公司治理结构存在的最大问题之一，就是日本公司的目标不像英国和美国那样，是“单一目的”，而是“复数目的”（赵文斗，2001），并认为：“作为竞争过程

---

① 有关多目标损害企业发展的实证性研究，可参看 Kees Cools 和 Mirjam van Praag 的“The Value Relevance of a Single-Valued Corporate Target：An Empirical Analysis”。作者得出结论：“我们的研究表明，确立唯一的价值创造指标是非常重要的。”

的一个侧面，日欧与英美企业组织效率的竞争，即还原于股东利益的‘单一目的’的组织与称为劳资利益的‘复数目的’的组织之间的竞争。经济效率性基本来源于企业的活动，所以行为是非标准明确的企业，可以轻易快速地做出与目的相适应的判断。并且‘单一目的’的企业采用长期报酬制度，有可能整合性地实现‘复数目的’。”《日本公司治理原则》还以日本为例，证实“若在组织上不能取消解雇，那么企业必成为非效率的温床”，并得出结论：“在‘复数目的’的组织中有明显的保留非效率的倾向。”（李维安，2001）最近几年，越来越多的日本企业纷纷“离别”了影响劳动力流动的终身雇佣制、“离别”了有吃“大锅饭”之嫌的“年功序列制度”（赵文斗，2001）。这一反思，有力地证明了“股东财富最大化”的“单一目标”比“利益相关者利益最大化”的“多重目标”更为合理、更为有效。克拉克（1999）指出：“高度理想主义，即使被采用，也只能削弱商业企业的主要优势及其有效地实现确定目标的能力，同时还会放大政府的基本缺陷，使其迷失方向，并陷于利益集团的无休止的竞争中。”

总之，让高级经理们对所有利益相关者都负责任，相当于他们对谁都不负责任，让人人都成为所有者，结果会是人人都不是真正意义的所有者，最终吃亏的可能是所有的利益相关者。所以，在企业治理目标包括国有企业治理目标的问题上，“利益相关者论”的观点是不切实际的，只有为股东创造财富的价值目标才具有实用价值和实践意义。

3.2 EVA与国有资产保值增值机制价值目标的优化

将国有资产保值增值机制价值目标确定为实现国有企业所有者的利益至关重要，但这还不能完全说明其合理性，因为完善的价值目标，还应该具有相应的评价其实现程度的标准，即须有一个恰当的指标来真实表明企业经营的业绩，真实度量股东利益的实现。这是国有资产保值增值机制价值目标得以优化的关键，也是有效安排国有资产保值增值机制其他制度的基本前提。

什么指标能有效度量股东价值的实现呢？在国有资产保值增值机制价值目标优化的关系式 $A_G=f(G_i)+u_i$ 中，G_i 作为解释变量，有 G_O 和 G_E 的不同选择。

企业现行会计实务中普遍使用的净利润、净资产收益率、每股收益、总资产报酬率等指标，我们将其概括为 G_O 类指标。仅从表面上看，G_O 类指标似乎能够反映股东的价值及其实现程度。而如果我们深入分析 G_O 类指标与股东价值之间的关系，会发现 G_O 指标实际存在着严重的缺陷。真正能够有效反映企业经营绩效且真实表明股东价值实现的，应该是近十几年来美国《财富》杂志一直积极推荐的 EVA 价值标准及其管理理念，这就是G_E指标。G_E对国有资产保值增值机制价值目标优化的解释力取决于它与G_O的比较。

3.2.1　EVA 的定义及其特点

EVA 是 economic value added 的缩写，一般译为经济增加值。EVA 作为一个经济学范畴，其最基本的形式是 200 多年前就已提出的企业剩余收入概念。但作为现代企业的一种理财理念，其理论来源于诺贝尔经济学奖获得者默顿 · 米勒和弗兰科 · 莫迪利亚尼 1958~1961 年发表的一系列关于企业价值的经济模型的论文。他们与斯坦福大学的威廉 · 夏普（William Sharpe）共同致力于企业价值评价理论的研究，通过对股票的市场表现与企业价值关系的探讨，指出经济收益是企业价值创造的源泉，资本成本是由投资者假设需要承担的风险所决定的临界回报率。1965 年，戴维 · 所罗门（David Solomons）开始将剩余收入作为业绩衡量标准引入企业，这促使了 EVA 的产生。

首先引入 EVA 定义，并将其作为企业管理评价工具加以发展和推广的是思腾思特咨询公司的创始人乔尔 · 斯特恩和贝内特 · 斯图尔特。根据斯特恩和斯图尔特的定义，EVA 是指企业的剩余收入必须大到能够弥补投资风险，或者说是企业净经营利润减去所投入的所有资本成本（包括债务成本和权益资本成本）后的差额。其计算公式是

$$\mathrm{EVA} = \mathrm{NOPAT} - C\% \times \mathrm{TC}$$

其中，NOPAT 是税后净经营利润（net operating profit after tax）；$C\%$是资本成本系数，即加权平均资本成本（weighted average cost of capital）；TC 是投入的全部资本（total capital），通常是所承担利息的债务资本与权益资本的加总，或者是经过调整后的期初企业净资产价值。

EVA 也可由下式计算：

$$\mathrm{EVA}=（税后收益率-资本成本率）\times 资本投入额$$

其中，税后收益率是税后净经营利润（NOPAT）与资本投入额之比，资本成本率即$C\%$，是全部资本加权平均后的资本成本。

上式表明，只要税后收益率高于资本成本率，企业就增加了价值，由此，EVA 反映了企业资本经营的收益率；另外，在给定收益率大于零的条件下，资本投入额越多，企业增加的价值也越多，EVA 反映了企业资本的“规模性”。可以看出，EVA 是一个度量投入企业的全部资本使用效率的综合指标。它反映的基本信息是，当 $\mathrm{EVA} > 0$ 时，说明企业的经营收入在扣除所有成本后仍有剩余，而剩余收入归股东所有。也就是说，如果 $\mathrm{EVA} > 0$，说明企业资产使用效率高，企业价值增加，股东财富增加；而如果 $\mathrm{EVA} < 0$，则说明企业资产使用效率低，其经

营收入不足以补偿全部资本成本，企业价值因此减少，股东财富遭受损失。

EVA 定义具有三个显著的特点。

1. 测算 EVA 必须先对一些会计项目进行调整

现行会计实务通行的是 GAAP（Generally Accepted Accounting Principles，一般公认会计原则），由于其资产负债表的编制依据是历史成本和稳健原则，因而有些会计准则不能解决“会计信息失真”问题，甚至导致财务报告越来越偏离经济现实。因此，思腾思特公司宣称，为了得到他们所定义的 EVA，需要事先对企业资产负债表中的有关项目进行调整，以求真实反映企业资产的经济价值。据称，调整项目涉及 120 多项，但实际中通常只需对 5~10 个主要项目进行调整，包括递延税款、存货准备金、研发费用资本化及商誉的摊销等。经调整后反映企业资产经济价值的资产负债表，简表如表 3-1 所示。

表 3-1　经济价值资产负债表

资产：	负债与权益：
流动资产［其中存货以 FIFO（first in first out，先进先出）计价］	有利息费用流动负债
减去无利息费用流动负债	长期负债（包括融资租赁费用）
固定资产	权益［包括经递延税金、商誉摊销、其他勾销和 LIFO（last in first out，后进先出）准备等的调整］
商誉总额	
资产经济价值	负债与权益的总额

经过调整后，EVA 算式中 NOPAT 和 TC 的具体含义如下。

第一，NOPAT 是以报告期的经营净利润为基础，经过下述调整后得到的，即

NOPAT=报告期经营净利润+坏账准备的增加+后进先出法（last in first out，LIFO）计价方式下存货的增加+商誉摊销+净资本化后研发费用的增加+其他营业收入（包括投资收益）−现金营业税

第二，TC 作为投入的全部资本，也是经过调整后的期初企业净资产价值，其定义为

TC=资产总额−无利息费用的流动负债+其他调整项

其中，其他调整项包括对研发费用进行资本化处理，将累计商誉加到总资产中，对存货与坏账准备做相应调整，等等。

从上述会计项目的调整可以看出，思腾思特公司的做法是以现行会计实践的信息为基础的。他们之所以在一些会计项目上修正 GAAP，目的是使企业资产的账面价值能与其经济价值相符，防止经营者做违背所有者利益的“数字游戏”。但是，表明企业在一个会计期间的经营业绩是个复杂的问题，因为单一会计期间

的财务计量通常存在信息的有限性。通过不同会计调整的组合方式能否达到调整结果与 EVA 的收益含义一致？关于这一点肯定没有明确的答案。因为在经过一定的项目调整后，会计系统仍然有可能存在信息反映的偏差。

为了计算出最优的 EVA，避免较大的偏差，实际操作中，大多数公司通常会按照以下原则调整会计项目。

（1）重要性原则。即调整项目所涉及的金额较大，如果不调整会使企业的经营状况严重失真。

（2）可改善原则。即管理层做出调整该项目的决策，能对企业业绩的提升产生良好的作用。

（3）简单性原则。调整项目的内容与数据，容易为投资者、管理者和广大员工所理解，便于操作。一种业绩指标体系要在实践的“土壤”中真正“生根”“开花”“结果”，除了其理论上的严密性外，更重要的是不复杂，简单易行。

（4）针对性原则。会计调整项目的选择，要突出行业特征及重点，并体现 EVA 价值管理的导向性。例如，对转型升级的传统制造企业，调整的重点应放在研究与开发费用上；对于工业生产企业，存货准备和坏账准备的调整则比较重要；对消费品生产企业，调整的关键是广告费用；对于金融企业，贷款损失准备、坏账准备的调整尤其重要。

（5）会计平衡原则。对一些从会计利润到税后净经营利润中所剔除的调整项，需要在计算从资产负债表中的总资产到资本占用时作为调整项进行加回，如营业外收支等，虽然营业外收支不在企业的主营业务业绩中反映，但由于它是真实发生的项目，也是由投资者来承担的，是对资本的占用，因此在计量资本占用时应该予以加回。

2. 考虑所有资本的成本是 EVA 定义最基本的方面

合理测定企业经营业绩的方法应该是，在给定使用资本数量的条件下，考察企业能产生多少经营利润；或者在产生目前经营利润的情况下，衡量该企业使用了多少资本；企业的投资者可以将他们在企业的投资资本变现，并将其投资到其他地方，因此投资者至少应从企业获取到所投资本的机会成本。也就是说，企业的净经营利润中必须扣除按其经济价值计算的资本机会成本后，才是企业真正创造的 EVA，才能真正反映股东投入资本从企业经营活动中得到的增值收益。在 EVA 算式中，TC 是投入的全部资本，包括债务资本和权益资本，$C\%$与 TC 的乘积包括了权益资本成本在内的所有资本的成本。因此，EVA 体现了企业经营利润与所使用的全部资本成本的对比关系。

$C\%$作为资本成本系数，它是债务资本利息率和权益资本成本率（或权益资本的市场机会收益率）的加权平均和。在这个加权平均和的测算中，其权益资本成本率的确定比较复杂。根据收益与风险理论，股东承担了一定的风险，自然会要求相应的回报，那么，对基于理论上的收益与风险的相关分析与测量，就可以得到相应的权益资本成本率。因此在实际操作中，通常可以通过收益与风险模型，如资本资产定价模型（capital asset pricing model，CAPM）、套利定价模型（arbitrage pricing model，APM）等来确定企业的权益资本成本率。其中，CAPM 为思腾思特咨询公司所推崇，普及程度较高。简单地说，基于 CAPM 的权益资本成本率（权益资本的市场机会收益率）是无风险的资本机会收益率和投资企业的风险补偿的合计。其公式为

$$R = R_f + \beta\left(R_m - R_f\right)$$

其中，R 表示权益资本的市场机会收益率；R_f 是无风险的资本机会收益率，如政府债券率、银行存款利息率等；R_m 是市场平均风险的资本机会收益率；$R_m - R_f$ 是市场风险溢价（risk premium）；β 是风险系数，系数大小与投资风险成正比，它是企业投资风险在市场上的一般反映。

在确定了权益资本成本率（权益资本的市场机会收益率）后，资本成本系数 $C\%$可由下式计算得到

$$C\% = \frac{D}{D+E} \times I\left(1-T\right) + \frac{E}{D+E} \times R$$

其中，D 是负债总额；E 是权益总额；I 是平均利息率；T 是所得税率，R 是权益资本成本率。

上式中，债务和权益的权重是基于企业资产的账面价值而不是市场价值，这主要是针对没有上市的企业或者估计市场价值比较困难的企业。如果是上市公司，且企业资产的市场价值评估有保证，则债务和权益的权重一般基于企业资产的市场价值。从资产价值的客观性出发，债务和权益资产的价值权重都应尽量考虑市场价值的计量方式。

如果企业是上市公司，其权益资产的市场价值可以由企业股票数与其市价的乘积来确定；如果企业不是上市公司，其权益资产的市场价值则可采取股权估价的方式确认。债务资产的市场价值的计量则比较困难，因为企业通过银行筹借的债务，并不都是可流通的债券形式，其价值无法完全予以市场化。实际中，有两种方法可以选择：一是将企业全部债务看作一种附息债券，并将全部利息费用作为这种附息债券的利率，其到期日则采用企业全部负债、以价值为权重的加权平均到期日，由此，把负债当作市场流通的债券进行贴现，来计算其市场价值。二是结合 EVA 的应用，采取由目标资本结构 D/E 代替债务与股权的市场价值的计量方式。

3. EVA 与 MVA 的关系最为密切

MVA 被称为市场增加值（market value added），是企业的市场价值减去所有者投入企业的资本后的余额，即 MVA=市场价值-投入总资本。从管理会计的角度讲，MVA 是准确评价财富创造的方法，因为它计算的是资金流入和现金流出之间的差额，即投资者投入一家公司的资本和他们以当前市场价格卖掉股票所获收益之间的差额，这样，MVA 就是一个企业增加或减少所有者财富的累积总量。MVA 也是从企业外部评价其经营业绩的一种有效方法，因为经营者运用资源效率的市场评价能够通过它而得到反映。经营者对企业未来发展的定位是否准确也能通过 MVA 得到反映，因为从投资的角度出发，企业市场价值是其未来长期收益的现值总和。另外，MVA 对风险很敏感，可以对其自行调整，因为市场价值既包含了投资的风险信息，也包含了企业业绩的市场评价。

当然，在 MVA 等式中，投入资本不能简单地看成账面价值。思腾思特咨询公司认为，要得到准确的 MVA，需要像计算 EVA 一样对有关会计项目进行调整，使投入资本的会计账面价值转变为经济账面价值（economic book value）。因为 GAAP 常常偏离经济现实，总是倾向于低估一个公司投入的资本总额（埃巴，2001）。经过调整后，MVA 与 EVA 之间的内在联系可以用以下关系式（黄登仕和周应峰，2004）来表示：

$$\mathrm{MVA}=\sum_{t=1}^{n}\frac{\mathrm{EVA}_t}{(1+k)^t}$$

其中，k 是资本成本率，即加权平均资本成本；t 是未来的年数。

由上式可以看出，MVA 是企业未来预期的 EVA 按加权平均资本成本折算的现值，即如果市场认为一家企业的 EVA 为 0，利润刚好等于投资者的预期收益，且这种“保本”的状况一直保持，则该企业的 MVA 也将为 0；或者说，如果一家企业的 EVA 有了增加，而且对于这种增加，投资者预期将不断持续，那 MVA 因此也将增加，其增加幅度相当于按照资本成本贴现的 EVA 改变量。这意味着，EVA 与 MVA 之间是正相关的，增加 EVA 是提高 MVA 最直接的方法。

从实证的角度看，20 世纪 90 年代，国外有大量文献探讨 MVA 与 EVA 之间的关系（埃巴，2001）。这些研究大都是在假定资本市场有效的前提下，对基本假设进行的合理性检验；在研究方法上，主要运用价值相关性（value relevance）模型，研究在有效的证券市场环境下，EVA 和其他会计指标与企业价值的关联程度。1996 年，米卢诺维奇（Milunovich）和特舒伊（Tsuei）进行了单变量检验，证明了 EVA 与 MVA 的相关性要高于每股盈余、资产收益率、权益收益率、自由现金流等会计指标（埃巴，2001）。也是在 1996 年，尼耶姆拉 · 坎特（Uyemura Kantor）和佩蒂特（Pettit）选择了美国 100 家银行 1986~1995 年的 EVA 与 MVA

以及相关财务数据，通过研究，发现 EVA 与 MVA 之间的相关性最强；同时，Makelanen 还发现 EVA 与其他传统的会计指标相比，对 MVA 的解释力明显更强（埃巴，2001）。这种解释力一般用回归分析中的可决系数 r^2 来反映，该系数表示一变量 Y 可被另一独立变量 X 解释所占的百分比，它也是回归模型与样本值拟合优度好坏的重要量度。r^2 越大，说明 X 对 Y 的解释力越强；反之，则说明 X 对 Y 越不具有解释力。以下是这 100 家银行的 EVA 数据和资产收益率（return on assets，ROA）、净资产收益率（return on equity，ROE）、净收入（net income，NI）、每股收益（earning per share，EPS）等传统会计指标数据对 MVA 的解释力 r^2 的数据，如表 3-2 所示。

表 3-2　EVA 和传统会计指标对 MVA 的解释力 r^2

可决系数	EVA	ROA	ROE	NI	EPS
r^2	40%	13%	10%	8%	6%

关于 EVA 和 MVA 的关系，思腾思特咨询公司也做了大量的实证性分析。他们从 1 000 家公司 MVA 业绩榜的数据中发现，在统计意义上，EVA 对 MVA 的变动“解释”了 50%（埃巴，2001）。由于股价反映了人们的预期收益，没有一种业绩评价方法能够充分解释 MVA 的变动，但与其他业绩指标相比较，EVA 的解释力是最高的。图 3-1 是几种不同业绩指标对 MVA 变动的解释能力。

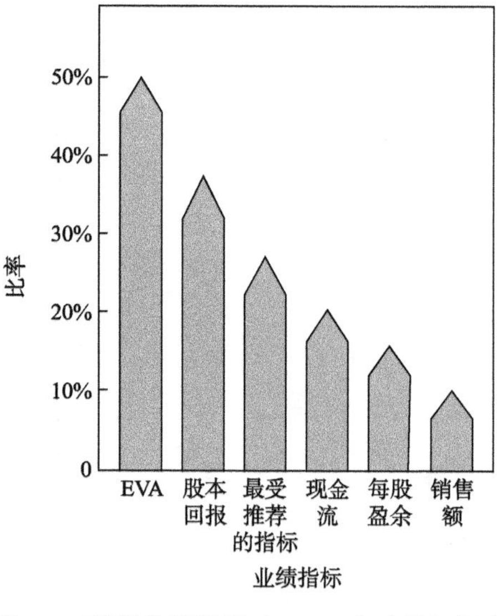

图 3-1　不同业绩指标对 MVA 变动的解释力

所以，EVA 是与 MVA 相关程度最高的业绩指标，它可以提供一种最可靠的尺度，用以反映管理行为是否增加了股东财富，以及增加股东财富的数量。

3.2.2 国有企业经营业绩考核指标的缺陷分析

我国现行的企业经营业绩的评价方法，主要建立在以净利润为核心的一系列相关指标所构成的指标体系基础上，如净利润、每股收益、销售利润率、总资产收益率、净资产收益率等，国有企业也不例外。尽管从 2010 年起，国务院国资委决定在中央企业引入EVA 指标，对中央企业负责人经营业绩进行以EVA 为导向的价值创造能力的考核[①]。但这一决定及实施仅仅是初步的，它还存在很多问题。主要问题有三：一是EVA 指标并没有贯彻到所有国企，只有中央企业引入了 EVA 考核；二是在央企的经营业绩考核指标体系中，EVA 只是其中的一个单一指标；三是 EVA 在央企的实施还不具有铁的纪律，表现为有约束软化的倾向[②]。从总体上讲，现行国企经营业绩的考核仍然以上述传统的会计指标及其体系为主体，这些指标的集合即为式（2-4）中的解释变量 G_O。

基于 G_O 的约束假设，如果企业利润表上当期的净利润 > 0，则表明企业该会计期的收入在补偿费用后有剩余，资产负债表上的所有者权益在增加。根据利润表，企业的净利润（net profit after tax，NPAT）等于企业的销售收入减去经营成本，再减去财务费用（主要为借款利息）和所得税后的余额[③]。这一计算明显可见，净利润的得出只考虑了债务资本的利息费用，权益资本的机会成本却被忽略了。也就是说，企业获得的利润，究竟是依靠多少权益资本来创造的，在利润表中并没有反映出来；这些权益资本当前的机会成本有多大也没有体现出来。因此，现行的以利润为基础的企业经营业绩考核方法，往往放大了经营利润，虚张了管理人员经营的业绩（李小平，2006）。

事实上，净利润为正的企业，其经营业绩不一定就好，下面我们举例来说明。

假定 A 是国有企业，其 2018 年末的资产负债表如表 3-3 所示。

表 3-3 2018 年末 A 国企资产负债表 单位：万元

总资产	10 000	总负债	5 500
		权益总额（4 500 万股）	4 500
总资产	10 000	负债+权益	10 000

若 A 企业负债的平均成本为 10%，则其财务费用为 550 万元；若 2018 年 A

① 国务院国有资产监督管理委员会. 中央企业负责人经营业绩考核暂行办法. 国务院国有资产监督管理委员会令第 22 号，2009-12-28.

② 国务院国有资产监督管理委员会. 关于认真做好 2013 年中央企业经营业绩考核工作的通知（国资发综合〔2013〕3 号），2013-01-07.

③ 这里的经营成本包括产品销售成本、销售费用、销售税金及管理费用等。

企业的销售净收入为 10 000 万元，经营总成本为 8 750 万元，所得税税率为 25%，则按现行的利润公式计算，2018 年 A 企业的净利润（NPAT）为

$$NPAT=(10\,000-8\,750-550)\times(1-25\%)=525（万元）$$

因为 A 企业净利润为正的 525 万元，据此相关指标的计算结果分别是，每股收益为 0.116 7 元，销售利润率为 5.25%、总资产收益率为 5.25%、净资产收益率为 11.67%。从这些财务指标看，A 企业的经营业绩还过得去。若 A 企业是上市公司，按净资产收益率指标看，如果连续三年均达到 10%的水平，A 企业还有配股的资格。

进一步分析，如果 A 企业的权益资本的机会成本为 12%，也就是说，A 企业的股东们有可能将该权益资本投入与该企业风险相当的其他项目，预计可以获得的潜在收益为 12%，则该企业扣除了权益资本机会成本后的利润为

NPAT*[①]=税后净利润−权益资本机会成本=525−4 500 × 12%=−15（万元）

也就是说，若将扣除了权益资本机会成本后的利润定义为企业的经济利润，那该企业的经济利润为负值，说明该企业经营并不成功，由此可以看出，按我国现行的以利润为基础的企业经营业绩评价指标并不能真正反映企业的经营业绩（李小平，2006）。

以下是国有上市公司深圳市中金岭南有色金属股份有限公司（以下简称中金岭南，股票代码 000060）2011~2013 年反映其营利能力的财务指标摘要，如表 3-4 所示。据此，我们可以对现行会计指标的缺陷做进一步的实证举例说明。

表 3-4　2011~2013 年中金岭南盈利指标摘要[②]

指标名称	2013 年	2012 年	2011 年
净利润/万元	41 312.24	43 278.87	95 074.90
加权净资产收益率	7.13%	7.94%	18.88%
基本每股收益/元	0.2	0.21	0.46
营业净利率	1.993 9%	2.902 2%	5.868 8%
总资产报酬率	3.317 4%	4.940 0%	9.982 4%
总资产/万元	1 245 319.83	876 090.49	952 425.27
净资产/万元	579 414.31	545 073.93	503 574.68

从表 3-4 中可以看出，中金岭南这 3 年的盈利状况呈较大幅度的下降，特别是

① NPAT*是与 NPAT 相区别，指考虑了权益资本机会成本的税后净利润。

② 该摘要摘自华泰证券网上交易分析系统的公司财务报告。总资产、净资产是依据净利润与总资产报酬率和加权净资产收益率计算得出的。

2013 年与 2011 年相比较。但在有色金属行业，中金岭南的业绩表现还是比较不错的。2013 年，有色金属整个行业的平均净资产收益率为-0.07%，每股收益为 0.22 元，营业净利率为 5.18%；在该行业 61 家上市公司中，中金岭南的净资产收益率排名第 23 名，每股收益排名第 33 名，营业净利率排名第 31 名①。中金岭南当时的盈利状况在行业中虽然不是最好的，但它基本上居于中位，是比较好的状况。但这些反映中金岭南业绩的盈利指标都是基于净利润指标计算得出的。在净利润的核算中，由于它只考虑了经营成本、债务费用和税金的扣除，忽视了资本成本中权益资本（净资产）机会成本的存在，因而，以其为基础计算的盈利指标的缺陷是非常明显的。

如果根据上述 2013 年中金岭南的财务数据，我们将当时市场上资本投资的一般收益率作为权益资本的机会成本引入盈利指标的计算，那中金岭南的盈利情况如下。

若以 2013 年一年期国债利率 4.01%为权益资本的机会成本，有

$$NPAT^{*}=41\,312.24-579\,414.31\times4.01\%=18\,077.73（万元）$$

$$净资产收益率=18\,077.73/579\,414.31=7.13\%-4.01\%=3.12\%$$

$$总资产报酬率=18\,077.73/1\,245\,319.83=1.45\%$$

若以 2013 年一年期以上银行理财产品平均预期收益率 8.64%②为权益资本的机会成本，有

$$NPAT^{*}=41\,312.24-579\,414.31\times8.64\%=-8\,749.16（万元）$$

$$净资产收益率=-8\,749.16/579\,414.31=7.13\%-8.64\%=-1.51\%$$

$$总资产报酬率=-8\,749.16/1\,245\,319.83=-0.70\%$$

以上计算结果表明，以几乎没有风险的国债利率 4.01%为权益资本的机会成本，尽管中金岭南的净利润、净资产收益率等指标还为正数，但已经大大缩水，缩水程度均超过一半。以有一定风险的银行理财产品收益率 8.64%为权益资本的机会成本，净利润则表现为负数，净资产收益率、总资产报酬率等指标也相应表现为负值。虽然计算中权益资本机会成本的选择存在不确定性，但它可以在国债利率与包含一定风险的市场平均投资收益率之间作测定，至少可以以国债利率为参照下限。一旦企业业绩考量引入了权益资本的机会成本，现行的企业盈利指标的缺陷及后果就会暴露无遗。

而且，当企业的管理者将重心完全放到现行的利润指标上时，它最隐秘的后果在于，它鼓励管理者牺牲股东利益的过度投资行为，因为在现行的利润指标指

---

① 根据华泰证券网上交易系统中各公司财务分析报告整理。8.64%的平均预期收益率意味着风险溢价是 4.63%(8.64%−4.01%)，这与在风险溢价顶级模型下，我国市场风险溢价为 3%~5%的估计是吻合的。

② 2014 年普益财富监测数据。

引下，任何投资，甚至净现值为负值的投资，对高层管理者来说都是好的，只要项目的回报高于税后借款的利率就行，基层管理者也会极力支持过度投资的想法，因为他们的业绩评价和奖金一般只依据利润指标，根本不考虑融资的全部成本。以下举例可以说明这一点。

假定有一国有企业打算对一个项目进行扩建投资，投资额为 2 000 万元，预期投资报酬率为 8%，也就是税后每年的经营利润达 160 万元；又假定该国企新增投资中股权与债务两种融资方式的融资额的比例分别为 70%和 30%，税后债务成本按目前我国银行贷款的平均水平 5%确定，考虑股权机会成本的加权平均成本为 10%。据此，我们来分析该投资项目对该国有企业的利润有什么影响。

首先，企业一级会看好这一扩建投资项目，因为会计利润的计算只考虑税后债务成本的扣除，而权益成本是无偿的，无须考虑。新增投资的 30%为债务融资，额度为 600 万元，按 5%的贷款利率计算，其税后利息成本为 30 万元，是整个投资额的 1.5%（30/2 000）。则企业因该项目每年将增加 160−30=130 万元的账面利润。其次，经营单位一级会更加看好这一投资项目，因为这级单位既不考虑权益成本，也不考虑债务成本，其增加的经营利润一年可达 160 万元。如此计量利润的方式，无疑直接告诉企业管理层，资本成本率只有 1.5%，且投资利润率高于它的项目，没有理由不接受。

但是，从该方案的净现值（NPV）来看，由于每年 160 万元经营利润的现值（PV）为 1 600 万元（160 × 1/10%）[①]，净现值 NPV 则为 1 600−2 000=−400 万元，NPV < 0，这说明该扩建项目是不可取的。如果依据 EVA 来对该项目进行评价，得出的结论也是完全相同的。该项目整个投资的资本成本是 2 000 × 10%=200 万元，与 160 万元的经营利润相比较，其差即 EVA 为−40 万元，而每年的−40 万元作为年金，其现值之和则是−40 × 1/10%=−400 万元。也就是说，无论从 NPV 还是从 EVA 来看，该项目都是不可取的，因为它将减少企业 400 万元的 MVA。

2001~2003 年，思腾思特中国分公司与中国《财经》杂志连续三年合作公布了中国上市公司 EVA/MVA 的排行榜[②]。根据该资料和我国上市公司在此期间的年度报表，我们计算整理出 1998~2002 年我国上市公司（其中国有公司或国有控股公司占绝大比重）不同业绩指标的比较表（表 3-5），从中可以看出会计利润指标与 EVA 在公司经营业绩表现上的强烈反差[③]。

---

① 这里的经营利润属于永续年金，其现值 $PV=A \cdot 1/i$。其中，A 为年金，i 为资本成本。

② 《财经》杂志社.中国上市公司 EVA/MVA 的排行榜. 财经，2001，21：15-16；2002，8：6-7；2003，10：4-5.

③ 对该排行榜需要作两点说明：一是近 10 年我国会计准则虽然有重大变化，但核算指标体系并未发生实质性改变，这之前我国上市公司不同业绩指标的比较结论，在目前仍然具有一定说明力；二是近 10 年我国上市公司的规模与结构已有较大变化，但其主体仍然是国有公司或国有控股公司，排行榜对所有上市公司的解释在较大程度上适用于国有上市公司。

表 3-5　1998~2002 年我国上市公司不同业绩指标比较表　　单位：万元

业绩指标	1998 年	1999 年	2000 年	2001 年	2002 年
平均会计净利润	7 400	8 500	9 230	5 868	6 428
平均销售利润率	10%	10.3%	9.2%	4.4%	4.2%
平均净资产收益率	9.9%	9.5%	9.4%	5.3%	5.7%
平均 EVA	−400	600	528	−1 442	−1 564

资料来源：根据 2001~2003 年《财经》杂志公布资料及上市公司相关数据整理

表中所列指标是对我国上市公司这五年各项指标值的一般水平的反映。从利润指标来看，三个指标的变化基本上是吻合的，表明以净利润为基础的不同会计指标在公司经营业绩的评价上具有内在的一致性，尽管在动态上，2001 年和 2002 年两个年度的会计指标值有较大幅度的下降，但从净利润的绝对数和净资产收益率的相对数来看，它们都是比较高的。以 2002 年的数据为例，平均净利润为 6 428 万元，按当年的 1 214 家上市公司计算，意味着该年度所有的上市公司作为一个整体一共为投资者创造出了 780 多亿元的收益（6 428 × 1 214=7 803 592 万元），平均净资产收益率为 5.7%，这是一个比当时一般的长期实际贷款利率 3.4%还高的水平，说明股东的投资回报也是相当不错的。

但是，从 EVA 的均值来看，数据所呈现的却是另外一番情景。在五个年度中，有三个年份的 EVA 是负值，说明这三年我国上市公司不仅没有补偿投资者投资的机会成本，反而侵蚀了投资者的巨额财富，如 2002 年的侵蚀额将近 190 亿元（−1 564 × 1 214=−1 898 696 万元）；虽然 1999 年和 2000 年的 EVA 是正值，但水平不高，如果根据五年的平均 EVA 数据来计算序时平均数，每年的平均 EVA 为 −520 万元，这说明我国上市公司作为一个整体，五年来不但没有为股东创造任何价值，反而在巨额地毁灭股东的价值，“毁灭额”多达 278 亿元（−520 × 5 356=−2 785 120 万元，其中，5 356 是五年的上市公司数的加总①）②。

总之，上述分析表明，我国现行的以会计净利润为基础计算的一系列相关指标确实不能真实反映国有企业的经营业绩，它的实际运用对于体现和保障国有企业股东价值的实现没有起到真正的作用，即在 $A_G = f(G_O) + u_i$ 中，G_O 作为 A_G 的解释变量，其对国有资产保值增值机制价值目标优化的解释存在很大缺陷，不能令人满意②。

---

① 这里的加总数是以 1998~2002 年我国上市公司分别为 920 家、1 000 家、1 073 家、1 149 家和 1 214 家来计算的，由于统计时点的原因，与实际数有一定的差异。

② 根据 2001~2003 年《财经》杂志公布资料及上市公司相关数据整理。

3.2.3 EVA对国有资产保值增值机制价值目标优化的作用

根据上述分析，我们认为，与现行的企业经营业绩评价指标（G_O）相比较，EVA（G_E）对于优化国有资产保值增值机制价值目标将体现出更高的价值。

（1）EVA与股东财富的创造直接联系，真实反映企业的经营业绩。正如EVA定义，EVA最基本的特点，是考虑企业所有资本的资本成本。这里的资本成本就是经济学上的机会成本，是指投资者由于持有现有的公司证券而放弃的、在其他风险相当的股票和债券上的投资所预期带来的回报，这一概念体现了亚当·斯密以来的基本经济思想：企业使用的资本不是免费的，而是有代价的，即它应当带来最低限度的、具有竞争力的回报，这种资本成本（或者必要投资回报率）的计算范围不仅包括债务成本，也包括权益资本成本。正如债权人需要得到利息回报一样，股东也要求他们的风险资本得到一个最低可以接受的回报，这就是说，只有当股东资本的成本像所有其他成本一样被扣除之后，剩下的才是真正的利润，也才是股东财富的增加。例如，如果股东预期其资本的最低回报率是10%，那么只有当公司的利润率高于10%，才意味着公司在盈利、股东的价值在增加。相比之下，我们长期以来一直所熟知的每股盈余、资产回报率、净资产收益率等业绩评价指标，因为其计算基础都是会计利润，而会计利润只扣除了资本成本中的债务利息，完全没有考虑权益资本的机会成本，因而它们并不能反映股东财富的创造，并不能真正体现公司的经营业绩（李小平，2003a）。

2009年12月28日，国务院国资委颁布第22号令《中央企业负责人经营业绩考核暂行办法》，确定了将EVA作为央企负责人年度经营业绩考核的一个基本内容，开始了EVA在中国企业的实践推进。国务院国资委为什么要出台这一考核办法并增加EVA这一业绩指标？从《中央企业负责人经营业绩考核暂行办法》明确的目的看，是为了建立健全中央企业业绩考核制度和组织体系，进一步落实国有资产保值增值责任，不断强化央企价值考核的导向作用，推动企业实现科学发展。这一方面说明，目前我国国有企业在业绩考核制度上确实存在“短板”，国有资产保值增值责任没有得到很好的落实；另一方面则清楚表明，国务院国资委已经认识到EVA与价值创造之间的内在联系，以及EVA作为企业真实业绩标准在反映股东价值方面所具有的特别优势。

池国华等（2013）以2010~2012年我国沪深主板A股1 982个国有上市公司年度样本为对象，采用统计描述和回归分析方法，将已实施EVA考核公司与未实施EVA考核公司之间及实施前后的差异进行横向、纵向比较，对EVA是否提升了国有企业价值进行了实证检验。研究结论表明，EVA考核整体上对国有企业价值的提升起到了非常显著的作用，这为国务院国资委推行与深化EVA考核提供了有力的经验证据。也因此，2019年3月1日，国务院国资委新发布的《中央企业负责人经营业绩考核办法》，坚持要求多角度构建以 EVA 为代表的中央企业高质量发展考核指标体系，强化国有资产保值增值建设的导向机制。

（2）EVA 对传统的会计核算方法进行了必要调整，剔除了会计失真的影响。现行的利润指标的计算是基于GAAP这一通行的会计原则，不能排除会计系统偏离企业经济真实的可能和危险，使会计报表的信息失真比较突出，从而错误反映企业的经营业绩。而就 EVA 来说，其计算尽管仍然要以现行的会计报表为信息基础，但它在计算之前需对一定的会计项目进行调整，尽量消除因 GAAP 而产生的信息扭曲的危险，从而使企业的经营业绩能够得到更客观、更真实的反映。例如，对战略购并中的商誉，按现行会计准则的要求，有两种会计处理办法：一是在购买时立即冲销，二是逐年摊销，但无论何种方式都低估了企业的投入资本，同时也低估了经营利润。而在 EVA 看来，商誉是一笔用以购买企业的投资，该企业的经营者必须为这笔投资创造有竞争力的收益。因此，商誉不应该被冲销，而应作为企业的一项资本长期存在。这样，在计算 EVA 时，商誉作为一项投资，其消耗的费用必须包括在公司的资本中，以准确反映真实的资本使用额；而当商誉不再作为费用进入损益表后，更能正确反映每期的利润（李小平，2005）。

2006 年 2 月 15 日，财政部发布了新的《企业会计准则》，该会计准则在会计的确认、计量和信息披露等方面发生了许多重大变化，对 EVA 计算所要调整的一些会计事项也产生了重要影响。例如，对企业购并形成的商誉的处理，规定至少要在每年年度终了，结合相关资产或资产组合进行减值测试，并将减值金额计入当期损益。这意味着，计算 EVA 时，对商誉的调整不再单独进行资本化处理，只需把商誉减值的调整合并到对资产减值准备的调整中。新会计准则这方面的变化针对的是旧会计准则（2001 年的《企业会计制度》）在会计计量上的缺陷，有利于剔除会计失真的影响，使企业的经济反映更真实。但这并不是说明 EVA 的计算就不需要进行会计事项的调整了，因为新会计准则依然存在不能成功反映经济真实的危险，如各种减值准备的计提、递延所得税的处理、长期性质费用的处理、市场开拓费用的处理、战略性投资的调整等。

目前在中央企业实施 EVA 的过程中，国务院国资委基于重要性原则与成本效益原则，简化了 EVA 计算调整的会计项目，调整的项目只包括利息费用、研究开发支出、非经常性收益、无息流动负债和在建工程五项重要因素。这种做法虽然存在“一刀切”的局限，但与不做会计调整相比，它改善了企业经济真实的反映情况是显而易见的（杨艳艳，2012；杨秋玲，2012）。

（3）EVA 使管理者注重企业的持续发展，维护股东的长期利益。由于 GAAP 强调稳健原则，宁可多计费用，少计利润，使一些有利于企业长期发展因而本应由各受益期分期摊销的费用全部计入当期期间费用，以抵减当期利润，如研究与开发费用、市场开拓费用、战略性投资成本、员工教育和培训费用等，这就使公司经营者为了当期利润不受损失而不愿或犹豫或减少进行这些方面的投入，特别是投入大、风险也大的研究与开发费用、市场开拓费用、战略性投资费用。例如，用于市场开拓的大型广告费用，由于它对企业未来的市场份额可能产生深远影响，因而其性质应该属于长期性资产，核算时应该按该项资产的受益年限分期摊销。但是，现行会计原则规定，企业必须在广告费用发生的当年将其列作期间费用予以一次性核销。这种会计处理方式实际上否认了市场开拓费用对企业未来发展所起的重要作用，而把它与一般期间费用作简单等同。这种会计处理方式的负面影响是诱使管理者减少对大型广告费用的投入，尤其是在企业经济效益不好的年份。因为将广告费一次性计入当年费用核销，会减少企业的短期利润，而减少广告费投入则会在短期内改善企业盈利，提高管理者的经营业绩，使收入上升。因此，以净利润为代表的现行企业业绩指标容易掩盖经营者的短期行为，损害股东的长期利益。

EVA 原理认为，企业新产品的研究与开发、市场开拓、战略性投资、员工教育与培训等都是能够给企业带来未来收益的投资行为，由此产生的支出应该予以资本化。例如，对于当期发生的大型广告费用，将其作为长期投资加入企业的资产中，同时，资本总额也增加相同的数量。然后，根据具体情况，在 3、4 年至 7、8 年之间进行摊销，摊销额计入期间费用冲减利润。总而言之，EVA 不鼓励以牺牲长期业绩的代价来夸大短期效果，也就是不鼓励诸如削减研究与开发费用、市场开拓费用、战略性投资费用的行为；而是着眼于企业未来的成长和长远发展，鼓励经营者进行能给企业带来未来收益的投资决策，积极维护股东的长远利益（李小平，2003a）。

（4）EVA 为投资者决策提供更具理性的根据，促使社会资本得到合理、高效的配置。从 EVA 概念出发，企业 EVA 业绩持续地增长意味着企业市场价值的不断增加和股东财富的持续增长，这就为投资者进行有效投资提供了正确的评价标准。因为理性投资者在进行投资选择时，在风险一定的情况下，考虑的重点无疑是预期的投资回报能否超过资本成本（机会成本或者必要的投资回报率），如果超过资本成本，表明该投资的收益除了补偿机会成本之外还有剩余，这种剩余对股东来说，是真正具有意义的经济利润，是财富的增加，因而该投资具有价值；如果低于资本成本，则表明其收益还不能补偿机会成本，该投资不具有价值，应该予以放弃。很显然，在投资决策的分析中，将 EVA 指标作为比较说明的根据最具理性。当整个社会的广大投资者都凭借 EVA 理念决定投资的方向与进退时，必然促使社会资源的合理流动和有效配置，使社会经济持续、健康地发展，最终实现社会财富的不断增长（李小平，2006）。

综合前面分析，可以看出，在国有资产保值增值机制价值目标优化的解释变量中，G_E 与 G_O 相比较，G_E 比 G_O 更富有解释力。因此，EVA 理念可以优化国有资产保值增值机制价值目标的假设应该是成立的。

3.3　基于 EVA 的国有资产保值增值指标的建立

国有资产保值增值机制的价值目标是为国有企业的所有者创造财富，实质就是实现国有资产保值增值，这也是我国国有资产管理体制改革的重要目标。要想实现这一目标，关键是要建立一套行之有效的国有资产监督管理体系。这之中，确立科学的国有资产保值增值指标是一项十分重要的基础性工作，因为它涉及这项改革目标实现的价值评价标准，是国有资产保值增值机制其他制度安排的直接前提。但目前关于现行国有资产保值增值指标存在的问题，人们还缺乏深刻的认识，实践中还缺乏科学指标的有效指导。本节将以 EVA 概念为基本依据，解释并赋予国有资产保值增值新的内涵，初步讨论其指标的建立及算式，以为整个国有资产保值增值机制奠定必要前提。

3.3.1　国有资产保值增值内涵的两种解释

国有资产作为出资人在企业中依法拥有的资产及其权益，不管它表现为怎样的形态，其本质就是国有企业的生产要素，它具有资本保值增值的基本属性，即保值增值是国有资产资本化的内在要求。围绕如何促进国有资产保值增值，近 20 多年来，国内有不少研究文献，特别是 2003 年 3 月国务院国资委成立以来，该问题更引起学界的日益重视（吴敬琏，2003；张卓元，2003；李荣融，2007；许保利，2010；陈清泰，2016）。但这些研究主要集中在国有资产保值增值存在的问题、原因，以及如何加强监督管理、提高资产运营效率等方面，对国有资产保值增值本身的内涵与评价少有关注。也就是说，这些研究更多的是在现有国有资产保值增值概念的基础上去讨论怎样监督与实现，而它本身的界定是否合理、科学似乎不重要，被忽视了。从理论和实务来看，国有资产保值增值的内涵实际上存在两种不同的观点与判定。

1. 按国家所有者权益实现程度判定的观点

该观点承认，国有资产是国有企业中国家作为出资人对企业净资产的所有权，它等同于企业资产负债表中的国家所有者权益。因此认为，国有资产是否保值增值就看企业中的国家所有者权益报告期与基期相比的变化程度。因为在统计上，国有资产是时点现象，反映的是国有资产在一定时点的规模和状况，报告期不是期间而是期末（如年末 12 月 31 日），基期则是期初（如年初 1 月 1 日）。因此，国有资产保值增值就是期末国家所有者权益与期初国家所有者权益的对比关系。在这一对比关系中，若期末国家所有者权益与期初国家所有者权益刚好相等，意味着该期间的国家所有者权益没有发生变化，这就是国有资产保值；若期末国家所有者权益大于期初国家所有者权益，则意味着国家所有者权益在该期间增加，这就是国有资产增值。实际中，判定国有资产保值增值的标准，主要采用的是国有资产保值增值率指标。在算式上，国有资产保值增值率表达为年末国家所有者权益除以年初国家所有者权益，其计算式包含的基本信息是，国有资产保值增值率＞1，表明国有资产增值；国有资产保值增值率=1，表明国有资产保值；国有资产保值增值率＜1，说明国有资产减值。该观点及其判定方法是国有资产保值增值的主流观点（陈余有，1995；胡艳等，1996；李小平，2005；张先治，2002；马艳侠，2016；刘美奕，2017），目前在我国国有资产保值增值考核的实务中，国务院国资委实施的就是这一国有资产保值增值率标准①。

2. 考虑国有资产使用机会成本的判定观点

这是一种认为在计算国有资产保值增值率时，需要引入国有资产使用机会成本的观点。现行的国有资产保值增值率的计算是以国家所有者权益为基础的，它表现为计算当期的年末国家所有者权益与年初国家所有者权益之比。若计算结果大于 0，即表明国有资产实现了增值；由于会计上的国家所有者权益与国有净资产是等量的，所以该计算结果同时也意味着国有净资产收益率大于 0。这就是说，只要计算期的国有净资产收益率为正或大于 0，就表明该期国有资产实现了增值，国有资产出资人的财富实现了增长。但该观点认为，这一计算标准在衡量国有资产保值增值上存在着致命的缺陷。因为实际中存在这种情况：计算期的国有净资产收益率虽然大于 0，但却有可能小于国有净资产的机会成本，即小于该期国有资产投资于其他风险相当的领域能够得到的最低回报率，如计算期国有净资产收益率是 1%，而同期商业银行存款利率却为 2.5%。若这种情况真的出现，我们显然不能说国有资产实现了增值，国有资产出资人的财富实现了增长（李小平，2005）。因此该观点认为，国有资产保值增值的内涵应该考虑国有资产的机会成本，即在判定国有资产保值增值时，国家所有者权益的认定必须要补偿国有资产在市场上的最低投资回报率。很显然，一旦将国有资产的机会成本引入国有资产保值增值指标的计算，国有资产保值增值率就是一个新的概念，其计算就会是一种新的标准和方式。

当然，由于现行的国有资产保值增值指标的计算和运用是国务院国资委用以

---

① 2010 年 1 月 1 日实施的《中央企业负责人经营业绩考核暂行办法》和 2019 年 4 月 1 日实施的《中央企业负责人经营业绩考核办法》，运用的是国有资本保值增值率指标，计算式与国有资产保值增值率相同。

考核的通行标准，因此该观点目前还停留在观念上，且不是主流。但从“股东价值论”出发，我们认为该观点值得引起关注和深入探讨，因为只有补偿了国有资产机会成本后的国家所有者权益，才能真实反映国有资产保值增值的内涵，也才能真正体现国有资产出资人的经济权益。

3.3.2　现行国有资产保值增值指标及弊端

如前所述，国有资产作为企业经营中的生产要素，其本质就是国有资本，它与一切资本的基本属性一样，都要求实现最大程度的保值增值。那如何衡量国有资产的保值增值？或者说，国有资产的使用效率应该采用什么指标来评价？我们先来讨论一下现行的国有资产保值增值的评价指标。

1. 现行的国有资产保值增值指标的基本形式

对国有资产保值增值率指标，目前有三种代表性的解释及计算。

（1）2002 年 2 月 22 日，财政部、国家经济贸易委员会、中共中央企业工作委员会等联合发布的《企业绩效评价操作细则（修订）》中，认定国有资本保值增值率是扣除客观因素后的年末所有者权益与年初所有者权益的比率，其计算公式是

资本保值增值率=（扣除客观因素后的年末所有者权益/年初所有者权益）×100%

（2）2004 年 8 月 25 日，国务院国资委发布《企业国有资本保值增值结果确认暂行办法》，称企业国有资本是指国家对企业各种形式的投资和投资所形成的权益，以及依法认定为国家所有的其他权益。对于国有独资企业，其国有资本是指该企业的所有者权益，以及依法认定为国家所有的其他权益；对于国有控股及参股企业，其国有资本是指该企业所有者权益中国家应当享有的份额①。国有资本保值增值率是指企业经营期内扣除客观增减因素后的期末国有资本与期初国有资本的比率，计算公式为

国有资本保值增值率=（扣除客观因素影响后的期末国有资本/期初国有资本）×100%

国有资本保值增值率分为年度国有资本保值增值率和任期国有资本保值增值率①。

（3）2009 年 12 月 28 日，国务院国资委发布《中央企业负责人经营业绩考核暂行办法》指出，国有资本保值增值率是指企业考核期末扣除客观因素（由国务院国资委核定）后的国有资本及权益同考核期初国有资本及权益的比率，计算方

① 国务院国有资产监督管理委员会. 企业国有资本保值增值结果确认暂行办法（国务院国有资产监督管理委员会令第 9 号），2004-08-25.

法为

国有资本保值增值率=任期内各年度国有资本保值增值率之乘积

企业年度国有资本保值增值率以国务院国资委确认的结果为准[①]。

以上三种国有资产保值增值率指标的解释与计算，形式上虽有差异，但实质上是相同的。三种解释均是将国有资产定义为国有资本，且是企业中的国家所有者权益，其保值增值率都是核定后的期末所有者权益与期初所有者权益的对比。虽然后两种方式的计算考核期涉及年度和任期两种情况，但任期内国有资本保值增值率是以任期内各年度国有资本保值增值率为计算基础的，因此，国有资产保值增值率实际上是以上述三种方式中的第一种方式为基本计算形式。国有资产保值增值率指标的基本计算式如下：

国有资产保值增值率=（年末所有者权益/年初所有者权益）×100%

按照上式，国有资产保值增值率计算的关键，是合理确认年末所有者权益和年初所有者权益。年初所有者权益比较好确认，以年初净资产为准；年末所有者权益则要扣除一些客观因素对所有者权益的影响。例如，因投资者增加对企业投资的资本金、资产而按规定评估其增值或减值所造成的所有者权益的变动、非正常性变动造成的所有者权益的变动等。

这就是说，只要从会计上确认了年末所有者权益和年初所有者权益，国有资产保值增值率指标就可以计算出。其计算结果有三种情况：国有资产保值增值率＞1，说明国有资产增值；国有资产保值增值率=1，说明国有资产保值；国有资产保值增值率＜1，则说明国有资产减值。

2. 现行国有资产保值增值率指标的根本缺陷

很明显，现行的对国有资产保值增值程度的评价，是通过国有企业资产负债表上所有者权益的年度变化率来实现的。仅从现在通行的财务标准出发，所有者权益的年度变化率似乎完全能够说明国有资产的使用效率，能够评价国有资产的保值增值。但是，当我们引入 EVA 概念，或者说我们在认识国有资产的保值增值内涵的基础上，再去考虑国有资产使用的机会成本，会发现该评价标准存在着根本的缺陷。

（1）该指标的计算基础是所有者权益，而所有者权益并不反映所有的资本成本，因而其计算不能正确反映国有资产的保值增值。从现行会计理论出发，所有者权益是指企业投资者对企业净资产的所有权，它表明企业的资产总额在抵偿了一切现存义务后的差额部分，包括企业所有者投入资本及其所形成的留成收

① 国务院国有资产监督管理委员会. 中央企业负责人经营业绩考核暂行办法（国务院国有资产监督管理委员会令第 22 号），2009-12-28.

益。因为在一定时期内所有者投入企业的资本是一定的，留成收益作为企业经营所得净收益分配后的积累，其数额是不定的。所以，所有者权益的变化很大程度上取决于留成收益的变化（或净收益的变化），这就是说，在所有者投入资本不变的情况下，其资本得以保值增值的关键是留成收益至少要保持不变或者有所增长。但留成收益增长必须要有一个前提，就是企业有净利润，因为净利润是企业分配的基础，只有有了净利润，才谈得上净收益分配后的积累。但是，如果从 EVA 概念出发，现行净利润的计算由于并没有考虑企业所有资本的成本，其结果并不能算是真正的利润。所以，现行的以净利润分配为基础的所有者权益指标有明显缺陷，它的变化不能正确反映国有资产的保值增值。

假设某国企 2018 年初所有者权益总额为 15 000 万元，2018 年该企业实现利润总额为 1 000 万元，上交所得税为 250 万元，提取盈余公积为 100 万元，给投资者分配利润为 200 万元。据此，可得

该企业 2018 年末所有者权益=15 000+（1 000−250−200）=15 550（万元）

该企业 2018 年国有资产保值增值率=15 550/15 000×100%=103.67%

该实例中，留成收益为 550 万元（1 000−250−200），但它来源于税前的 1 000 万元利润。而在现行的利润核算框架下，1 000 万元税前利润的得出是没有考虑年初 15 000 万元所有者权益（国有净资产）的机会成本的。所以，该企业 103.67%的国有资产保值增值率并不是对其国有资产保值增值状况的正确反映。

（2）现行的国有资产保值增值率指标与出资人的财富增长缺少直接联系，出资人的利益得不到切实的体现。如前所述，由于现行的国有资产保值增值率指标的计算基础是会计利润，而会计利润并未扣除权益资本的机会成本，在这样的计算框架下，很容易得出与出资人利益相悖的结论，如当国有资产保值增值率>1 时，意味着年末的所有者权益>年初的所有者权益，同时也意味着国有净资产收益率>0①。如上例，国有资产保值增值率 103.67%>1，同时意味着该企业 2018 年的净资产收益率>0，为 3.6%（550/15 275）。这就是说，只要国有净资产收益率>0，即为正值，就表明国有资产在增值，国有企业出资人的财富实现了增长。但是，基于 EVA 思想，虽然国有净资产收益率大于 0，但却有可能小于国有净资产使用的机会成本，即有可能小于国有资产出资人投资于其他风险相当的领域能够得到的最低回报率，如上例中，该企业的净资产收益率 3.6%确实大于 0，但它却低于 2018 年三年期国债利率 4%的水平，而从我国国有资产运营的实际情况来看，国有净资产收益率大于 0 但小于一般债券平均收益率的现象并不是个别的，而是大量存在的。如果真的出现这种情况，我们能够说国有资产实现了增值，国有企业出资人的财富实现了增长吗？所以，现行的国有资产保值增值率指标并不

① 现行财务理论中，国家所有者权益与国有净资产是等量的，净资产收益率是净利润与平均净资产之比。

能正确体现出资人财富的增长，国有资产表面的保值增值或许掩盖了大量的国有资产的流失和出资人财富的被侵蚀（李小平，2006）。

（3）现行的国有资产保值增值率指标不能正确评价国有资产经营效率，导致社会资源的流向与配置缺少合理的标准。在市场经济条件下，社会资源实际上都被赋予了资本的性质，其流动都以追逐收益最大化为转移，而这也正是整个社会资源的流向和配置趋于合理、有效的基本根据，但这一切都要求引导社会资源流动的资产价格信号——资产收益率，能够科学地反映资产的使用效率，能够真实地表明出资人财富的变动。国有资产是社会资源的重要组成部分，其按照市场化、资本化要求流动是必然的，但现行的国有资产保值增值率（或国有净资产收益率）指标因为没有站在保障出资人利益的角度来界定投资利润，使没有补偿投资者机会成本（或必要投资回报率）的利润也被认为是出资人财富的增加，这为投资者进行投资选择提供的显然是非理性、非合理的标准。在这样的资产价格信号下，国有资产的并购、剥离、分立、重组等运作形式自然会因为缺少正确的准则而被错误地引导，致使社会资源的配置处于一种无序、低效的状态（李小平，2005）。

3.3.3 基于 EVA 的国有资产保值增值指标

上述分析表明，现行的国有资产保值增值率指标并不具有有效评价国有资产运营效率的功能，因此，为了适应国有资产管理体制改革的需要，从真正意义上保障国有资产出资人的利益，重新建立国有资产保值增值率指标十分必要。我们认为，新的国有资产保值增值率指标的构建应该基于以下几点。

（1）基于 EVA 概念，将实现所有者利益作为建立新的国有资产保值增值率指标的根本原则。EVA 的核心思想是“股东价值论”，即一切都以为出资人创造更多的财富为目标，这一价值取向与当前我国国有资产管理体制改革的目标是完全一致的，因此，新的国有资产保值增值率指标的建立一定要贯彻 EVA 思想。否则，国有资产所有者的利益将得不到切实的保障。

2010 年 1 月 1 日开始实施的《中央企业负责人经营业绩考核暂行办法》中的业绩考核指标包括年度经营业绩考核指标和任期经营业绩考核指标。其中，年度经营业绩考核的基本指标包括利润总额和 EVA 指标；任期经营业绩考核的基本指标包括国有资本保值增值率指标和主营业务收入平均增长率指标。这一考核指标体系首次将 EVA 纳入年度考核，这无疑是理论上的重大进步，在实践上也取得了很大的成效（池国华等，2013）。但该指标体系中的国有资本保值增值率仍然采用的是传统含义上的国有资产保值增值率指标，其计算并未考虑权益资本机会成本对其真实性的影响。这表明，在理论与实践上，EVA 作为企业经营业绩考核的根本思想与原则，还未贯彻到底，还有许多工作要做。

（2）按照 EVA 等式，通过扣除所有资本的成本，以确定对出资人真正具有意义的收益指标——EVA。在 EVA 等式中，债务资本成本容易确定，权益资本成本因为考虑的是投资的机会成本，其确定比较困难，但不管权益资本成本的确定如何困难，都不能成为我们不对其加以认真测算、认定，并予以减除的理由。实践中，我们认为国有资本的资本成本可以考虑以这样三种方式来确定：①央行公布的银行存款年利率。这是最简便易行的方式，当然也是资本成本的下限。②近三年企业所处行业的平均资金利润率。这一标准的测算难度较大，而且不易稳定。③以银行存款年利率为下限，以行业的平均资金利润率为上限，再结合企业发展的特点，从中选择一个合适的资本成本。这一方式比较科学，也更符合实际，但因为它的计算既要参考行业的平均资金利润率，也要考虑企业自身的因素，因而基础性的工作量会很大。

当然，也可以采用目前国务院国资委将权益资本成本率基准暂时设定为 5.5%，特殊行业设定为 4.1%或 6%的规定。虽然这一资本成本率的合理性一直存在争议，（康怡，2011），特别是与目前国际上多数行业 10%以上的资本成本率和中央企业 7%~10%的实际资本成本率相比较而言。但考虑到国有企业市场化改革压力的逐步释放和 EVA 指标完善的过程性，确定 5.5%的权益资本成本率在当前也有它的合理性。

实际操作中，EVA 的计量可以按照中央企业现行的基本计算方式：

EVA=税后净营业利润−资本成本=税后净营业利润−调整后资本×平均资本成本率

其中，税后净营业利润=净利润+（利息支出+研究开发费用调整项−非经常性收益调整项×50%）×（1 − 25%）。调整后资本=平均所有者权益+平均负债合计−平均无息流动负债−平均在建工程（尹凌青，2010）。平均资本成本率=5.5%。

（3）在确认 EVA 的基础上，对国家所有者权益和净资产收益率等指标进行调整，以确定基于 EVA 的国家所有者权益和净资产收益率。这之中主要是将现行财务中的国家所有者权益和净资产收益率的计算基础——净收益转换成 EVA。调整后的国家所有者权益是基于 EVA 的国家所有者权益，它主要由国家投入资本和基于 EVA 的留成收益所构成，其公式可以写成

$$\mathrm{SOE_E} = \mathrm{SI} + \mathrm{RE_E}$$

其中，$\mathrm{SOE_E}$ 是基于 EVA 的国家所有者权益；SI 是国家投入资本；$\mathrm{RE_E}$ 是基于 EVA 的留成收益，它是企业经营所得 EVA 分配后的积累。

调整后的净资产收益率是基于 EVA 的净资产收益率或净资产 EVA 率，它是 EVA 与国有资产的比率，其公式是

$$\mathrm{NAER'_E} = \mathrm{EVA/SOA}$$

其中，$\mathrm{NAER'_E}$ 是基于 EVA 的净资产收益率；SOA 是国有资产。

（4）建立基于 EVA 的国家所有者权益的新的国有资产保值增值率指标。在

基于 EVA 国家所有者权益确定的基础上，我们可以建立新的国有资产保值增值率指标，即基于 EVA 的国有资产保值增值率。该指标如果仍然以国家所有者权益的年度变化率来表明国有资产的保值增值状况，则公式可以是

$$基于\ \mathrm{EVA}\ 的国有资产保值增值率 = \mathrm{ESOE_E}/\mathrm{BSOE_E} \times 100\%$$

其中，$\mathrm{ESOE_E}$ 是基于 EVA 的年末国家所有者权益；$\mathrm{BSOE_E}$ 是基于 EVA 的年初国家所有者权益。

该指标包含的财务信息如下：当基于 EVA 的国有资产保值增值率大于 100%或 1 时，表明国有资产实现了增值，出资人的财富在增长；当基于 EVA 的国有资产保值增值率等于 100%或 1 时，表明国有资产刚好保值，出资人的财富没有变化；当基于 EVA 的国有资产保值增值率小于 100%或 1 时，则表明国有资产遭受减值，出资人的财富受到了侵蚀。

国有资产是否保值增值也可以通过基于 EVA 的净资产收益率，即 $\mathrm{NAER}'_\mathrm{E}$ 来反映。当 $\mathrm{NAER}'_\mathrm{E}>0$ 时，表明国有资产实现了增值；当 $\mathrm{NAER}'_\mathrm{E}=0$ 时，表明国有资产刚好保值；当 $\mathrm{NAER}'_\mathrm{E}<0$ 时，则表明国有资产遭受减值。

当然，国有资产保值增值作为国有资产保值增值机制的价值目标或者国有资产管理体制改革的价值取向，其评价标准不能是个单一的指标，它应该是一套指标体系。除了以上的基于EVA的国有资产保值增值率、基于EVA的净资产收益率指标外，还可以从EVA的绝对数，以及基于EVA的每股盈余的角度来评价国有资产的保值增值状况（李小平，2005）。

第 4 章 EVA 与国有资产保值增值机制的激励机制

激励机制是国有资产保值增值机制中最为关键的制度设计。本章基于激励机制理论的实现目标，通过比较股票期权、年薪制和EVA奖金制度，解释以EVA奖金为基础设计的激励方式对于实现激励机制基本目标所具有的优势，以回答本书的第二个假设：H_2——EVA 理念与方法可以优化国有资产保值增值机制的激励机制，并提出符合国有企业实际的 EVA 激励机制建设的基本思路。

4.1 激励机制的理论与实现目标

4.1.1 激励机制的理论综述

美国哈佛大学威廉·詹姆斯（W. James）教授的一项研究表明，在缺少激励的环境中，员工的潜力只能发挥20%~30%，但在富有激励的环境下，同样的员工却可以发挥80%以上的潜力（苏明城和张向前，2009）。因此，如何激发人的潜能，充分发挥企业人力资源的积极性、创造性，已成为企业治理的核心问题，也是国有资产保值增值制度设计面临的关键问题。激励机制作为企业治理的核心，国内外对其的理论研究已达到一定的高度并呈现出丰富的内容。

侯光明和李存金依据激励理论所研究的重点和行为关系的不同，将激励理论划分为需求型、过程型、行为改造型和综合型四个方面（赵治纲，2009）。需求型激励理论通过研究人的行为动机来探讨激励的原因和影响激励的因素，主要有马斯洛（Abraham Maslow）的需求层次理论、奥尔德弗（C. Alderfer）的 ERG（existence、relatedness、growth，生存、关系、成长）理论、麦克利兰（D.

McClelland）的成就需求理论和赫茨伯格（F. Herzberg）的双因素理论。过程型激励理论通过寻求对行为起决定作用的关键因素来预测和控制人的行为，主要有弗鲁姆（Vroom）的期望理论、洛克（Locke）的目标设置理论和亚当斯（Adams）的公平理论。行为改造型理论着重研究人的行为结果对激励程度的影响，这方面主要有海德（Fritz Heider）的归因理论、斯金纳（Skinner）的强化理论和亚当斯的挫折理论。综合型激励理论不局限于对某一因素的考察，而是将上述各种理论兼收并取、融为一体，以求克服单一激励理论的局限性，这方面主要有罗伯特·豪斯（Robert House）提出的绩效—手段—期望理论模型，莱曼·波特（L. W. Porter）和爱德华·劳勒（E. E. Lawler）做出的努力—绩效—满意感激励综合模型，弗鲁姆提出的绩效—期望值—激励力量模型，等等。

从以上激励理论的划分来看，有的是传统的激励理论，有的是新型的激励理论；有的是单一的激励理论，有的是综合的激励理论。这些理论分别从不同的侧面和角度研究了激励问题，所得出的思想与结论，无疑为激励理论的更深入研究奠定了广泛、深厚的理论基础，对我们思考国有资产保值增值激励机制的问题也具有重要的认识和启示价值。结合本书的研究实际，下面着重概述其中的委托代理理论、团队生产理论、目标设定理论、激励过程综合理论。

1. 委托代理理论

委托代理理论（principal-agent theory）是20世纪70年代初期一些经济学家通过对企业激励方式和不对称信息的深入研究而发展起来的理论，它是过去40多年里产权理论和契约理论最重要的发展成果。按照现代产权经济学家詹森（Jensen）和威廉·麦克林（William Meckling）的定义，委托代理关系是指这样的一种契约关系：委托人基于自己的利益考虑，委托其他人（代理人）代理从事一定的经济活动，并使代理人在某些方面具有相应的决策权。在这一契约关系下，代理人依据委托人的授权，在规定的权利与责任范围内，代表委托人开展经营活动。委托代理关系是委托代理理论研究的基本内容，它的主要任务是研究委托人怎样在信息和利益不对称的条件下设计出能够激励代理人的最优契约。

委托代理理论认为，在现代企业中，出资人把公司资产的经营活动交给职业经营者承担，由于所有者与经营者不是同一个主体，所有权与经营权必然出现分离，这就产生了企业所有者与经营者之间的委托代理关系。企业中之所以存在委托代理关系，是因为通过这种方式可以获得经济学中所说的“分工效果”和“规模经济”，但委托代理所产生的经济效益是以经营者完全忠实地服务于所有者为前提的。事实上，所有者与经营者毕竟是不同的人，他们之间存在着三个方面的不对称。

（1）利益不对称。经营者作为代理人不仅有自己的利益，而且追求自己效用的最大化，如在职消费、优裕生活、经理帝国等；经营者的利益目标不仅通常与所有者追求利润最大化目标不一致，而且只在有利于自己的时候才会顾及所有者的利益，也就是说，在委托代理关系中，所有者和经营者的利益目标函数是不一致的，两者之间存在激励不相容的问题。

（2）信息不对称。在委托代理关系中，经营者比所有者更具信息优势，经营者可以利用私人信息优势采取机会主义行为以谋求个人利益。例如，在双方签约前，经营者知道自己的态度和能力类型，但所有者却不知道，这便是“逆向选择”问题；在双方签约后，经营者知道自己的行为特征，即知道自己是否尽力在按所有者的利益进行思考和决策，但所有者却不易观察和证实，这便是“道德风险”问题。

（3）责任不对等。对于企业经营的结果，所有者与经营者所承担的责任是不平衡的，因为无论如何，所有者都是企业经营风险的最大和最后的承担者。因此，经营者为了追求自身利益有可能采取风险过度的行为，损害所有者的利益。

更为重要的是，所有者与经营者在签订的契约中不可能预料到未来所有的情况，也不能规定各种情况下双方的所有责任，不完备的契约为经营者谋求个人效用最大化提供了可乘之机。例如，经营者有可能违约。因为在许多情况下，只要存在契约的不完备性，经营者就有可能为了自身利益而违背承诺，所有者即使确信他未能履约，也难以说清谁是谁非而指责经营者。

由于上述激励不相容、信息不对称、责任不对等和契约不完备等几方面的原因，所有者为了防止经营者损害自己的利益，需要通过严密的合同契约关系和对经营者活动的严格监督来约束控制经营者行为，但这样做必然会付出成本，这便是代理成本（张维迎，1999）。这样，就迫切需要建立一套既能有效地约束经营者的行为，又能激励经营者按所有者的意愿和目标而努力工作，从而大大降低代理成本的机制和制度安排。

2. 团队生产理论

团队生产理论（the team production theory），1972 年由美国经济学家阿尔钦（A.A. Alchian）和德姆塞茨（H. Demsetz）等提出。在他们看来，由于企业的任何产品都是由集体内的若干个成员协同生产出来的，每一个成员的生产率都受到其他成员行为的影响，因而企业是一种以协作为基础的团队生产。

团队生产理论认为，生产团队之所以演变为企业，是因为团队生产带来的生产高效率产生了激励需求与产出难以计量这一对矛盾。在团队生产中，参与合作的成员的边际产品无法直接地、分别地、便宜地观察和度量，而团队向市场提供的产品是联合产品，并不是每个成员的边际产品，这就像两个人把一件货物装上车，很难确定他们各自的贡献大小，这种情况很容易产生机会主义倾向，诱致偷懒的“搭便车”问题，团队成员因为能将偷懒的成本转嫁给别人，而获得偷懒的好处，结果损害团队的生产率（赵治纲，2009）。如果这些偷懒的行为能以低成本的方式监测到，那么它们出现的可能性就会减小。所以，寻找一种容易观察度量且费用较低的组织方式是很有必要的。

具有效率的团队生产组织需要有监督者，但如何为监督者提供有效激励方式则是一个关键问题。阿尔钦和德姆塞茨以交易成本和合同为分析框架，着重研究了团队组织成员的激励问题，其主要内容如下。

（1）减少偷懒的方式。如果能在团队内形成一种可监控的结构，使某些人从事监控其他组织成员的工作到达专业化，这是减少偷懒的一种方式。这里的“监控”含义广泛，它既指纪律约束、绩效度量和报酬分配，又指按投入的边际生产率的预估方式来观察和评价投入者的投入行为，此外，还指合约的修改和强制终止，以及在不改变其他投入合约的情况下给予一些成员激励。假设这样的监控可以使被监控者减少偷懒的话，那还存在一个由谁来监控监控者的问题。这一问题涉及激励机制的设计，也涉及产权制度的安排，最好的解决方法应考虑赋予监控者一定的剩余索取权。

（2）剩余索取权的规定。剩余索取权（residual claim）是指索取团队的净收入和向其他投入支付报酬的权利。如果监控者可以获得剩余，实际上他就获得了不偷懒的相应激励，他越是工作努力，其他成员就越难偷懒，团队的生产效率就会越高，投入报酬和监控者剩余也就越多，把剩余给予集权的监控者，要比把剩余分给全体成员会更有效率。因为，如果所有的团队成员依赖于对剩余的分享，则集权的监控者偷懒的增加所产生的损失将超过对其他成员不偷懒激励的增加所产生的收益。反之，如果把剩余给予同时又是决策者的监控者，那么，出于追求尽可能多的剩余的愿望，他一定会努力做出更好的决策和组织实施更有效的团队生产管理。

3. 目标设定理论

目标设定理论（goal setting theory），是美国马里兰大学教授洛克和休斯于1967年最先提出的（王德清，2007）。他们在研究中发现，奖励、反馈、监督等外来的刺激都是通过一定的目标来影响动机的。目标是人们活动的指向，它能引导与其有关的行为，人们可以根据目标实现的难易来调整自己的努力程度，并决定是否采取持续的行为。

目标设定理论认为，目标本身就是一种激励，因为目标能把人的需要转变成动机，使人的行为朝着一定的方向努力，并不断调整和修正自己行为的结果与既定目标之间的差距，以更好地达到目标。这种由需要转化为动机，再由动机支配行动，最后实现目标的过程就是目标激励。目标激励的影响因素除了目标本身外，还有许多环境变量，对此，也有不少理论和实证上的深入研究，如莱瑟姆（Latham）和尤克尔（Yukl）提出了目标设定的综合模式，认为目标设定应将组织成员参与、关注个别差异和解决目标难度等因素综合起来考虑；洛克和班杜拉（Bandura）通过研究，发现了自我效能感等中介变量因素对动机的影响（德鲁克，2009）；德韦克（Dweck）及其同事以能力理论为基础，并结合社会认知的最新成果，对目标的性质进行了区分，提出了动机的目标取向理论，等等。

目标的设定有三个基本属性：一是明晰性，即所设定的目标具体明确，可观测，能够使组织成员清楚地知道需要做什么，为之要付出多大的努力；二是挑战性，即目标要有一定的难度，因为具有挑战性的目标较之容易实现的目标更能激发成员的工作潜力，调动各种激励因素；三是可接受性，它反映成员对目标的认同程度，即团队要以明确的方式与成员交流，使成员充分理解目标设定的工作意图，以产生有效的激励力量（赵治纲，2009）。

目标设定理论的重要启示是，目标要具体明确，可观测、可量化；目标要适当，过难或过易都不利于提高激励水平；目标的达成要与奖励报酬相对应，否则目标设定达不到预期的效果。

4. 激励过程综合理论

应当指出，由于激励问题的复杂性，各种激励理论不可能单独给予其充分、完备的解释，而将不同的理论整合在一起，或许是一种研究复杂激励问题的有效途径。劳勒和波特于 1968 年在期望理论的基础上，导出一种更加完备的激励过程，将其称为激励过程综合理论（德鲁克，2009）。该理论认为，工作绩效是一个多维变量，受个人能力素质、工作条件与环境、个人对组织期望的理解、对奖酬公平性的感知和个人努力程度 5 个因素的影响，而个人工作的努力程度则取决于自己对薪酬价值特别是内在奖酬价值的主观评价，以及对努力—绩效关系（即期望值）和绩效—奖酬关系（即工具值）的认知状况。

激励过程理论表明，激励是一个不同环节紧密相扣的管理过程。企业薪酬激励制度的确定需要注意以下几点：期望的绩效目标是绩效评价的基础，与绩效挂钩的奖酬一定要紧随已产生的绩效；绩效目标要具体明确且有挑战性，奖酬标准与额度要考虑目标完成的难易程度；整个薪酬体系要显示出公平性；企业员工对薪酬体系及其分配过程的主观评价对激励效果能否持续具有十分关键的影响。

4.1.2 激励机制的基本目标

基于委托代理等理论，我们知道，企业作为生产团队，其治理结构中的激励机制是为解决委托代理问题而安排的重要契约或制度。因此，企业激励机制的研究和设计应该紧紧围绕如何降低代理成本、如何克服利益不一致及如何最大限度地实现委托人的收益而展开。现代激励理论一般认为，有效的企业激励机制应当实现以下四个基本目标（埃巴，2001）。

（1）使管理者和股东的利益一致起来，让管理者能够像股东一样去思考问题和采取行动。更明白地说，就是让管理者按照股东财富最大化的原则，选择企业的发展战略和制定经营决策，可以说，这是解决代理问题最根本的要求。因为在现代企业的产权结构下，经营管理者与股东之间的利益矛盾或利益不一致是客观存在的，只有管理者与股东的利益实现趋同，才能消除激励不相容的矛盾，降低代理成本。

（2）对管理者的奖励具有足够大的变化幅度，以鼓励他们对工作倾注更高的热情，投入更多的时间，勇于承担风险，敢于做出决策。这就是说，激励机制的设计不能把对管理者的奖励与为股东创造的财富（或企业的业绩）只作简单的挂钩，还应该实现合理的匹配，如果管理者为股东创造的财富足够得多，那么管理者得到的奖励就应当足够得多；如果管理者为股东创造的财富很少甚至是负数，那么管理者就只能得到很少的奖励甚至受到相应的惩罚（李小平和何燕，2008）。因为只有这样，按照弗鲁姆的期望理论，绩效与奖赏之间的联系才是紧密的，管理者的努力行为才会有一个富有吸引力的预期；按照亚当斯的公平论，受奖励者对自己所获报酬才会有公平、满意的感觉；按照斯金纳的强化理论，奖励制度的激励作用才会体现出刺激性、充分性，管理者为实现企业最优业绩的潜能才会被真正激发出来；按照波特和劳勒的激励过程综合理论，管理者对努力—绩效关系和绩效—奖酬关系才能有真切的感知，个人努力程度也才能真正成为工作绩效的显著变量。

（3）能够降低管理者去职风险。这种风险表现为，有价值的管理者被更好的就业机会吸引走，特别是在本行业或者本公司处于下降或者衰退时期。从严格意义上讲，任何企业的发展都会因受到内外部环境不确定因素的影响而呈现出周期性，当企业发展处于低谷时，管理者队伍的稳定对于企业走出困境至关重要，如果管理者队伍不稳定，则会使企业雪上加霜，处境更加艰难，这就必然对激励机制如何限制去职风险提出了要求。

（4）使股东成本保持在一个合理的水平上。从股东利益的角度出发，较高的股东成本和较低的股东成本都是不当的，因为股东成本过高，如奖金“保底”，直接有悖于股东的利益；股东成本过低，如奖金“封顶”，难以充分激发管理者创造业绩的积极性，也不利于股东的利益。所以，有效的激励机制必须平衡委托与代理双方的利益要求，使股东成本处于一个合理的均衡点。

当然，上述四个目标的实现是激励机制的一种理想状态。实际上，有些目标在某些情况下并不是完全一致的，它需要平衡和取舍。例如，一种具有极高变化幅度的奖励方案，可能带来巨大的激励，但也可能增加去职风险，因为在业绩不好的年景，奖励水平跌入低谷，有价值的员工可能跳槽，去寻找更好的待遇；极高的奖励变化幅度，也有可能给股东带来难以接受的高额成本，因为，在管理者和股东利益存在不一致的情况下，公司的奖励容易针对那些对股东财富没有贡献的“业绩”；另外，对于一种去职风险较低（如奖金实行“保底”）和股东成本较低（如奖金实行“封顶”）的激励方案来说，它的奖励变化幅度必定很小，以至于难以吸引管理者去努力追求股东财富的最大化。因此，企业激励机制的设计既要考虑如何实现其基本目标，又要考虑目标之间难于取舍的平衡。可以说，良好激励机制的功能就在于能够合理平衡上述目标之间的关系，最大限度地实现股东的价值。

4.1.3　激励机制优化的变量解释

由式（2-5），我们知道，国有资产保值增值激励机制优化的函数关系式为

$$A_E = f\left(E_i\right) + u_i$$

其中，A_E 是因变量，它代表国有资产保值增值激励机制的优化；E_i 是解释变量，它可以有 E_O 和 E_E 的选择，E_O 是指不考虑EVA 理念约束条件下的国有资产保值增值激励机制，E_E 是指在 EVA 理念约束下的国有资产保值增值激励机制；u_i 是作为常量的其他影响因素。

在本书中，E_O 以股票期权、年薪制等激励制度为代表，E_E 则以 EVA 奖金计划为代表，由于激励机制是以实现激励相容、提高激励程度、限制去职风险和降低股东成本四个方面为基本目标，因此，E_O 和 E_E 对 A_E 的解释自然应表现在这四个方面。在实现激励机制的四个基本目标上，若某一种激励机制更有优势，则说明该激励机制对国有资产保值增值激励机制优化的解释就更有力、更有效。

4.2　EVA 激励机制的实证描述

国有资产保值增值的激励方式有多种形式，从诱导性激励机制来看，主要包括薪酬激励和精神激励。从人类的本性出发，因为绩效的经济性报酬在满足员工经济需要的同时，也满足了心理需要、成就需要和自我实现的需要，因而薪酬激励是诱导性激励机制最直接、最有力的方式（张正堂，2003）。在薪酬激励机制中，薪酬一般由固定部分、短期激励和中长期激励三个部分构成，有

基本工资、年度奖金、股票奖励、股票期权和 EVA 激励等方式。本节主要对 EVA 激励机制的内容进行实证描述，下一节再将 EVA 激励机制与其他薪酬激励方式作比较分析。

4.2.1 EVA 激励薪酬的计量

EVA 薪酬激励本质上是一种分享制（sharecropping），它把利润分成变成 EVA 创值分成（曾宪文，2011）。因为 EVA=NOPAT−WACC×TC，也即 NOPAT= WACC×TC+EVA，利润被分解成资本成本和 EVA 两部分。也就是所有者在获得必要的资本成本回报后，与经营者、员工等共同分享剩余——EVA。因此，EVA 薪酬激励实际上是对 EVA 的分配，它的基础是 EVA 的改善，重点是 EVA 激励薪酬的计量。

1. 早期的 EVA 薪酬的计量

早期的 EVA 激励薪酬是对利润中 EVA 的简单比例分成，计算式为

$$Y=X\% \times EVA$$

1922 年阿尔费雷德·斯隆（Alfred Sloan）在美国通用汽车公司实施了一项类似 EVA 的管理体系，给管理人员固定比例的 EVA 分享，这就是最初的 EVA 薪酬激励（图 4-1）。该激励方案规定，如果资本回报率超过 7%，就从税后利润中按资产的7%提取费用，剩余利润的10%用作奖励基金，其余的90%归股东所有，这一方案实施了 25 年，直到 1947 年开始实施股票期权制度时才停止（曾宪文，2011）。

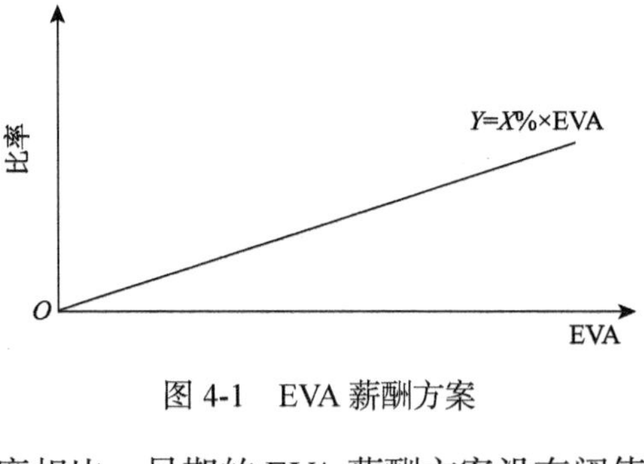

图 4-1　EVA 薪酬方案

与传统的奖金制度相比，早期的 EVA 薪酬方案没有阈值的限制，不存在“高尔夫截止点”，可以产生较强的激励作用，能够促进所有者与经营者之间利益的协同。不过，该方案的X%设置一定要合理，较高的X%固然会使经营者的EVA分享比例较高，财富的“杠杆效应”较大；但同时股东的成本也会随之提高，从而

制约股东财富的增加。

在股东的成本方面，原始的 EVA 薪酬方案存在两个明显的问题：一是薪酬分配所依据的 EVA 是绝对量。如果客观经济环境有利，实际 EVA 值较大，乘上固定 $X\%$ 比例后薪酬会较高，甚至可能远远超出经理人市场相应职位所必需的报酬限度，使股东付出高额成本，这样容易导致激励强度与股东成本之间权衡的无效率。二是这一薪酬方案单纯以历史数据为依据，不具有前瞻性，没有考虑股东对 EVA 增量的任何预期。假如市场和行业比较稳定，股东可以对企业未来的 EVA 增量做出一定预期，股东的期望财富为 V。如果经营者实际创造的财富小于 V，即使低于股东的期望值，但 EVA 为正值，这时，股东仍要按固定比例支付薪酬。实际上，这种激励方案已经造成了效率损失。

2. 改进的 EVA 薪酬的计量

早期的 EVA 薪酬方案仅仅使用了价值的绝对增量 EVA。为了克服这一缺陷，EVA 薪酬的计量得到了改进，演变为改进的 EVA 薪酬方案。这一薪酬方案对薪酬的确定不仅仅依据绝对增量 EVA，也依据相对增量 ΔEVA（EVA 本身的增量）。计算式为

$$Y = X\% \times \text{EVA} + Z\% \times \Delta\text{EVA}$$

一般地，$X<Z$，当 $Z=0$ 时，该薪酬方案还原为早期的薪酬方案 $Y=X\% \times \text{EVA}$。当 $X=0$ 时，薪酬是 $Y=Z\% \times \Delta\text{EVA}$。当 EVA>0 时，$Z\%$ 可以提供强有力的激励，$X\%$ 则用于提供同行业竞争性的工资水平标准。

与早期的薪酬方案相比，改进的 EVA 薪酬方案增强了所有者与经营者的利益协同，提高了对经营者的激励程度。但若 X 过低，可能会增大经营者的去职风险；且当 EVA<0 时，$X\% \times \text{EVA}$ 没有任何意义，它无法提供同行业竞争性的工资水平标准。

3. 现代的 EVA 薪酬的计量

同改进的 EVA 薪酬方案相比，现代的 EVA 薪酬方案增加了两点：①用目标薪酬代替了 $X\% \times \text{EVA}$；②用超额 EVA 增量代替了 ΔEVA，而超额 EVA 增量=实际 EVA 增量−预期 EVA 增量。基本算式为

$$Y = A + a(\text{实际 EVA 增量} - \text{预期 EVA 增量})$$

也就是说，现代的 EVA 薪酬激励方案，其核心是建立 EVA 改善的目标和“时间表”（王颖，2005）。EVA 的改善目标通常基于企业的发展阶段和战略，由企业最高层提前三年到五年制定，以避免很多企业每年奖金计划中常见的“讨价还价”现象（李小平，2006）。改善目标通常被称为当年年度的“预期改善”，如

果完成了，管理者可以得到“目标奖金”；如果未达到要求，奖金则同比例减少；但是如果未达到事先确定的基本EVA改善值，则不能获得奖金；如果EVA完成情况比预期改善目标还要好，管理者有权获得超额奖金，其数量与超额EVA成正比。将上面的基本算式展开可表述为：

（1）当 $\Delta\text{EVA}_t \geqslant \Delta\text{EVA}_T$ 时，$Y_t = A + a(\Delta\text{EVA}_t - \Delta\text{EVA}_T)$；

（2）当 $\Delta\text{EVA}_{t_0} \leqslant \Delta\text{EVA}_t < \Delta\text{EVA}_T$ 时，$Y_t = A(\Delta\text{EVA}_t / \Delta\text{EVA}_T)$；

（3）当 $\Delta\text{EVA}_t < \Delta\text{EVA}_{t_0}$ 时，$Y_t = 0$。

其中，ΔEVA_T 表示 t 年度的EVA预期改善目标；$\Delta\text{EVA}_t = \Delta\text{EVA}_t - \Delta\text{EVA}_{t-1}$，表示 t 年度相比（t-1）年度的实际 EVA 改善值；$\Delta\text{EVA}_t - \Delta\text{EVA}_T$ 是实际 EVA 改善值与预期EVA改善值之差，表示超额EVA增量；ΔEVA_{t_0} 表示 t 年度必须达到的基本EVA改善值；Y_t 表示管理者在 t 年度获得的激励性报酬；A 表示完成EVA预期改善目标可以得到的目标奖金值；a 表示超额完成 EVA 预期改善目标的奖励系数。

A 的确定一般基于市场薪酬水平，以保证管理者在达到 EVA 预期改善目标后可以获得不低于市场平均水平的报酬；超额奖金激励系数 a 的确定则取决于激励强度，一般来说，如果管理人员的决策对企业发展有重大影响，如处于成长期的企业和高科技企业，a 的取值应相对较大，反之相对较小。在理想的 EVA 薪酬激励计划中，Y_t 是没有上限的，以达到最佳的激励效果。

但是，EVA 主要来源于三个方面：①企业的投入；②经营者的能力和努力程度；③企业外部环境因素的影响。基于企业发展阶段和战略确定的 EVA 预期改善目标充分考虑了企业投入回报与经营者能力和努力程度之间的关系，却忽略了不可预测的外部环境因素变动的影响，在企业外部环境改善时，企业可能有着相对健康的 EVA，但是和竞争对手相比，或许在丧失着“财富份额”；或者由于外部竞争环境的恶化，企业虽然没有达到预期的 EVA 改善目标，却取得了远远优于竞争对手的业绩。上述的激励性薪酬的计量显然夸大了经营者的努力程度对前者的贡献，而否认了他们对后者的贡献。有效的激励体系必须与经营者的努力程度高度相关，所以应该将经营者不可控的外部环境变动的影响因素排除在外。

由于环境变动因素是行业中各个企业共同遇到的干扰因素，而且企业要想持续发展必须从竞争中获取优势，因此可以通过引入主要竞争对手的 EVA 数据来调整 EVA 激励性薪酬的计量算式。假设主要竞争对手 t 年度业绩改善为 $\Delta\text{EVA}_t'$，可将前面的公式修正为

（1）当 $\Delta\text{EVA}_t \geqslant \Delta\text{EVA}_T$ 时，$Y_t = A + a(\Delta\text{EVA}_t - \Delta\text{EVA}_T) + b(\Delta\text{EVA}_t - \Delta\text{EVA}_t')$；

（2）当 $\Delta \mathrm{EVA}_{t_0} \leqslant \Delta \mathrm{EVA}_t < \Delta \mathrm{EVA}_T$ 时，$Y_t = A\left(\Delta \mathrm{EVA}_t / \Delta \mathrm{EVA}_T\right) + b\left(\Delta \mathrm{EVA}_t - \Delta \mathrm{EVA}_t'\right)$；

（3）当 $\Delta \mathrm{EVA}_t < \Delta \mathrm{EVA}_{t_0}$ 时，$Y_t = b\left(\Delta \mathrm{EVA}_t - \Delta \mathrm{EVA}_t'\right)$。

在选择参照的主要竞争对手时，应尽量选择与本企业处在相同的发展阶段、有着相似规模的企业，否则，必须对竞争对手的 EVA 改善值做出相应的修正，才能纳入上式计算，参数 b 取决于外部环境的变动程度，当宏观经济和产业环境显著变化时，可以使参数 b 较大，当宏观经济和行业系统因素对企业业绩影响不大时，可以使参数 b 较小或为 0（李小平，2006）。

虽然现代的EVA 薪酬方案与改进的EVA 薪酬方案相比，有新的改进，但两者存在一个共同的缺陷，就是它们都是Δ EVA 的线性函数。因为Δ EVA 与经营者的努力成本不是线性关系，Δ EVA 越高，管理者付出的努力越需要成倍增长，所以，更理想的 EVA 薪酬方案应该按照Δ EVA，分档对管理者进行奖励。这样看上去好像增加了股东成本，实际上更能增强激励强度，有利于所有者与经营者双方团结协作，创造出更高水平的Δ EVA。

4.2.2　EVA 激励薪酬形式的设计

1. 奖金银行的形式

为避免企业管理者的短视行为，基于 EVA 的薪酬激励机制引入了“奖金银行”的概念，即管理者通过 EVA 改善而获得的年度奖金不被全部发放，而将其中的一部分存放在公司的托管账户上，这部分收益处于风险中，管理者只有实现了持续的 EVA 改进，才能得到所有奖金（李小平，2006）。

奖金银行有两种具体方式：一是“部分奖金银行”，将奖金分为目标奖金和超额奖金两部分，前者以现金形式派发，后者则计入奖金银行账户，每年按账户余额的大致 30%比例发放；二是“完全奖金银行”，将管理者获得的奖金全部计入奖金银行账户，每年将账户余额的 30%支付给管理者。因为“完全奖金银行”派发奖金的计算基础是全部奖金而不是超额奖金，所以对管理者来讲，“完全奖金银行”的风险比较大。实际中，选择奖金银行的具体形式要看企业和管理者对奖金风险的承受能力。

曾宪文（2011）通过对奖金银行的实证分析，得出三点结论：①累积的奖金支付与累积的超额 EVA 增量之间存在相关关系；②当期奖金支付与当期经营业绩之间不是线性相关关系；③引入奖金银行的现代 EVA 薪酬方案是一种非线性的薪酬方案。这意味着奖金银行在“让财产承受风险，使经营者成为所有者”（埃巴，2001）的同时，能够克服现代 EVA 薪酬方案与 Δ EVA 呈线性关系的不足，有利于激励经营者持续不断地改进业绩。

2. 杠杆股票期权的形式

与传统的期权激励相比，杠杆股票期权的显著特点是：①传统的股票期权的执行价格是股票当前的市场价格，而杠杆股票期权的执行价格则要随每年企业资本成本的变化而上升，这种上升意味着只有当企业权益价值增长超过执行价格增长时，管理者方可获得额外的收益分享，也就是说，如果在期权有效期内，股票价格没有产生高于企业资本成本的收益率，则期权是没有价值的。②杠杆股票期权方案与企业的EVA 奖金计划相联系，即某一年份基于杠杆化的EVA 期权计划与当年 EVA 奖金支出直接相关，一旦确定了奖金数量，管理者除了现金奖励外，还有大量的公司股票期权，因此管理人员只有在经营活动中实现了 EVA 改善，才有资格分享公司获得成功的利益。也就是说，在杠杆股票期权形式中，持续保持企业资本效率的提高和不断实现 EVA 的改善，是企业管理人员从股票期权长期升值中获取利益必须同时关注的两个重要目标。

4.2.3 思腾思特的 EVA 奖金计划

前述两种 EVA 薪酬形式的设计各有特点，但大量的研究报告表明，在实践中具有广泛影响的是基于 EVA 的奖金银行形式，而在这方面以思腾思特咨询公司设计的“EVA 奖金计划”最具代表性（格拉斯曼和华彬，2003）。它的基本做法是：①把EVA 增长数额的一个固定比例作为奖金支付给管理者；②奖金随EVA 的增长而增长，上不封顶；③建立奖金库，将管理者每期获得的奖金存入库中，定期以一个不变的比例支付给管理者；④遇到 EVA 减少年份，可以用奖金库中的奖金弥补损失（埃巴，2001）。

EVA 奖金计划有五个方面的特点。

1. 只对 EVA 的增加值提供奖励

这是一种把奖金数量与管理者为股东创造的财富联系起来的方式，其设计思想是使代理人与委托人的利益趋于一致，使管理人员能像所有者那样思考和行为。对管理者和员工来说，这种做法最具吸引力的地方在于，它可以以一种十分容易理解的方式为他们提供“增量”激励，也就是让他们清楚地知道，他们将分享自己创造的财富。因此，为了提高公司的 EVA，管理人员将会大力削减那些不需要的支出，以及在不增加资本成本的情况下增加利润；他们会将非生产性资产转变成现金，将其用于重新投资或分配给股东；他们将进行资本投资，加快发展那些盈利的业务；他们将努力选择资本成本最低的财务战略（李小平和何燕，2008）。

2. 奖金不设上限但有负值

同传统的奖励制度相比，EVA 奖金计划所涉奖金的变化区间会更大。传统的奖励制度通常会设定奖金的上限或临界值，这使激励制度发挥作用的范围在全部可能的业绩表现中相对狭小。当管理者预见业绩要到达上限时，他会放慢甚至停止对业绩的追求，因为他不会因为更好的业绩而获得更多的奖励；当管理者预见业绩要低于上限时，他有可能使经营业绩变得更差，因为他不会因此而受到惩罚，反而在下一经营周期会有一个容易实现的目标基数。但在 EVA 奖金计划中，管理人员得到的份额是没有限制的，有可能远远超过奖励的固定部分，也有可能是负数（图 4-2），这种变化幅度大的奖金制度，会使激励机制产生的效果更充分，财富杠杆的效应更大（埃巴，2001）。

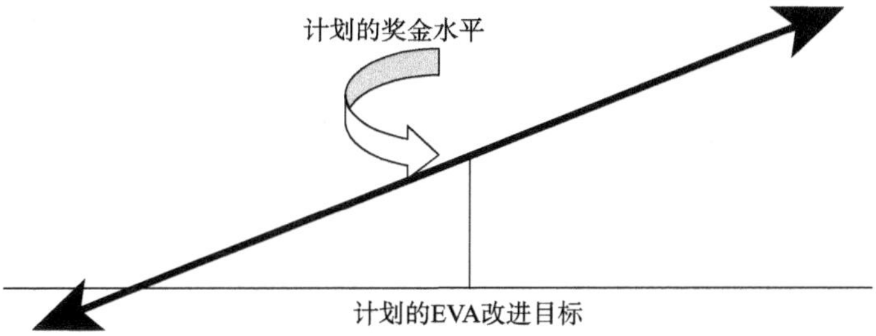

图 4-2　EVA 奖金计划

3. 设立奖金银行

EVA 奖金制度最突出的特点是设立奖金银行，其运作方式是，开设奖金银行的管理者个人账户，每年存入其所得的正值奖金，扣除负值奖金；每年依据账户余额的约 1/3 的比例向管理者支付奖金；未支付的奖金一并累积结转到下一年度。这一做法的明确信息是，经营者要想获得奖金，就要使企业的 EVA 得到持续改进，这将促使经营者密切关注企业未来的长期发展；它也可以平抑企业发展周期中容易出现的“高峰”和“低谷”的奖金支付，降低优秀管理者的去职风险，因为管理人员一旦离职，其个人账户中尚未提取的奖金就会随之失去。

4. 按 EVA 改善的计量公式确定业绩指标，而不是通过谈判

当管理者的 EVA 实际改善值达到目标改善值时，他就能得到相应数额的目标

奖金。这好像与传统奖励制度的业绩指标类似，其实它们在两个方面存在明显区别：第一，在EVA奖金计划中，每年度的EVA改进目标一般5年左右时间确定一次，而不是一年谈判一次；第二，随着EVA实际改进的变化，计算EVA计划改进目标的基数每年自动调整一次，按照最简单的奖金计算公式，新的一年的EVA计划目标被设定为上一年创造的EVA。这意味着，如果EVA保持现有水平，管理人员每年得到目标设定的奖金；如果EVA完成情况比改进目标还要好，管理人员有资格获得大笔超额奖金，这样，他们也希望把下一年的EVA目标定得高一些，不用争论和讨价还价。也就是说，按这样的公式计量，管理人员能够持续得到额外奖金的唯一方式是不断增加EVA。

5. 限制性因素少

EVA 奖金计划不依赖股票市场而能直接发挥作用，它可以在上市公司实施，也可以在非上市公司实施；它可以在科技含量高、成长性好的公司实施，也可以在其他一般性公司实施。需要考虑的是，对于不同的行业，或公司发展的不同阶段，应选择不同的奖金计算公式，如在成熟的行业，由于EVA不可能迅速提高，奖金的计量可用简单的计算公式；在大多数行业，由于市场会预期公司EVA的持续增长或偶尔变坏，奖金计算公式则必须考虑市场对EVA的预期改进或者恶化的因素，以确定合理的EVA改进目标；同时，EVA奖金计划不是只针对管理层设计的，它具有普适性，即公司的所有员工都可以参与奖金计划，因为EVA可以分解为公司各阶层管理者和员工各自不同的工作目标和任务，并与其薪金报酬直接挂钩（李小平和何燕，2008）。

4.2.4 EVA激励机制的实证效果

1. 国外的实证研究报告

以思腾思特咨询公司的“EVA奖金计划”为代表的EVA激励制度的兴起虽然只有20多年的时间，但它的理念和做法正在被越来越多的国内外企业管理者所认识和运用，尤其是国外公司的管理者。据统计，现在全球有400多家著名大公司在应用EVA奖金制度，如可口可乐、通用电气、高盛公司、西门子、美国邮政总署等，根据《财富》杂志编辑 Al. 埃巴在《经济增加值》一书中的实证材料，这些公司在近几年都因实施EVA管理模式而获得了惊人的业绩（埃巴，2001）。以下是来自美国企业业绩的几份研究报告，它们证实了应用EVA激励制度的企业在股票市场上的超额表现。

奥克兰大学教授罗伯特·克莱曼将70家应用EVA机制企业的股市表现与一

组规模相似的同行业企业进行了比较。克莱曼教授发现，EVA 机制企业宣布开始应用 EVA 机制的年度平均财富创造比同行业企业高出 2.9%，正式应用的首个年度高出 12%，而第二个年度则高出 12.2%（格拉斯曼和华彬，2003）。

思腾思特咨询公司对 EVA 应用超过 5 年的 66 家客户企业进行了类似调查，并对每个应用 EVA 机制企业选取了一个规模相似的同行业非 EVA 应用企业作为对照。对这样两个样本组（EVA 企业组和非 EVA 企业组）的比较分析表明，斯特恩—斯图尔特 EVA 应用企业在 5 年内比同行业竞争者多创造了 49%的股票市场价值。其中，EVA 激励薪酬机制对企业的财富创造至关重要（格拉斯曼和华彬，2003）。分析表明，应用 EVA 但未将其纳入薪酬体系的 10 家企业只比同行业竞争者多创造了 1%的股票市值；与之相对应的是，应用斯特恩—斯图尔特 EVA 激励计划的 31 家企业比同行业竞争者股票市场价值高出 84%；还有 25 家应用修正后的 EVA 激励计划的企业创造了 33%的超额回报（格拉斯曼和华彬，2003）。这一调查分析结果见表 4-1。

表 4-1　EVA 企业与非 EVA 企业财富创造比较

企业	股票市场价值表现（以非 EVA 应用企业为基数）
非 EVA 应用企业（66 家）	100%
EVA 应用企业（66 家）	149%
其中：未将 EVA 纳入薪酬体系企业（10 家）	101%
将 EVA 纳入薪酬体系企业（31 家）	184%
调整 EVA 薪酬计划企业（25 家）	182%

注：调整后的 EVA 激励计划企业的财富创造比同行业竞争者高出 82%，它是 49%与 33%之和，与非 EVA 应用企业 100%基数相比，即为 182%

思腾思特咨询公司与海奇特基准评估集团（hackett benchmarking group）联合进行过一次调查，全球大约有 60 家企业完成了超过 100 项的问卷调查，调查数据提供了关于公司治理的综合观点，内容涉及公司业务规划、投资项目评估、财务成本管理、薪酬激励机制等方面。思腾思特咨询公司的创始人之一大卫·格拉斯曼对该调查结果进行了分析，以确定出股市表现好的企业有哪些重要的管理实践。分析显示，15 家表现最优企业有以下 10 个共同点：①管理层的决策是以长期的经济价值而不是短期的利润影响为依据；②在所有的管理流程中，考虑资本成本的价值导向型指标是一致的重点；③项目的评估、投资均严格按照其经济价值进行；④所有商业决策都考虑了资本成本因素；⑤中层管理人员对业务和财务有深刻的认识；⑥销售与运营部门之间协调有力；⑦管理层经常果断削减不良资产和表现差的员工；⑧应用激励计划灌输、强化所有者文化意识；⑨奖金计划以关键的价值衡量标准为核心；⑩奖金数量上不封顶，但存在保证业绩持续增长的约束机制（格拉斯曼和华彬，2003）。

进一步分析表明，EVA 激励体系实质上包含了以上最优企业的关键管理特性。上述调查中的前 15 家业绩领先企业拥有以上特性，在过去 5 年中的平均股市回报超过其他 45 家企业一倍多，这些成功企业能为各级员工创造更多机会，有更多财富可以回报投资者，并能保证更安全的工作环境。结论是，企业的所有利益相关者都能从 EVA 激励中获利（格拉斯曼和华彬，2003）。

2. 国内的实证研究状况

EVA 理念是在 1999 年前后开始陆续系统地被引入中国的，2001 年，思腾思特咨询公司也开始进入中国，在上海成立了中国公司。其后，青岛啤酒股份有限公司、东风汽车集团有限公司、中化国际贸易股份有限公司、宝钢股份有限公司等陆续成为思腾思特中国公司的客户。其后，虽然思腾思特咨询公司因不适应中国市场而退出中国[①]，但仍有一批中国企业在完全没有思腾思特咨询公司提供咨询的背景下开始了 EVA 管理实践，包括 TCL 集团股份有限公司、许继集团有限公司、中国移动通信集团有限公司、华为技术有限公司、春兰集团、中兴通讯股份有限公司等。黄卫伟和李春瑜（2005）对 TCL 集团股份有限公司、深圳市华为电气技术有限公司、许继集团的 EVA 管理实践做了研究，但主要是对 EVA 做法的描述和归纳，没有从实证上解释 EVA 激励在这些企业中有何成效。

由于国务院国资委对中央企业进行 EVA 考核始于 2010 年，推行时间比较晚，所以关于检验中央企业 EVA 考核成效的实证研究还不多，目前的研究主要集中在 EVA 考核是否有利于治理中央企业过度投资的问题上，如张先治和李琦（2012）从公司治理的角度展开研究，认为实施 EVA 考核能够抑制央企的过度投资行为；刘凤委和李琦（2013）引入了市场竞争变量，认为市场竞争环境的差异对 EVA 抑制过度投资的效果存在显著影响；池国华等（2013）以 2010~2012 年的国有上市公司为研究对象，考察了 EVA 引入对国有企业价值创造的影响后果及其影响机理，认为国务院国资委经过本土化改造的 EVA 办法对国有企业过度投资的抑制和企业价值的提升具有显著的作用。从研究结果看，国内的研究尚未得出明确结论，而结合我国制度背景，针对中央企业 EVA 考核实施经济效果的研究少之又少，直接基于 EVA 考核对国有企业价值创造影响效果的实证研究更是匮乏。

---

① 思腾思特中国公司退出中国时，与本土的远卓管理顾问有限公司签订了合作协议，将其 EVA 咨询的业务移交给了远卓管理顾问有限公司。

4.3　EVA 激励机制与股票期权和年薪制的比较分析

如前所述，根据是否考虑EVA 理念和方法的约束，薪酬激励可分为非EVA 约束的激励机制（E_O）和 EVA 约束的激励机制（E_E）。非 EVA 约束的激励机制的方式比较多，但运用较广、影响较大的是股票期权和年薪制。EVA 约束的激励机制则以斯特恩—斯图尔特公司推出的 EVA 奖金制度最有代表性。所以，本节主要就 EVA 奖金制度与股票期权和年薪制进行比较分析，分析的重点是激励机制应实现的基本目标。

4.3.1　股票期权的内涵和特点

从一般意义上讲，股票期权指的是将股票作为标的资产或商品的期权，它是期权的一种特有形式。这里的股票期权（executive stock options，ESO），是指企业资产所有者针对管理层或技术开发人员所采取的一项薪酬奖励办法，它是作为激励方式被提出来的。具体而言，它是经公司股东大会同意，将预留的已发行、未公开上市的普通股股票认股权作为“薪酬组合”中的一部分，有条件地授予公司高层管理人员及有突出贡献者，以期最大限度地调动管理者和特殊员工为企业创造业绩的积极性；它赋予授予对象一个选择权，即授予对象可在预先规定的时间内（通常在 5~10 年内）以预先约定的价格购买一定数量公司股票，持有这种权利的管理者可以在规定的时间内行权或弃权。在行权以前，股票期权持有人不享有该股票的任何权利；行权以后，个人收益为行权价格与股票市场价格的差额；管理者可以自行决定在任何时间出售行权所得的股票。

股票期权应用于激励管理者开始于 20 世纪 50 年代初，1952 年美国 PFIZER 公司推出第一个经理股票期权计划。从 20 世纪 80 年代开始，美国实行股票期权计划的企业数量稳步上涨，每年约有七八百家企业加入这个行业中来。特别是 90 年代以来，股票期权制度在西方企业更是得到了广泛的应用，有资料表明，目前股票期权数量在这些公司总股本中所占比例，总体达 10%，有些计算机公司则高达 16%；股票期权在“薪酬组合”中所占比重远远超出其他类型的激励形式，1998 年美国高级管理人员薪酬结构中，工资占 36%，奖金占 15%，股票期权占 38%，其他收入占 11%。另有资料显示，目前美国最大的 350 家公司中，有 30%实施了股票期权计划，这些公司中首席执行官总收入的 60%以上来自股票期权（李小平，2006）。

1997 年，我国企业第一次使用股票期权制（陈清泰和吴敬琏，2001），此后，股票期权激励模式有所发展，出现了北京模式、上海贝宁模式、武汉模式等。但由于当时法律规定的限制和资本市场的不成熟，股票期权一直处于争论、试点探索阶段，无法得以广泛推行。直到 2005 年，当“完成股权分置改革的上市公司可以实施管理层股权激励”的规定明确[①]，《中华人民共和国公司法》《中华人民共和国证券法》对股票回购、股票发行和高管任期内转让股票等进行了修订，特别是《上市公司股权激励管理办法（试行）》出台以后，股票期权激励机制的推广才有了环境基础和制度保障。但是，由于股票期权在我国实际应用时间较短，上市公司中真正实施股票期权激励的还不多。据资料，截至 2011 年底，我国共有 319 家公司公布股权激励方案，占沪深上市公司总数的 13.6%（汪程和吴君民，2013），这与美国等西方发达国家相比，有不小的差距。但是，总体上看，从 2006 年实施该项激励政策以来，采用股权激励方式的上市公司数量表现出明显的递增趋势（丁保利等，2012）。

股票期权作为一种应用广泛的激励机制，它有以下几个特点。

1. 强调的是一种权利而不是义务

当公司管理者被授予股票期权后，意味着管理者享有的是一种权利，即他可以视公司股票在市场上的表现而决定行使权利还是放弃权利，如果公司的经营业绩良好，股价呈上涨趋势，享有该权利的管理者可行使权利取得股票，从而获得股票行权价格与市场价格的差额收益；如果公司的经营状况不佳，股价下跌，持权者可以不行使取得股票的权利。这就是说，股票期权激励机制的设计主要基于一种良性循环的预期，即授予股票期权—持权者努力工作—公司业绩提高—公司股票价格上涨—持权者行使期权获利—持权者更加努力工作。正因为如此，股票期权被视为一种能有效解决两权分离下的代理问题的长效激励机制（杨娅婕，2002）。

2. 着重于奖励而不是惩罚

如前所述，如果管理者将公司经营得很好，使股价上涨，管理者会通过执行股票期权而获得可观的收益。这是对管理者的奖励，正是这种奖励激励着管理者更加努力地工作，特别是预期股票期权给管理者带来的收入巨大时，其激励作用会更大，如 1995 年美国最大 362 家公司首席执行官股票期权收入平均增长 44.9%，达 209.27 万美元；1996 年，标准—普尔 500 家公司的首席执行官股票期权收入平均增长 66%，达 348 万美元；1998 年，美国通用电气公司总裁韦尔奇的年收入高达 2.7 亿美元，其中股票期权所得收益占 96%；但是如果经营得不好，

---

① 中国证券监督管理委员会. 关于上市公司股权分置改革的指导意见（证监发[2005]80 号），2005-08-23.

股价不断下跌，甚至比股票行权价格还低，这时管理者只需放弃执行此期权，不会有什么实际损失（李小平，2003c）。

3. 行权时间有延期的限制性规定

通常情况下，为了降低管理者的去职风险，留住专业人才，许多公司规定股票期权不可在赠予后立即执行，持权者只有在股票期权授予期结束后，才能获取行使权。股票期权的行权权一般按照授予时间表分批进行，行权权的授予时间表可以是匀速的，也可以是加速的，公司授予时间因获受人身份不同而不同。大多数公司的做法是，规定在期权授予后五年之内，持权者不得行使期权；第五年到第十年，可以行使期权。在美国，部分公司的股票期权计划有以下规定：对于已获赠但是按照授予时间表尚不能行权的股票期权，经理人可以行权，但行权后只能持有，不能出售，同时公司有权对这部分股票以行权价进行回购。这样，如果管理者在上述限制期间内离开公司，则他会丧失股票期权，这就加大了管理者离职的机会成本。

4. 授予股票期权的主要依据是财务指标

实施股票期权的公司一般是将公司的管理高层、科研人员和有突出贡献的人员作为股票期权的授予对象。授予这些人员多少股票期权，一般是按每年一次的业绩评定来确定的。业绩评定的标准主要有净利润、每股收益、资产净利率、净资产利润率、净现金流量等现行的财务指标。有的企业也把其上市股票的价格、股票价格的年增长率等反映企业价值变化的指标作为管理者业绩评定的标准。

5. 激励作用依赖资本市场的有效性

股票期权作为一种激励机制，其作用的发挥是以高度有效、结构合理的股票市场为依托的。按照美国经济学家尤金·法玛（Eugene F. Fama）的“有效市场假说”（efficient market hypothesis，EMH）理论，市场有效性依其强弱可分为弱式有效市场、半强式有效市场和强式有效市场三种形式；只有在强式有效市场，股价才能充分反映其所有可能获得的信息，也就是说，只有在有效的股票市场，公司高级管理人员的管理能力和经营业绩才能通过股票市场的价格信息充分反映出来（李小平，2006）。

4.3.2　EVA 奖金制度与股票期权的比较分析

1. 在激励相容方面的比较

股票期权制赋予了企业管理者股票期权的权利，并将这种权利利益的实现建立在管理者努力为企业创造业绩、使股价上涨的基础上，这有利于降低代理成本，克服激励不相容的问题。但是，由于这一机制的设计是以股票市场的有效性和财务指标能真实反映管理者经营业绩为前提的，因而其激励相容的程度会受到很大的限制。因为，一方面影响股票市场的因素有很多，企业的基本面不一定能从股票价格上得到真实反映，如我国的股票市场，由于其发育的时间不长，不成熟的、弱式的市场特征还很明显，股价与业绩之间的关系扭曲是经常发生的；另一方面，现行的反映经营者业绩的财务指标（如净资产收益率、每股收益）忽视了权益资本机会成本的存在，它把出资人投入的资本完全看成无偿的，这显然不符合所有者的利益。而 EVA 奖金制度是完全站在所有者利益的立场去定义企业利润的，把扣除了权益资本（即满足了投资者的最低必要报酬率）后的 EVA 的增长数额作为激励的基础，这使经营管理者清楚地知道，他们增加自己利益的唯一可靠方式就是尽可能多地增加 EVA，即 EVA 的增加与股东财富的增长的关系是正相关的，且这种相关性是直接的，它并不依赖股票市场这只容易扭曲公司业绩的“手”。很明显，在 EVA 奖金计划的激励下，管理者与股东的利益更具有趋同性、协同性。它应该是一种解决委托代理问题、克服激励不相容矛盾的更有效的方法。

2. 在激励程度方面的比较

股票期权之所以能得到广泛应用，表明它在激励管理者创造业绩方面确实有明显作用。不过，需要指出的是，从激励程度上讲，这一机制的激励作用还不充分，它受到两方面因素的约束。一是股票市场“熊市”的约束，试想如果在股市持续不景气、股票期权缺乏赚钱效应的情况下，股票期权能有多大的激励作用？20 世纪 90 年代以来，股票期权之所以在西方国家被广泛应用，是因为它是以美国为主的西方经济持续增长、股市持续繁荣为背景的；而目前我国实施股票期权的企业之所以在上市公司中所占比重比较低（汪程和吴君民，2013），这实际上与我国股票市场从 2007 年底以来一直走低、不景气有直接关系。二是该机制对管理者只奖励不惩罚的做法使管理者得到的奖励不仅与其经营业绩不匹配，而且也表现不出足够大的变化幅度。因为从严格意义上讲，在对待管理者的业绩表现上，奖励与惩罚既是激励的质的差异，也是激励的量的极大程度的变化，如果只奖不罚，那激励的这种差异和变化显然得不到表现，激励的杠杆效应必然会大大降低。而 EVA 奖金计划是把 EVA 增加值的一个固定比例作为奖金支付给管理者，在奖励比例不变的条件下，管理者得到的奖金份额及其幅度只与 EVA 增加数额直接相关，它不会受到股市不景气的限制和影响；并且，EVA 奖金计划提供的奖金没有上限限定，同时又存在负值，这使奖金的变化幅度存在足够大的可能。可见，在激励机制的激励程度方面，EVA 奖金制度比股票期权更能体现激励的充分性要求。

3. 在降低去职风险方面的比较

股票期权在行权时间上所做的延期的限制性规定，能为留住有价值的管理者和专业人才、降低去职风险起到积极的作用，因为一般来说，如果股票期权的升值潜力大，管理者在行权的限制期内离职，其机会成本的确很高。但由于这一机制只奖不罚，意味着它对那些业绩出色的管理人员支付的奖金过少，从激励的公平性出发，业绩出色的管理人员一定会因此感到不公，这种不公会扭曲该机制的激励机理，进而降低其减少去职风险的有效性。在控制管理者去职风险方面，EVA 奖金制度是通过建立奖金库的方式来进行的，由于奖金库是将管理者获得的奖金记入奖金库的个人账户上，每年只按账户中奖金存量的一定比例（如 1/3）支付一次，剩余的奖金作为累积结转到下一年度，因此，奖金库不仅能通过平抑奖金支付水平的波动来降低去职风险，特别对于产业周期性明显的公司，而且对成功的管理人员来说，更是一副“金手铐”，因为积累的奖金越多，有价值的管理人员越不愿意离职（埃巴，2001）。特别是由于奖金库存入的是正值奖金，负奖金将被扣除，这意味着管理者的业绩和奖金之间具有良好的匹配关系，不会降低其减少去职风险的有效性。所以，EVA 奖金制度与股票期权相比较，它对于降低管理者去职风险的有效性更高。

4. 在股东成本方面的比较

在股票期权制度下，企业支付给管理者的是一个期权，是不确定的预期收入，这种收入是在股票市场中实现的，它不同于工资、奖金及其他由公司直接支付的报酬。由此，人们容易认为股票期权不会增加股东成本或者降低股东利益。其实并非如此，理由是，当期权持有者行使期权，从公司购进股票后，市场上的流通股增加，必然摊薄每股收益；由于股票期权的行使价是固定的，持有者可以从股票价格的上升中获利，即使这种上升幅度非常小，以至于根本不能为股东提供最低的投资回报（即不能补偿投资的机会成本）。这就是说，股票期权是股东在管理者还没有为股东创造财富之前就对管理者进行了奖励。可见，股票期权不仅存在股东成本，而且还过于昂贵。在 EVA 奖金制度下，向管理者支付的奖金自然属于股东成本，但这种成本支出对于保障和实现股东利益是非常必要的，也是合乎情理的，因为管理者得到的奖金份额只是EVA 增加值中的一部分，而EVA 本身是扣除了股东必要回报之后的余额。而且，EVA 奖金库的建立除了在降低管理者去职风险上发挥有效作用外，它的核心其实是鼓励管理人员的长期观念，这种长期观念对股东而言，就是持续创造企业财富的观念，它相对于短视的经营之路来说，应该是最好的股东成本的控制方式。因此，我们有理由认为，EVA 奖金制度能平衡好投资者与经营者的利益关系，它使股东成本能够保持在一个合理的均衡位置。

4.3.3 年薪制的内涵和特点

年薪制（annual salary system）是以年度为单位，根据经营者的生产经营成果和所承担的责任、风险确定其工资收入的分配制度。企业经营者的年薪收入包括“基薪”和“风险收入”两个部分。基薪是经营者基本生活需要的保证，主要根据企业经济效益水平（与同行业比较）和生产经营规模，并参照本地区和本企业员工平均收入水平来确定；风险收入是在基薪的基础上，对经营者提高工作绩效的激励，主要根据企业本年度经营效益情况、生产经营责任轻重、风险程度等因素确定。基薪所占比例较小，一般约占整个年薪的30%；风险收入所占比例较大，一般约占整个年薪的70%。年薪的构成用算式可以写成：

$$Y=\alpha+\beta x$$

其中，α 代表固定基薪；x 是相关利润指标；β 是分享系数；βx 是风险收入。α 作为固定基薪，其决定机制与一般员工劳动报酬的决定机制是相似的。但由于经营管理劳动是一种更为高级、复杂的劳动，所以，α 的确定比较复杂，除了要遵守“最低工资能维持生存及劳动力的再生产”的原则以外，它的大小主要决定于三方面的因素：受经营者市场的供求关系的影响，在很大程度上取决于企业家的边际生产力；受经营者机会成本高低的影响，如经营者接受教育和培训所花费的支出及因此而损失的机会收入；受经营管理活动复杂程度和风险程度的影响（李小平和何燕，2008）。

依据企业自身的情况，利润指标 x 可以有三种选择：一是利润总量或利润的年度增加量；二是考核年度利润的计划完成程度指标（实际完成量/计划完成量或实际完成量-计划完成量）；三是销售利润率、资金利润率等相对指标。

分享系数 β 由经营者对企业利润边际贡献大小而决定，其确定也有三种选择：由企业所有者根据企业的具体情况决定；由同行业经营者竞争来决定，在同行业内部实行统一的 β；由全社会经营者竞争来决定，这时的 β 就是社会平均的经营者分享系数，它决定于经营者的管理劳动对利润的社会平均贡献。

年薪制产生于20世纪三四十年代的美国，其设置的初衷是希望将经营者薪酬中的相当一部分与企业经营业绩挂钩，以达到克服因代理问题而产生的经营者的机会主义倾向的目的，经过近一个世纪的发展，经营者年薪制度日臻完善，其作用也越发明显。目前，市场经济发达国家的企业普遍实行这一制度。20世纪90年代，我国开始将年薪制引入国有企业，但最初的年薪制只是简单的固定薪酬与浮动薪酬模式，缺乏理论基础与评价体系，导致实际运行效果并不理想（魏刚，2000）。2003年11月，国务院国资委制定并出台《中央企业负责人年薪制暂行办法》，规定从 2004 年开始，国务院国资委所监管的中央企业全面实行经营者年薪制。相应地，中央企业开始把实现利润作为企业主要年度经营目标，并据此对经营者进行业绩考核管理。我国央企实施年薪制有怎样的成效？高建丽等（2004）学者研究认为，国有企业实施的年薪制做到了对经营者的激励。但有不少学者却认为，这一结论有些为时过早，关于年薪制的理解与应用问题还存在重大的理论与实践误区（张东明，2011）。

2008 年，我国许多上市公司受金融危机的影响，利润大幅下滑，但高管的薪水不降反升，一些金融、电信、石油、烟草等国企高管的年薪远远逾过职工平均工资 12 倍的红线，社会对此的质疑声不绝于耳（郭婧，2010）。在国外，自金融危机爆发以来，一些银行业高管依然享受高薪的现象也成为众矢之的，特别是一些接受政府救助的企业仍在发放高额奖金，引发舆论广泛谴责，要求限制高管薪酬的呼声日益高涨。2009 年 2 月 5 日，美国政府宣布了对华尔街的“限薪令”，凡是获得政府救助的金融企业，高管最高年薪不得超过 50 万美元，随后英国、法国、德国等欧洲国家也采取了类似措施；2009 年 2 月 10 日，我国财政部印发了《金融类国有及国有控股企业负责人薪酬管理办法（征求意见稿）》，规定国有或国有控股的金融企业负责人最高年薪为税前 280 万元；2009 年 9 月 16 日，人力资源和社会保障部会同财政部、国务院国资委等联合下发了《关于进一步规范中央企业负责人薪酬管理的指导意见》，被民间称为“央企高管限薪令”（郭婧，2010）。

年薪制在实践中虽然存在问题，但它仍是一种应用广泛的激励机制。年薪制的特点主要表现在以下几个方面。

1. 年薪制是用于经营管理者的薪酬激励制度

无论是国外还是国内，年薪制设计的出发点都是针对企业的经营者进行激励。发达国家的企业一般在高级管理人员中实行年薪制，包括董事长、副董事长、总经理、副总经理、财务总监、会计主管、总律师和首席经济专家等。一些国家的企业除了在高级管理人员中实行年薪制外，还在中级管理人员，即企业的部门经理中实行年薪制。年薪制的这一应用对象，抓住了现代企业中因经营者与所有者目标函数不一致而存在的代理问题的主要矛盾。一种年薪制只要能够对经营者产生有效激励，可以说就解决了企业代理问题的关键。因为，代理问题从根本上表现为经营者对所有者利益的侵蚀。

2. 年薪制充分体现了经营者的管理责任和劳动特点

在充满竞争的市场经济条件下，经营管理者在很大程度上承担着企业命运的责任，其劳动的复杂性要远远高于一般员工，因此，赋予经营者年薪是对他们从事复杂劳动及其自身人力资本价值的承认。正是因为这样，在美国，公司总裁等高级管理人员的年薪都是相当高的。美国通用汽车公司总裁 1994 年的年薪是 1 000 万美元，1995 年增加到 1 900 万美元；1992 年美国有关机构曾在资产市场总值前 365 家的大公司中进行了调查，表明这些经理的年薪为其公司员工的平均收入的 157 倍（庄文静和杨光，2004）。据资料显示，2008 年，美国 CEO（首席执行官，chief executive officer）年薪是员工平均收入的 34.3 倍，香港为 40.7 倍，新加坡为 44.1 倍，日本为 10.8 倍。

3. 年薪结构中含有较大的风险收入

在年薪的一般构成中，经营者的风险收入通常占年薪的 70%左右。我国《中央企业负责人年薪制暂行办法》规定，企业负责人年薪由基薪和绩效年薪构成，绩效年薪相当于风险收入，它通过对经营者业绩的考核来确定，最低为基薪的 0 倍，最高可达基薪的 3 倍。年薪制中对经营者风险收入的这一较大比例的安排，有利于在责任、风险和收入对等的基础上加大激励力度，使经营者凭借多种要素广泛深入地参与企业剩余收益的分配，同时，使其实际贡献直接反映于当期各类年薪收入的浮动之中，并进一步影响其应得的长期收入。

4. 年薪制考虑的是企业年度的收益

在年薪的构成中，基薪是相对稳定的，经营者的风险收入存在不确定性。因为风险收入是分享系数与相关业绩指标的乘积。因此，在分享系数一定的情况下，年薪的多少取决于当年经营者的经营业绩。如前所述，经营者的经营业绩一般是以相关的利润指标，如利润总额、净资产收益率、每股盈余等来衡量的。在利润指标选定的情况下，如果企业当年实现的利润额大，经营者得到的年薪就高；企业当年实现的利润额小，经营者得到的年薪就低（庄文静和杨光，2004）。

4.3.4 EVA 奖金制度与年薪制的比较分析

1. 在激励相容方面的比较

从年薪制的年薪结构来看，由于年薪的绝大部分属于风险收入，而风险收入在很大程度上又决定于经营者的工作业绩，因此，年薪制对于激励经营者努力提高企业绩效，以克服激励不相容矛盾有积极的作用。但年薪制的这一作用机制实际上隐含了两个严格的条件：一是经营者要市场化，因为只有这样，经营者作为人力资本的价值才能得到真实的反映，其年薪的确定才能有正确的基础；二是对经营者的业绩要有正确的评价标准，否则，所有者的利益必然会受到侵蚀（李小平和何燕，2008）。对于第一个条件，一般来说，在成熟的市场经济国家才成立，像我国这样，市场体系特别是企业家市场很不完善的国家是不具备的，如我国目前在国有企业中所推行的年薪制，其经营管理者基本上是由行政决定的，绝大多数中央企业的董事长、总经理根本没有经过市场的竞争、评价和筛选。因为，国有企业组织任命负责人带有较强的行政色彩，仍然属于党的干部，其任命、更替主要体现党组织的工作需要，商业业绩责任往往不是第一位的（常风林和袁瀛，2018）。对于第二个条件，无论是在理论上还是实践上都存在问题，因为年薪制中用于评价经营者业绩的标准都是现行会计中的利润指标，正如前面所述，利润指标的计量因为未补偿所有者投入资本的成本，有悖于委托人的利益，因而它们不能作为评价经营者业绩的正确标准。由于以上两个条件在现实中的约束，我们不能期望年薪制在解决企业的激励不相容问题上有很大的作为。而我们知道，在 EVA 奖金制度中，经营者所得奖金完全与经营者对 EVA 的创造直接联系，不管经营者是否来自市场，只要能够创造出 EVA，就能得到相应的回报，且这种回报是建立在已对投资者的资本成本进行补偿的基础上，正是基于这种意义，我们说，EVA 奖金制度能够使经营者在创造 EVA 的过程中，将自身的价值与委托人的利益统一起来，它比年薪制更能发挥激励相容的作用。

2. 在激励程度方面的比较

按照年薪制的设计模式，其薪酬水平是上不封顶的，因为在基薪基础上，风险收入按利润指标计算，完成指标越多，激励薪酬越高。从前面谈到的“在美国，为什么公司管理层的年薪要比一般员工的收入高出相当多的倍数”中可以看出，年薪制在激励程度方面具有优势。但是，年薪制在实践中要完全做到上不封顶是很不容易的，因为年薪制是只针对管理层的激励制度，普通员工不能从中获得收益，当年薪制在管理层和普通员工之间造成了巨大的收入差距时，会使员工感到极“不公平”。为了消解这种“不公平”，管理层高额的年薪水平会受到一定程度上的抑制。目前在我国国有企业改制过程中所推行的年薪制，为什么规定绩效年薪在 0 倍基薪到 3 倍基薪之间？这除了年薪制实施的对象没有经过市场的筛选，其人力资本的价值无法正确反映外，恐怕还考虑了职工的心理承受能力。这种对年薪作封顶的限制，必然使年薪制在激励程度方面的优势大打折扣[①]。而

---

① 2009 年 2 月 10 日，我国财政部印发的《金融类国有及国有控股企业负责人薪酬管理办法(征求意见稿)》，规定国有或国有控股的金融企业负责人最高年薪为税前 280 万元。2009 年 9 月 16 日，财政部、国务院国资委等联合下发的《关于进一步规范中央企业负责人薪酬管理的指导意见》，被民间称为“央企高管限薪令”。这两个文件在抑制国有企业高管不合理年薪上有重要作用，但因其是“一刀切”的方式，它对业绩确实非常突出的经营者来讲，肯定也存在激励的负面影响。

从EVA奖金制度来看，由于EVA奖金不存在封顶的限制，经营管理者所得奖金与其贡献的EVA完全呈正相关的关系，这使经营者创造业绩的积极性会得到充分的调动。更为重要的是，EVA奖金制度不是只针对管理层设计的，它对所有员工都适用，即在EVA奖金制度的框架下，人人都能从中得到激励，人人都能分享贡献EVA的好处。也就是说，EVA奖金制度虽然对奖金不予封顶，但却没有来自企业员工“不公平”的不解和压力。

3. 在降低去职风险方面的比较

从年薪制体现经营者的管理责任和劳动特点的角度讲，赋予经营者以年薪，是对其人力资本价值的承认，它有利于防止人才流失，降低经营者去职风险，但如前面所述，年薪制在实践中，由于经营者年薪的变化幅度因受到来自员工“不公平”的压力而上有封顶，这将使经营者的业绩与其收入之间本应存在的对应关系受到扭曲，使业绩突出的经营者容易感到不平和气馁，从而削弱年薪制降低去职风险的作用。特别是在我国国有企业实施年薪制，其降低经营者去职风险的难度将会更大，因为在国有企业经营班子的任命具有较强行政色彩的情况下（常风林和袁瀛，2018），不可能排除任人唯亲和“南郭先生”的现象，实际的情况可能是，业绩不凡的经营者能够得到高额的年薪，业绩平平的经营者也能得到相对高额水平的年薪，这就使年薪制容易“走形变样”，形成新一轮的“平均主义”。在目前大量外资企业“抢滩”中国市场的背景下，具有“平均主义”色彩的年薪制很难限制优秀经营者的离职和流失。但从EVA奖金制度来看，由于奖金的发放与经营者的业绩具有正相关的匹配关系，不存在封顶的限制；而且奖金是通过建立奖金银行来管理的，具有延期支付和“金手铐”的性质，这就使EVA奖金制度对于限制经营者去职风险起到了更为积极、有效的作用。

4. 在股东成本方面的比较

在年薪制中，经营者报酬是以年度为考核计算单位，其报酬水平的高低主要取决于经营者当年的业绩情况，这使年薪制无法调动经营者的长期行为。因为，企业的生产经营是一个长期的过程，企业管理人员时常需要独立地就企业的经营管理以及未来的发展等问题进行决策，如企业购并、企业重组及重大长期投资等。这些重大决定给企业带来的影响是长期的，但在执行计划的当年，企业财务反映的大多是执行计划的费用，计划带来的收益可能很少甚至为零，那么出于对个人利益的考虑，管理者可能倾向于放弃那些有利于企业长期发展的计划。年薪制这种无法调动经营者长期行为的属性，实质上隐含着牺牲投资者的长远利益，因此，实施年薪制的股东成本并不仅仅包含年薪本身，投资者长远利益的牺牲肯定是更高昂的代价

（李小平和何燕，2008）。另外，在我国这种经营者市场还未成立、所有者还无法对经营者作正确选择的条件下，国有企业经营者的年薪高于其自身人力资本价值的状况是会大量存在的，这也会造成股东成本的增加。而在 EVA 奖金制度下，对经营者奖金不作封顶的限制，从表面上看，这会增加股东成本，但由于这里的奖金是经营者通过创造 EVA 而得到的，且 EVA 是已经补偿了股东权益资本成本后的剩余，因此，对投资者来说，把 EVA 奖金作为股东成本实际上是合理的、值得的（李小平，2006）。同时，EVA 奖金制度只对 EVA 的增加值提供奖励，这必然促使经营者追求企业的持续经营和长远发展，从这个意义上讲，EVA 奖金制度会使股东避免付出因经营者的短期行为而牺牲长远利益的高额成本。

总之，从激励机制应该实现的四个基本目标来看，EVA 奖金制度比股票期权、年薪制更具有有效性，即 E_E 对企业激励机制优化的解释比 E_O 更有力量。可见，EVA 理念可以优化国有资产保值增值激励机制的假设是成立的。这一结论，对我国在对国有企业改革的深化中，如何选择和创建激励机制具有启示和借鉴意义。

4.4　基于 EVA 的国有资产保值增值激励机制的设想

由前述可见，基于 EVA 理念和方法建立国有资产保值增值激励机制具有十分重要的实践价值。但由于我国国有企业的类型较多，情况复杂，在这里我们不提出针对不同类型国有企业的不同 EVA 激励模式，只是从总体上提出创设基于 EVA 的国有资产保值增值激励机制的基本思路，同时指出 EVA 激励机制在国有企业应用可能遇到的难点。

4.4.1　国有企业 EVA 激励机制建设的现状

1. 央企引入 EVA 考核的背景

2003 年 11 月~2009 年 12 月，国务院国资委先后颁布实施了《中央企业负责人经营业绩考核暂行办法》（国务院国资委令第 2 号、17 号）、《中央企业负责人年度经营业绩考核补充规定》，对中央企业负责人进行了六个年度和两个任期的经营业绩考核。《中央企业负责人经营业绩考核暂行办法》及其配套文件的出台和实施，对完善国有资产的监管，推动中央企业改革，促进国有资产保值增值发挥了重要作用。但是，面对日益变化的新形势、新挑战，这一考核办法面临着不少问题和难点。主要问题是，伴随着我国国有企业规模的迅速扩张，国有企业的投资效率低水平日益凸显，作为特殊的国有企业，中央企业投资低效和规模扩张冲动的问题更加突出（刘凤委和李琦，2013）。根据国务院国资委公布的中央企业经营情况数据，2010 年底中央企业平均净资产总额为 9.56 万亿元，比 2009 年增长 13.9%，同年中央企业平均净资产收益率为 9.5%，仅比 2009 年提高 1.9 个百分点（池国华等，2013）。由此可见，中央企业净资产收益率的增长速度远低于其规模的扩张速度，投资效率仍处于较低水平，进而影响了国有企业的价值创造。这说明，《中央企业负责人经营业绩考核暂行办法》的实施对国有资产保值增值的提升效果还不理想，对中央企业负责人价值创造理念的强化还不深入。为此，国务院国资委进一步对《中央企业负责人经营业绩考核暂行办法》进行修订，于 2009 年 12 月 28 日，发布了新的《中央企业负责人经营业绩考核暂行办法》（国务院国资委令第 22 号）。

新的《中央企业负责人经营业绩考核暂行办法》的重点是，从 2010 年开始，对所有中央企业实施 EVA 考核，目的是突出企业的价值创造，解决当前中央企业管理层投资决策中存在的不利于股东价值回报的问题，以确保国有资产保值增值。新的《中央企业负责人经营业绩考核暂行办法》有四个主要特点：①强调“资本纪律”的强约束，EVA 的计量须扣除全部资本成本，并将权益资本的机会成本统一设定为 5.5%；②强调会计调整的必要性，目前只要求对研究开发费用、非经常性收益和在建工程等五个项目进行调整；③强调突出主业的理念，暂时将非经常性收益减半扣除；④强调 EVA 改善值的奖励，在计算考核分值时需要将 EVA 实际值与目标值进行对比。从中可以看出，国务院国资委引入 EVA 考核的目的反映在三个方面：一是通过全部资本成本的扣除约束中央企业投资行为，引导其加强经营规划，谨慎扩张、稳健投资；二是通过非经常收益的减半扣除促进中央企业围绕主业进行投资与经营，集中力量做强主业；三是通过研究开发费用与在建工程等五个项目的调整鼓励中央企业注重长远发展，不断提升可持续发展能力（池国华等，2013）。

2. 央企 EVA 激励存在的问题

从中央企业自 2010 年开始，全面实施 EVA 考核的情况来看，不少学者对其成效做了充分的肯定。池国华等（2013）通过实证研究，明确认为 EVA 考核能够提升中央企业的价值；张先治和李琦（2012）从公司治理角度，研究发现 EVA 考核的实施能够抑制央企过度投资的行为；杨秋玲（2012）以 2011 年国务院国资委公布的 121 家中央企业 EVA 大考成绩为据，描述了 EVA 在央企的动态增长。但也有学者指出，实际中央企业的 EVA 考核还存在许多问题（赵治纲，2011；杨扬和陈富永，2012；郝加加，2013）。但是，这些问题大都集中在

EVA 作为央企业绩考核工具的不完善上，如资本成本率“一刀切”的问题，会计调整在不同行业缺乏自由度的问题，EVA 在不同规模央企间不易比较的问题，等等，而对 EVA 考核中存在的激励不足、激励机制不完善的问题涉及较少（杨秋玲，2012）。如果从 EVA 不只是业绩考核指标，更应该是激励机制来认识 EVA 在央企的应用，央企 EVA 激励存在的问题比较明显。

首先，没有建立基于EVA的国有资产保值增值率指标，这使央企的EVA激励缺少完善的、为所有者创造财富的评价标准。央企引入 EVA 考核，这在价值创造的所有者目标引导上是一大进步。但现行的央企 EVA 考核指标很单一，只是在央企负责人的年度考核中纳入 EVA 指标，而在央企负责人的任期考核中仍沿用传统的、未考虑 EVA 的国有资产保值增值率指标。如果完全站在国有资产出资人利益的立场思考问题，央企 EVA 激励机制的实质是国有资产保值增值机制，即必须通过建立基于EVA的国有资产保值增值率指标来考核央企负责人，否则，EVA激励的标准是有严重缺失的。

其次，基于 EVA 对央企领导人的激励十分有限，这主要体现在对央企负责人职务任免和薪酬发放的制度上。2010 年全面实施的《中央企业负责人经营业绩考核暂行办法》（国务院国资委令第 22 号），明确规定了把经营业绩考核结果作为央企负责人任免的重要依据，但 EVA 作为年度考核的基本指标之一，其权重只占 40%，这表明 EVA 指标的完成情况与职务的任免并非完全挂钩。在薪酬发放方面，该办法并没有推行不封顶的EVA奖金制度，EVA考核的激励效果受到了很大程度地限制；同时，实际中的薪酬激励也没有完全依据 EVA 的实现等级来兑现，说明该办法普遍存在软约束的情况。

最后，EVA 考核的覆盖面很窄，对象只有央企负责人，这使考核的广度和力度都不充分。也就是说，央企的 EVA 激励制度针对的都是高层管理者，对于央企其他层次的管理者和员工并没有制定相应的 EVA 薪酬激励措施，即使是一些为企业 EVA 的创造做出了特殊贡献的中层管理者和员工，他们也不能分享到创造 EVA 所带来的好处。

总体来说，在实践中，央企 EVA 业绩考核实质上没有与激励机制有效挂钩，管理者和员工为所有者创造 EVA 的积极性和主动性并没有被充分调动起来，这对引入 EVA 考核要实现的价值目标而言，无疑还存在相当的距离。对此，国务院国资委已有正视，并已开始考虑在全面实施EVA考核以后，将研究以EVA考核为基础的中长期激励方案，目前正在探索与 EVA 紧密挂钩的、包括关键人才在内的任期激励和中长期激励机制①。

---

① 国务院国有资产监督管理委员会. 关于以经济增加值为核心加强中央企业价值管理的指导意见（国资发综合〔2014〕8 号），2014-01-10.

4.4.2　基于 EVA 的国有资产保值增值激励机制的基本思路

1. 确立基于 EVA 指标的业绩评价体系

确立基于EVA指标的业绩评价体系，这是建立国企EVA激励机制的第一步。基于 EVA 思想，EVA 指标的确立要着重体现四个基本要求。

（1）多元性。EVA 指标的业绩评价不是一个单一的指标，应该是一个 EVA 的指标体系。这之中，要有反映 EVA 实现规模的 EVA 绝对数指标，也要有反映 EVA 实现相对程度或平均程度的 EVA 相对指标或平均指标。前者，如 EVA 总额、EVA 增长量（ΔEVA），后者，如资产 EVA 率（EVA/资本总额）、净资产 EVA 率（EVA/净资产）、每股 EVA（EVA/股份总额）、基于 EVA 的国有资产保值增值率等。这些指标共同构成 EVA 指标体系，分别从不同的角度和侧面反映企业价值的创造和股东资本的效率，有利于对企业经营业绩进行多元比较和全面评价。例如，我们如果只使用 EVA 绝对数指标来评价企业经营业绩，而不联系其使用了多少资产，也就是不计算资产 EVA 率指标，那资本的运营效率是没法说明的，不同规模企业的业绩也无法进行有效比较；又如，作为企业出资人，最关心的不是财富增加了多少，而是财富相对于投资增加了多少，也就是站在国企所有者的角度来评价经营者业绩，他最在意、最关注的不是 EVA 绝对数，而是反映投资回报的净资产 EVA 率，或基于 EVA 的国有资产保值增值率。当然，在多元的 EVA 指标体系中，EVA 绝对数是基础性指标，因为其他指标的计算都离不开它；而净资产EVA率或基于EVA的国有资产保值增值率指标应是核心指标，因为这两个指标最能体现股东价值论的诉求和愿望。

（2）层次性。EVA 指标可以用于企业整体的业绩评价，也可以用于部门层级（业务单元）绩效的考核和衡量，这解决了价值基础管理的一大难题。因为价值基础管理的有效性很大程度上取决于业绩评价体系能否真正反映企业内部各层次的业绩，层次性使得 EVA 能够广泛渗透到企业活动中去，使全体员工都感受到来自“资本成本”的压力和动力。实践中，EVA 指标至少可分为国企的公司 EVA 和分部EVA（corporate EVA 和 divisional EVA）两个层次。第一，对于公司而言，EVA 计量可以通过利润与资本成本的扣减项得出所需要的结果，在这里，计量该指标实际上是将企业看成一个投资中心，以判断该投资中心给股东创造的价值。第二，对于公司内部的分部或责任部门（含职能部门和生产经营各部门），在明确各部门的责任后，将其作为EVA 中心，来计量各 EVA 中心对公司整体价值的贡献程度。例如，营销部门一方面要对企业的销售收入负责，要对应收账款回收质量与回收速度负责，另一方面还要对该部门的营销费用预算负责。在这种情况下，该中心的 EVA 可以写成：

（销售收入−营销费用预算）−应收账款资产占用量×资本成本

其他部门的 EVA 计量可以采用相同的方法来处理。从理论上讲，公司内部各责任中心的 EVA 之和应等于公司整体 EVA。

（3）简约性。理论上认为，要真正衡量公司或分部 EVA，必须经过大量会计项目的调整。但在实践中，EVA 作为一种理念，可用最简约的方式来确定该数值。管理上引入 EVA 的目的并不是精确地计算该指标，而是通过对该指标值的动态观察来评价管理者的经营业绩，因此，管理者需要从管理角度而非会计角度来对待该指标，以避免指标计算的误区。它要显示 EVA 是如何引导管理者创造价值以及是否创造了价值，而不完全在乎他创造了多少价值。与层次性相联系，简约性也不是没有规则的，它要求在简约计量时，必须将各部门不可控的因素集中在公司总部处理，以便在简约计量的同时，不破坏公司整体 EVA 等于各分部 EVA 之和的规则。当然，按照目前中央企业负责人经营业绩考核中 EVA 的计量办法，会计项目的调整只有利息支出、研究开发费用、非经常性收益、无息流动负债和在建工程等五项，相比较 EVA 的原创体系多达 164 项的调整项目，这是相当简约的，但它因此存在着“一刀切”的局限，影响了指标本身的准确性。实践中，应该让目前的“简约性”具有一定的弹性，考虑处于不同行业、不同发展阶段企业的实际。例如，高新研发的企业与传统制造业企业相比，研发费用会相差很大，这样计算出的 EVA 有很大差别，以此来评判哪个企业效益更高不合适，可以考虑按研发费用占销售收入的比例大小来对企业分类，分别说明研发费用的调整项；又如，有利于企业中长期发展的市场开拓费用、战略性投资等能不能作为调整项也是值得考虑的。

（4）连续性。EVA 是流量指标而不是存量指标，它能逐月显示企业价值的持续增长或降低，因此适合某一会计期间的绩效衡量。连续计量的目的是求得每期的 EVA 增量，通过增量来判断企业是否为股东创造了价值，因此，为了保持连续判断，计量各期 EVA 时必须保证该指标计算口径的可比性或连续性，否则连续计量的结果是没有任何管理意义的。

2. 建立 EVA 奖励基金

在建立 EVA 业绩指标体系的基础上，EVA 奖金可直接根据当年 EVA 的变化值来计算，其计算公式如下：

$$奖金 = M_1 \times \Delta \mathrm{EVA}_t + M_2 \times \mathrm{EVA}_t$$

其中，$\Delta \mathrm{EVA}_t$ 是当年 EVA 的变化值，它等于 EVA_t 与 EVA_{t-1} 之差，EVA_t 和 EVA_{t-1} 分别是当年和前一年的 EVA 实际值；M_1 和 M_2 是分享系数（大于 0，小于 1），M_1 反映了 EVA 的变化值在确定参与人员当年奖金时的比重，且无论变化值的正负，M_1 均取正数；M_2 反映了当年 EVA 值在确定参与人员当年奖金时的比重，如果当年 EVA 为负，或者当年 EVA 为正，但 $\Delta \mathrm{EVA}_t$ 为负，则 M_2 自动为零。

具体地说，EVA 奖金计量会有以下三种情况：①当 $\Delta \text{EVA}_t > 0$，奖金 $= M_1 \times \Delta \text{EVA}_t + M_2 \times \text{EVA}_t$；②当 $\Delta \text{EVA}_t = 0$，且 $\text{EVA}_t > 0$，奖金 $= M_2 \times \text{EVA}_t$；③当 $\Delta \text{EVA}_t < 0$，奖金 < 0。

这一EVA奖金计量方式基本上源于前述EVA薪酬计量的一般方法。但考虑到EVA理念及其管理方法在我国还处于学习和引进阶段这一实际，这里的EVA奖金计量没有顾及许多复杂的情况，而是在一般方法的基础上做了必要的简化。第一，没有设定EVA改善的目标值和时间表，而是确定在考核年度，只要参与者创造了EVA增量，就发放相应的EVA奖金，因为在实施EVA薪酬制度的初期，具有可比性的EVA奖金资料不是很完善，由此要确定合理的、不同时间EVA增量的基本值和目标值是一件十分困难的事情，弄不好会陷入传统奖金制所固有的、对计划目标“讨价还价”的弊端。第二，不是通过引入竞争对手的EVA数据来修正企业外部环境因素对 EVA 的影响，而是通过改变 M_2 系数来进行调整，如当外部环境因素对 EVA 的正值有较大影响时，可以调低 M_2 系数来排除其影响，以尽量反映经营者能力和努力程度的作用。第三，对EVA处于负值的企业，其管理者改善EVA的业绩能够得到充分反映。因为就算企业处于亏损状态，但只要管理者不断降低亏损的程度，其EVA增量就会显示为正数，管理者就会因此得到奖励，这对于效益不佳的许多国有企业来说，很有积极意义。

在EVA奖励基金的创设中，企业按什么比例将EVA给予基金的贡献者？这需要合理确定分享系数 M_1 和 M_2。我们认为，确定 M_1、M_2 至少要考虑以下三个因素。

（1）使风险与收益相对称。一般而言，风险与收益是对称的。显然，企业的董事长、总经理等高层管理者要比部门经理等中低层管理者承担的风险要大得多；企业投资部门、营销部门的经理承担的风险比生产部门的经理承担的风险要大得多，因而前者的EVA分享系数应该大于后者；另外，不同类型的企业和企业的不同部门需要管理者以不同的风险规避态度对待，因此，对于那些需要对风险持谨慎态度的职位，EVA 分享系数应该是相对固定的；对于那些需要对风险持冒险态度的职位，分享系数就应该是递增变动的。

（2）反映企业所在行业的特点。不同企业所在的行业具有不同的特点，这应该通过对 M_1 和 M_2 规定不同的水平来予以区别。例如，对处于稳步增长的成熟行业，如交通运输、制造业、能源类企业，其EVA一般为正值，且发展较为稳定，因此应通过提高 M_1 而降低 M_2 来鼓励管理者创造更多的EVA；对增长缓慢、步入衰退期的行业，如纺织业、钢铁企业，因为这类企业正常情况下只能获得行业的平均利润，EVA 的均值一般在 0 左右徘徊，因此应通过既提高 M_1 也提高 M_2 来激励管理者挖掘创造 EVA 潜力的积极性（李小平，2006）。

（3）依据产品生命周期的阶段。产品生命周期一般分为引入期、成长期、成熟期和衰退期四个阶段。第一，当企业的产品处于引入期和成长期时，大量的资本沉淀于固定资产和营销活动，会导致计算出的EVA偏低。此时，EVA分享系数 M_1 和 M_2 应该适当调高，这既能用客观的EVA反映管理者创造的利润水平，又能用EVA的变化值来反映管理者为提高产品市场占有率和利润水平的努力程度。第二，在成熟期和衰退期，尽管产品的市场占有率和利润都逐渐减少，但由于以前沉淀的资本已经逐渐收回，计算出的 EVA 可能会偏高，此时，可使分享系数 M_1 保持不变，而调低 M_2，这能反映出管理者为维持产品市场占有率和利润水平的努力程度（李小平，2006）。

3. 设立 EVA 奖金银行

管理者的去职风险是客观存在的，但通过设立 EVA 奖金银行以平衡奖金支付的“谷峰”和“谷底”，是可以有效抑制其风险的。这一点，我们可以借鉴思腾思特咨询公司设计“奖金库”的做法，即将管理者每期获得的奖金存入专门设立的 EVA 奖金银行中，采取延期支付的方式（埃巴，2001）。

EVA 奖金银行有“部分”奖金银行和“完全”奖金银行两种方式，在对管理者不设定EVA改善的目标值，因而不存在目标奖金的情况下，EVA奖金银行可以采取“完全”银行的方式。其具体做法是：①每年将管理者获得的全部奖金存入奖金银行的个人账户上，正值奖金被存入，负值奖金被扣除；②按照账户中奖金余额的一定比例（如 1/4 或 1/3），每年支付一次；③剩余的奖金作为累积结转到下一年度；④如果管理人员离职，将自动失去奖金银行中尚未提取的奖金（李小平，2006）。

如前所述，考虑到EVA激励方法在我国的应用还处于初步阶段，EVA奖金的计量可以不涉及 EVA 改善的目标值等复杂情况。但当考核可以深入，并对管理者设定了 EVA 改善的目标值，即存在目标奖金的情况下，EVA 奖金银行可以采取“部分”银行的方式。也就是对完成EVA改善目标值而得到的目标奖金部分采取EVA奖金银行方式；对超额完成EVA改善目标值而得到的超额目标奖金部分可直接发放，不进入EVA奖金银行。对进入EVA奖金银行的目标奖金的支付，可以参照上面“完全”银行的管理方式。

当然，EVA 奖金银行这一做法的实际效果要与国企管理者的市场化选择联系起来。如果国企负责人的去留依然是目前行政化的决定方式，EVA 奖金银行的设立是没有实践意义的。因此，EVA 奖金银行的设立隐含着国企负责人市场化选择这一假定条件的具备或改革的并行。

4. 构建 EVA 激励的管理系统

该管理系统的构建，是指以EVA为核心理念来构筑一个驱动EVA价值创造的管理控制体系。其基点是，在建立EVA业绩指标体系的基础上，通过EVA奖励方案和EVA奖金银行来促使管理者和员工自觉去进行价值发现和价值创造，在客观上为股东创造财富的同时，提高财富杠杆率，为股东价值增长找到长远的驱动路径（袁琳和王斌，2004）。EVA 激励管理系统可用图 4-3 表示。

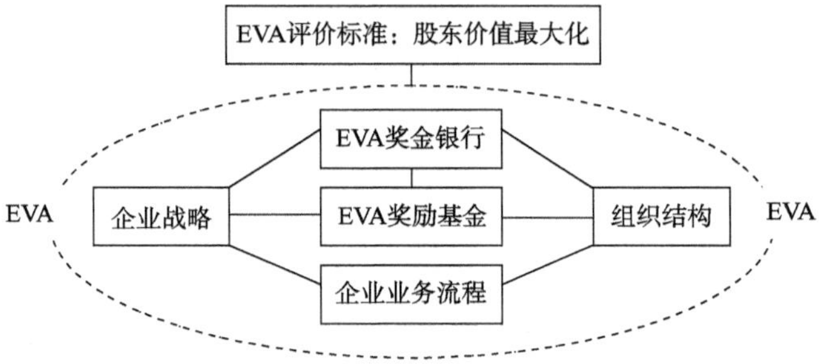

图 4-3　EVA 激励管理系统

在此机制下，EVA 的价值管理思想融入企业组织设计与流程规范中，企业整体的管理机制都服从于 EVA 的核心理念，广泛渗透于企业各个管理结构和组织中。此时，企业的“战略”“组织”“绩效评价”等都发生了质的、根本的变化，这一变化是促使企业在单一而明确的目标下，去自觉地寻找围绕 EVA 持续改进的关键价值驱动因素，对战略做出最优决策，对投资做出有效控制，将 EVA 贯彻到日常的运营管理中，最终使管理的全过程高度统一到 EVA 价值创造这一单一而清晰的目标中（袁琳和王斌，2004）。

4.4.3　国有企业 EVA 激励机制的应用难点

EVA 激励机制作为一种先进的薪酬激励思想和有效的薪酬管理工具，在我国具有广泛的应用前景。但这并不等于说，EVA 激励机制在我国国有企业一经介绍和应用，它就能“自然生根、开花、结果”。其实，EVA 激励机制在国有企业的生成与应用还存在许多难点和障碍，对此，我们要有充分的认识。

1. 传统财务会计系统的完善

EVA 激励机制是以 EVA 业绩评价标准的建立为前提的。为了正确计量 EVA，需要做大量的关于 EVA 数据的收集、整理、分析和计算的基础性工作。这之中，重要的是，要对某些会计项目进行调整，以编制经济价值资产负债表；要对权益资本成本进行测算，以计算综合资本成本系数；要对影响 EVA 的成本动因进行揭示，以明确 EVA 的创造中心，等等。但对传统财务会计系统来说，这些工作显然是无法做到的。主要原因有三：①传统财务会计系统的业绩评价标准是以会计利润为中心的指标体系，它不具有 EVA 的价值理念；②传统财务会计系统要遵循公认的GAAP一般会计原则，而EVA的计量则要突破GAAP的约束；③传统财务会计是外部会计，即它的功能是向企业之外的、与企业有利害关系的单位（如投资者、债权人、纳税机关等）传递企业的资产状况及其经营信息，而EVA的计量从根本上属于内部会计，它主要向企业内部的决策者和管理者提供管理信息（尽管EVA的计量要借助财务会计数据，其结果也可以对外发布）（李小平，2006）。因此，国有企业在建立 EVA 激励机制的实践中必须考虑到传统财务会计系统的不适应性，这就要求对现有的财务会计系统进行改造和完善。

如何改造和完善现有的财务会计系统？这里有两种办法：一是在现有的财务会计系统中增加对 EVA 计量的业务要求；二是本书主张的在现有财务会计系统之外新设 EVA 核算机构。第一种办法实际上扩展了财务会计的功能，使财务会计既是对外会计也是对内会计。在一个财务系统中包含两个不同功能的核算内容，可能会带来信息共享的方便和管理简化的好处，但由于这种办法事实上是想将存在核算理念冲突和业绩表达矛盾的两种工作融入一个体系，它在实际中不可避免地会产生怎样协调两者矛盾和冲突的难题，弄不好很容易扭曲财务会计和 EVA 计量各自的功能。第二种办法明显突出了 EVA 核算的独立性，它要求在企业的组织结构中单独安排 EVA 核算机构，培养专门的 EVA 核算人员，这样做是为了强调EVA核算作为内部会计的功能，它能有效避免EVA指标与现行会计指标在应用中的矛盾。当然，这样做一定会涉及企业组织制度和财务管理系统的改革，其难度也是可以预期的，特别对于大型中央企业而言。

2. 集权组织结构障碍的跨越

EVA 激励机制作为管理系统，其运行效率与运行动力来自自我激励，它不是标杆导向型的，而是持续改进型的。在这种逻辑背景下，分权组织会比集权组织为管理者提供更大的空间用以创造价值（这一结论的真实性还有待于进一步证实）。因此，可以得出这样的结论：实施 EVA 激励机制的企业，在内部组织结构上多倾向于分权。另外，据 EVA 实施的成功和失败的案例调查发现，由高度自治的经营部门组成的公司，从 EVA 管理中获利更多，而权利条块分割的企业组织却获利很少。经验表明，当部门主管拥有几乎全部的决策权时，EVA 的效果最好（格拉斯曼和华彬，2003）。

EVA 激励机制之所以在分权组织中的体制效率更高，原因可能是，EVA 的计量包括损益表和资产负债表中所有的会计科目，这个特点也正是它的优点——衡量业绩的“全要素”指标（埃巴，2001）。如果该部门对这些影响 EVA 的要素拥有全面的可控性，知道 EVA 是受何种因素影响，以及这些因素的影响力度和数量大小，并能加以控制，其结果又与自身的长远利益密切挂钩，EVA 的效果就会很显著，这正是责任中心的责权利对称思想的体现。可见，EVA 激励管理系统的成功包含两个重要假定：①部门管理者在运营和投资上有相当大的自主权；②公司拥有成熟的成本分摊和转移定价的可靠体系。

很明显，我国国企建立 EVA 激励体系的实践还须考虑企业的组织体制能否适应，因为我国几乎所有的企业都过于集权，这之中当然包括前面已经谈到的国有企业负责人行政化产生的方式。如果是集权型组织结构，而又要引入 EVA 激励机制，则该组织结构就有一个怎样进行分权改革的问题。但是，企业组织结构的改革显然要比单纯引入 EVA 激励机制涉及更多、更大和更复杂的问题。例如，国有企业负责人去行政化而走市场化选择方式，实质上是一个将选择代理人的权力从国务院国资委分权给市场的问题，这必然涉及国有制的深层改革。而且，需要注意的是，EVA 激励体系并不适合具有以下情形的企业：①需要集权管理的企业；②内部存在大量关联交易、经济活动及分工交易很细的企业；③关联转移定价因为各种因素需要经常变动的企业（李小平，2006）。

3. 普通员工分享制度好处的落实

我们认为，EVA 激励机制的一个显著优点是，它能唤起企业全员的价值意识，具有普遍激励的作用。但是，要使 EVA 激励机制的这一作用能够切实得以发挥，特别是让普通员工也能像管理者一样分享制度的好处，其落实工作十分艰巨。国有企业在这方面主要存在三个约束：一是国企已经实施的薪酬制度，如股票期权制、年薪制，一般是针对管理层设计的，很少考虑对普通员工的激励，这在观念上容易形成对 EVA 激励机制自上而下要求的限制，似乎 EVA 激励也只是针对管理层的，不存在全覆盖的属性。二是在分权体制下，全面实施 EVA 激励机制，必须设立 EVA 中心，即明确不同管理层次、业务单位对 EVA 的责任。这之中除了要清楚界定组织之间的责任外，还要廓清组织内部每一员工与 EVA 的联系，这就涉及对企业价值活动的识别、业务流程的再造、不可控因素的剔除等，这些工作都是具体而细致的，也是很困难的，做不好很容易陷入“博弈”或“大锅饭”的困境，这使 EVA 激励机制在实施中不易贯彻到基层。三是普通员工与 EVA 的联系事实上表现在两个层次：基层单位 EVA 和企业 EVA，因此，普通员工的奖金自然要依据这两个层次 EVA 的增量来获得。但由于普通员工与基层单位 EVA 的关系比较直接，而与企业 EVA 的关系不是很明显，这使普通员工的奖金可能会更多地来自基层的 EVA，从而不能全面分享 EVA 激励机制的好处（李小平，2006）。

在上述三个约束中，比较起来，设立EVA 中心对于贯彻EVA 激励机制的影响最大。根据西方国家的实践，有三种模式可以为 EVA 中心设计提供思路：①创立“群组结构”。如果不同的运营部门之间存在显著的协同关系，就可以将这些部门合并成一个“群组”，作为一个EVA中心，在此层面上考核管理者和员工。该模式鼓励群组主管在组成该群组的各部门之间积极寻求协同，并在群组内解决有关成本分摊和收入分配的冲突。②“事业部交叉挂钩的薪酬”模式。这种模式不谋求将内部交易相关的部门或单位进行合并，但在设计部门激励方案时，考虑相关部门的交互性，以达到捆绑的目的，即将部门的EVA奖金计划和其他部门的EVA奖金计划相联系，如甲部门是设计部门，而乙部门是制造部门，最终甲部门的奖金 60%依据本部门绩效，40%依据乙部门的绩效。当然这也需要两个部门间的谈判和协调。③价值链分析法。该方法是将注意力集中在部门间的作业流程上，通过识别企业的价值活动，了解哪些作业在增加价值，哪些在毁损价值，哪些是价值创造的关键性领域，从而对同类作业的活动进行合并，对非增值作业进行改造和调整，扩大关键性领域的作业。这种方法是按成本驱动因素（cost drivers）来建立各因素与 EVA 的联系，特别能反映企业基层管理者及其普通员工对 EVA 的贡献。

4. 中介服务机构缺失的填补

在国外，EVA 薪酬激励方案的实施离不开众多机构与媒体的参与。以美国为例，有专门从事 EVA 研究、预测与咨询的市场中介机构，如咨询公司、会计师事务所和律师事务所等。美国的财经权威刊物《财富》会在每个企业财务年度的终了，公布由权威机构发布的全美 EVA500 强企业名单及 EVA 财务指标，使得实行 EVA 薪酬激励机制具有极高的透明度，也为一般大众获取公司的经营业绩提供了相应的渠道。而我国由于在 EVA 的理念和实施方面还处于起步阶段，十分缺乏这方面的专业机构和管理人才，这势必会影响 EVA 薪酬激励方案现阶段在国有企业的推广和实施。2003 年 9 月，中国本土最优秀的远卓管理顾问公司和全球最权威的 EVA 咨询服务机构——思腾思特咨询公司正式联手，成立思腾思特—远卓（中国）公司，为中国的企业提供国际水准的EVA价值管理服务。2001年中国财经杂志开始引入 EVA 标准，发表中国上市公司财富创造与毁灭排行榜。但这只表明 EVA 中介机构在我国的服务有了一个开端。要真正使EVA理念深入人心，特别是使 EVA 激励模式做到对企业“量身定做”，必不可少地需要培育一批具有较高业务素质的相关中介机构。

对 EVA 中介服务机构的培育，我们可以从三个方面展开工作：①积极引导国内的券商、管理咨询公司展开对 EVA 的相关研究，甚至成立专业的 EVA 咨询机构、公司，以向国企提供该领域的业务服务；②鼓励 EVA 中介机构到国外参加培训、学习，实地了解 EVA 在国外的运作模式和发展情况，特别是学习国外中介机构在这方面的执业经验，以提升它们在国内的业务能力和水准；③强化相关财经媒体、杂志在这方面的宣传和报道，发挥它们对于国有企业采用 EVA 评价体系和业绩考核体系的舆论监督作用，从而使国有企业的运作向更规范的方向发展。

第5章　EVA与国有资产保值增值机制的资本结构

资本结构作为企业控制权和剩余索取权分配的决定性因素，它是国有资产保值增值机制的基础。本章基于资本结构基本理论，着重讨论EVA对资本结构的重要影响，并通过EVA对资本结构影响的实证分析，阐明EVA理念对国有资产保值增值机制的资本结构决策的重要作用，以回答本书提出的第三个假设：H_3——EVA理念与方法可以优化国有资产保值增值机制的资本结构，最后提出基于EVA的国有企业资本结构优化的模型。

5.1　EVA对资本结构的重要影响

5.1.1　资本结构影响因素的研究综述

资本结构的研究主要集中在资本结构的决定因素和资本结构对企业价值的影响两个方面。前者试图对既存的资本结构做出解释，后者回答是否存在最优资本结构这一问题（邵榕筠，2013）。基于研究的顺序，本节先对资本结构影响因素进行文献综述，资本结构对企业价值影响的研究状况则放在5.3节讨论。

1. 国外学者对既存资本结构的解释

国外学者将影响资本结构的因素归为五类：国家因素、宏观经济因素、行业因素、企业特征因素、公司治理因素。Kester采用国度虚拟变量，并分别用市场价值和账面价值度量负债比例，研究发现，采用市场价值度量时，美国企业财务杠杆与日本企业没有明显差异，而采用账面价值时，美国企业财务杠杆要低于日本（Titman and Wessels，1988）。Booth 等将发展中国家企业的资本结构与发达国家进行比较，研究表明，发展中国家企业的长期负债比率明显低于发达国家（肖作平，2005）。De Angelo 和 Masulis 从理论上解释了通货膨胀会导致更多的负债，因为通货膨胀降低了负债的真实成本（肖作平，2005）。Nejadmalayerz 使用一个 Probit 模型，提供了宏观经济因素能部分解释企业融资选择的证据：利率期限结构影响企业资本结构；随着短期国库券收益的上升，企业可能发行债券而非季节权益；随着长期国库券收益上升，企业发行负债的可能性上升（肖作平，2005）。

Schwartz 和 Aronson 识别出了资本结构中的显著行业差异，且他们发现在所研究的四个行业中，每个行业内的企业具有相似的资本结构（肖作平，2005）。Daly、Bowen 等通过实证检验量化了行业对资本结构的影响，分析发现大约有 27.5%的企业资本结构的变化可以通过企业所处行业的不同来解释（肖作平，2005）。Titman 和 Wessels（1988）从美国劳工部统计局收集了 1974~1982 年 469 家企业的数据，经过因素分析法检验，发现企业的负债水平与企业的独特性负相关，提示了 8 个潜在变量作为决定资本结构的属性，包括资产结构、非债务税盾、成长性、独特性、行业分类（只限于制造业部门）、企业规模、波动性和营利性。Rajan 和 Zinglas 通过对西方七国集团数据的分析，发现企业资本结构由不同国家间的企业特征所决定，并与不同的机构特征有关，还提供了关于资本结构决定因素的详尽实证（陆正飞和辛宇，1998）。

Mehran 从相关行业文件中随机抽取了 1979~1980 年的 124 家制造企业为样本，检验了公司治理与资本结构间的关系。他以长期负债/总资产为杠杆的代理变量，在控制相关的变量条件下（这些控制变量包括成长机会、资产担保值和风险），采用 OLS 估计系数，研究了执行层激励计划、管理者权益投资、董事会和大股东监督与资本结构间的关系。他的研究发现，在激励计划中，执行层总薪酬的百分比与杠杆正相关，表明有较多期权计划的管理者会使用较多的负债；管理者拥有权益的比例与杠杆正相关，这与管理者权益投资能使管理者和股东利益一致的观点相吻合；投资银行在董事会中的比例与杠杆正相关，表明投资银行能有效地监督管理者；外部大股东拥有权益的比例与杠杆正相关，这支持了大股东也是有效的监督者的观点（陆正飞和辛宇，1998）。

2. 国内学者对既存资本结构的解释

国内关于资本结构的研究起步较晚，在对既存资本结构的解释上，更多的是利用沪深上市公司的财务数据进行实证分析。陆正飞和辛宇（1998）采用统计分析方法，按不同行业分组，对我国沪市 1996 年上市公司，计算与资本结构相关的统计指标，以比较分析行业因素对资本结构的影响。研究发现，不同行业的资本结构存在显著差异；营利能力与资本结构负相关；企业规模、成长性、资产担保价值等因素对资本结构的影响不甚显著；营利能力、企业规模、成长性、资产担保价值等四个因素对企业长期负债比率的影响均不甚显著。洪锡熙和沈艺峰（2000）以 1995~1997 年上市的沪市 221 家工业类公司为样本，研究不同因素对资本结构的影响，得出结论：营利能力和企业规模对企业资本结构的影响显著；成长性、企业权益和行业因素对企业资本结构没有显著影响。肖作平和吴世农（2002）以 1996 年 1 月 1 日之前在深圳证券交易所上市的 117 家公司为样本进行研究，结果表明：企业规模、资产担保价值、财务困境成本与负债水平正相关，成长性、非债务税盾、产生内部资源能力与负债水平负相关；国有股本与债务水平负相关；经理人员占董事会人数的比例与长期负债比率负相关；投资额与负债水平的相关性数据没有获得。王娟和杨凤林（2002）以 2000 年沪深市场非金融类公司为研究对象，利用 1999~2000 年 845 家上市公司的财务信息与相关统计数据进行实证研究，结果显示：资本成本 WACC 对资本结构的影响最为显著，且为负相关；营利能力是影响资本结构变化的第二大因素，净资产收益率 ROE 与内部留存收益 RER 对资本结构的影响完全相反，前者为正相关，后者为负相关；非债务税盾 NDTS 是影响资本结构变化的第三大因素；资产担保价值 CF 是影响资本结构变化的第四大因素；成长性与资本结构呈显著的负相关关系。

综上可以看出，伴随资本结构理论的发展历程，国内外学者从相当广泛的角度对资本结构影响因素进行了实证研究。但是，在影响资本结构的诸多因素中，Jensen 和 Meckling（1976）、Titman 和 Wessels（1988）、陆正飞和辛宇（1998）、沈根祥和朱平芳（1999）等的众多研究结果表明：行业因素和企业特征因素对企业资本结构的选择具有更显著的作用。

5.1.2　影响资本结构的主要因素

客观实际中，影响资本结构的因素确实较多，但如果根据影响轻重对其进行梳理，可以划分出具有显著影响的因素（Kester，1986；Titman and Wessels，1988）。在现代主流财务理论中，影响企业资本结构的主要因素除了传统经典理论所说的税收、破产成本、代理成本等之外，还包括行业因素、经营风险、企业规模、企业营利性、企业成长性、税收影响、非债务税盾等（李小平，2006）。

1. 行业因素

不同的行业之所以存在不同的资本结构，主要是因为不同行业所需的资本规模、资产的流动性及行业风险不同。一般认为，高风险行业的负债水平不宜过高，因为高经营风险和高财务风险的组合必然加大企业总的风险；资产流动性高的企业可以高负债，因为高负债的风险可由高流动性资产保障；不同的资本规模影响企业资本结构，因为资本规模过高的企业必然要负债经营。

2. 经营风险

即使是处于相同行业的企业，其经营风险也可能存在不同，因此经营风险也是影响企业资本结构的一个独立因素（Kester，1986）。因为企业的总风险是由经营风险和财务风险两部分构成的，所以要将企业总风险控制在一定的水平之下，倘若企业经营风险过高，则势必要降低企业的财务风险，即企业必须降低债务比率；反之，企业可提高债务比率。这表明，企业在经营状况良好而不是下降的情况下，可提高负债比率。

3. 企业规模

规模大的企业更倾向于且有条件实施多元化经营或纵向一体化（陆正飞和辛宇，1998）。多元化经营可分散企业经营风险，给企业带来稳定收益；纵向一体化能降低市场交易成本，提高企业整体效益。因此大企业收益比小企业更稳定，具有更低的破产成本，因而大企业可较小企业更多地负债。另外，大企业由于所需资本较多，不可能也没有必要全部由股东筹集；大企业的信用一般较小企业更好，财力也更雄厚，更有可能获得债券资助。

4. 企业营利性

按照西方筹资顺序理论（即啄食次序理论，英文为 the pecking order theory），企业融资应按资本成本从小到大排列，即保留盈余、单纯债务（借款或债券筹资）、优先股票、普通股票（Donaldson，1961；Myers，1984）。也就是说，内部融资优于外部债权融资，外部债权融资优于外部股权融资。因此，高盈利企业在资本结构的选择上势必先尽可能利用保留盈余，继之才发行债券；而低盈利企业则更大程度上依靠债券融资，从而形成较高的负债比率。

5. 企业成长性

企业成长性是指企业在较长时期（如 5~10 年）内的发展速度与增值能力。一方面，高成长性企业，意味着企业的发展速度快、经营效益高，同时也意味着企业的经营风险小，因而可采用较高的负债比例融资；另一方面，高成长性企业由于需要大规模筹措资金，原有内部留存收益往往无法满足其投资需要，且增发股票又会稀释控股权，因而一般不为所有者所好，在这种情况下，发行债券融资也许是最适合的方式（Baskin，1989；杨之帆，2001；张海龙和李秉祥，2012）。

6. 税收影响

当企业存在所得税时，债务资本的优势是可将利息作为费用在税前扣除，因而可少交一部分所得税；企业股利不能在税前扣除，因此在债务税前成本与权益成本相同的情况下，抵税作用使得债务的实际成本低于权益资本成本，这部分由于利息费用而减少的支出（相当于利息费用乘以税率）被称为债务税盾（debt tax shield，DTS）。若企业长期保持债务融资，则税盾的现值可计算为

$$\text{PVTS}=(T\times i\times B)/i=T\times B$$

其中，PVTS 是税盾现值；T 是企业所得税率；B 是债务的市场价值；i 是债务的利率。

在存在税盾的情况下，企业价值等于无负债时的价值加上税盾的价值。因此，企业的债务数越大，税盾价值越大，从而企业的价值也越大。但企业税盾又可能存在不确定性，如企业某一年利润过低甚至出现亏损，这些税盾就会完全抵消企业利润，导致企业所得税为零，这样，税收就不能成为利息抵减项目。因此，企业若加大债务，势必提高税盾过剩的可能性。税收对资本结构的影响有不少实证研究的论证（陆正飞和辛宇，1998；冯根福等，2000；肖作平和吴世农，2002），一般可由图 5-1 来表示。

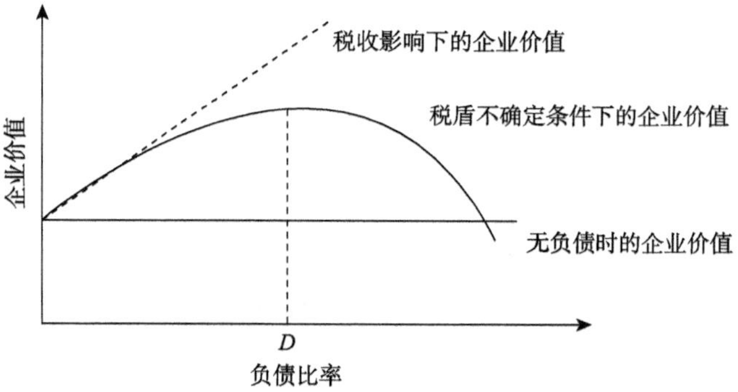

图 5-1　税收对资本结构的影响

在不考虑税盾不确定的条件下，负债比率越高，税盾越大，企业价值越大，因此企业应尽量提高负债比率；但如果考虑到税盾的不确定性，企业负债比率过高，则税盾的不确定性下降，导致企业价值下降，因此企业存在最佳资本结构（图 5-1 中 D 点）。

7. 非债务税盾

对企业而言，除了债务税盾之外，企业的固定资产折旧、投资税收减免、无形资产摊销及长期待摊费用摊销等项目同样可在税前列支，它们同债务利息一样具有抵税作用，通常称这类虽非负债但同样具有抵税作用的因素为“非债务税盾”（non debt tax shield，NDTS）。非债务税盾抵税作用的机理与债务税盾是一致的，但两者在对资本结构的影响上有不同的表现。债务税盾因负债本身的税盾效应而直接影响负债比率，即资本结构，非债务税盾则是通过固定资产折旧等非债务因素的税盾效应而影响企业留存收益，进而影响融资选择与资本结构的。一般认为，在存在税盾的条件下，折旧、投资税收减免等可作为债务融资税收利益的有效替代，拥有较多非债务税盾的企业，债务融资较少。对此的解释是，当非债务税盾增加时，企业进行债务融资的激励减小，并且当债务增加时，企业破产的风险增加，而增加非债务税盾可以解决这个问题。也就是说，非债务税盾与债务融资比率一般呈负相关的关系（肖作平和吴世农，2002；王娟和杨凤林，2002）。

8. 破产成本

破产成本（bankruptcy cost）是指与企业破产有关的成本，包括法律诉讼费用、管理费用，也包括企业即将破产时低效率经营的损失，以及清算时资产清算价值低于其经济价值的损失。按照詹姆斯 · C. 范霍恩（James C. van Horne）的观点，企业破产使证券持有人整体因破产成本的存在而少受清偿。由于有债务的企业比无债务的企业破产可能性更大，因而在其他条件相同的情况下，有债务的企业投资吸引力较小。企业负债经营初期，由于破产风险不大，债权人和投资者一般均不会有提高报酬率的要求。随着债务比率的上升，企业破产的可能性增大，当负债比率超过一定点时，破产可能性加速增长，相应地，预期破产成本也会随着负债比率上升而上升。债权人虽然承担事后破产成本，但他们可将这种事后成本以事前抬高利息率的方式转嫁给股东，从这点来说，企业的破产成本实际上是由股东在承担，因此随着企业负债程度的增加，投资者会提高投资必要报酬率，从而导致企业资本成本的增加。

9. 代理成本

当债权人把资本贷给企业使用时，两者也形成一种委托代理关系。作为委托人，债权人的目标是到期收回本金，并获得利息收入；作为代理人的公司，目的是扩大经营，取得剩余收益。两者之间目标的不一致，使企业常会做出一些对自己有利而损害债权人利益的选择，如投资于比债权人预期风险更高的项目或增加负债比率等，债权人为保护自己的利益必然会加大对公司的监督与约束力度，如提高贷款利率等，由此形成了代理成本。也就是在融资关系上，因为存在债权人作为委托人的代理成本，企业在进行债务融资时，其负债规模与结构会面对代理成本的压力。

5.1.3　EVA 影响资本结构的综合性

国内外的许多研究表明，企业资本结构的影响因素很多，不仅包括主流财务理论所讨论的税收收益、财务危机成本、破产成本、代理成本等，还包括企业的行业状况、经营规模、成长预期、营利能力、社会声誉等（沈维涛和叶晓明，2004）。单纯从这些影响因素来看，EVA 对资本结构的影响并不直接和明显，但从 EVA 作为剩余收入反映了所有资本的成本的特征看，它与上述因素都存在关联，并发挥着影响作用，实质上，EVA 是资本结构决策的一个综合性影响因素（李小平和何燕，2012）。

1. EVA 反映企业的资本成本

根据美国思腾思特咨询公司创始人对 EVA（埃巴，2001）的定义，EVA 作为剩余收入，其基本含义是，它必须在补偿投资风险后还有剩余，或者说是企业税后净营业利润与所投入的全部资本成本相减后的一个差额。其计算公式为

$$\text{EVA} = \text{NOPAT} - \text{TC} \times C\%$$

其中，NOPAT 是税后净营业利润；TC 是全部资本；$C\%$是综合资本成本系数，$\text{TC} \times C\%$则为全部资本的成本，这表明 EVA 是税后净营业利润对全部资本成本的扣除，反映了资本成本的数据。很显然，EVA 值的大小受资本成本高低的制约，而资本成本又是资本结构的影响变量，因此，一般来说，如果某种资本的成本较低，企业筹措这种资本的意愿就较强，使其在资本结构中所占的比重较高。

2. EVA 反映企业的营利能力

基于 EVA 的算式，EVA 基本上等于经济利润。经济利润由于考虑了资源应用的机会成本，因而最能表明资源的应用效率与价值的增值程度。正如思腾思特咨询公司所声称的，在税后净营业利润的基础上，通过合理调整某些会计项目和全面反映投入的资本成本，EVA 值比现行的净利润、净资产收益率等指标值更能真实地反映企业的营利能力（李小平和何燕，2012）。按照美国经济学家梅耶斯（Mayers）的“啄食次序原则”，企业更偏好内源（留存收益）融资，而盈利高的企业能保留更多的留存收益。因此营利性越强的企业，其利用

留存收益融资的倾向性越强，相应地，其资本结构就越倾向于低负债（李小平和何燕，2012）。

3. EVA 反映企业的成长性

在 EVA 的计算中，企业新产品研究与开发费用、员工教育和培训费用、商誉等都被视为能够为企业带来未来收益的投资行为，由此产生的支出均是予以资本化，而不是像会计利润指标那样作为当期费用。在现代市场经济中，知识边际收益递增的作用越来越大，这些包含了大量知识投入的资本能够在很大程度上增强企业在未来持续发展的潜力，因而 EVA 也反映了企业的成长性。企业成长性对资本结构的作用有双重性：高成长性的企业通常有规模扩张的冲动，对资金的需求也会因此旺盛，而规模扩张带来的高成本使企业的盈利不会高，这使企业倾向于负债融资（啄食次序）；但大规模的扩张会使企业能够作为负债融资抵押的资产相对减少，从而又会增大企业的财务风险，抑制企业负债融资的倾向。

4. EVA 反映企业的市场价值

在第 3 章我们已经讨论，企业市场价值是企业的 MVA 与投资者投入资本（现时的账面价值）的加总，即市场价值=投入资本+MVA。其中，MVA 是企业未来 EVA 流入的现值，其计算式为

$$\mathrm{MVA} = \sum \left(\mathrm{EVA}_t\right) / \left(1+k\right)^t \qquad (k\text{ 为资本成本率})$$

上式意味着 EVA 的流入是决定 MVA 也即决定企业市场价值的关键因素。也就是说，在企业投入资本保持不变的条件下，EVA 预期流入的现值将明确反映企业的市场价值。由于 EVA 现值是根据一定的资本成本率 k 将 EVA 预期流入折现的结果，而 k 又是一定资本结构下的平均资本成本率，因此，EVA 对企业市场价值的反映表明 EVA 对资本结构肯定存在一定的影响。

5. EVA 反映企业的非债务税盾

EVA 计算前需要对一定的会计项目进行调整，以求更准确地反映企业资产的经济价值。如果将会计调整因素反映进 EVA 的计算式，则公式为

$$\mathrm{EVA} = \text{调整后的 NOPAT} - C\% \times \text{调整后的 TC}$$

会计的调整项主要包括递延税款、存货准备金、研发费用资本化及商誉的摊销等，因为这些项目都涉及费用的调整，如将研发费用从列作期间费用一次性核销调整为按受益年限分期摊销，将战略购并中的商誉按购买时立即冲销或逐年摊销调整为作为一项资本长期存在而不再作为费用进入损益表，等等，而这些调整费用都是非债务费用，因此，其产生着非债务税盾的作用。具体而言，会计调整

中涉及的使期间费用增加的项目，它具有非债务税盾的作用；相反，使期间费用减少的项目，则降低了其非债务税盾的作用。不论是非债务税盾作用的增加还是减少，都说明 EVA 通过必要的会计调整反映了非债务税盾。在存在非债务税盾影响的条件下，企业的负债比率会与此表现出负相关的关系。

6. EVA 反映企业的社会声誉

由于 EVA 影响企业的市场价值及其成长性，企业的社会声誉也会因此受到直接或间接的影响，而投资者和债权人对企业发展的前景和社会声誉一般都比较关注或敏感。一般来讲，发展前景和社会声誉优良的企业，更容易受到股民的青睐，进而吸收股权投资，也有利于向债权人讨价，以较低的利率筹措债务资本。

5.2 EVA 影响资本结构的实证分析

关于资本结构影响因素的实证研究，如前所述，目前国内外已有许多重要文献。但 EVA 作为影响企业资本结构的一个综合性因素，目前国内外对其进行实证研究的文章还很少（王燕妮和赵文平，2007）。沈维涛与叶晓铭于 2004 年发表的《EVA 对上市公司资本结构影响的实证研究》一文首次讨论了 EVA 对资本结构的影响。该文的基本结论是：EVA 确实影响了我国上市公司资本结构的形成，但影响程度不大，其作用存在一定的滞后性。笔者十分认同这一研究结论，但认为该文关于 EVA 与资本结构的相关分析很大程度建立在统计趋势图示的基础上，对于 EVA 与我国上市公司资本结构的相关程度还没有比较明晰的结论；且该文研究样本中的 EVA 等相关数据主要来源于 2002 年思腾思特咨询公司网站（http://www.sternstewart.com），其 EVA 的计算（在项目调整上）与目前常用的方式有一定差距，这使统计描述指标的信度受到了一定程度的影响。本节试图在目前EVA 计算的一般方式下，运用相关与回归分析法，对EVA 与资本结构的关系进行实证分析。

5.2.1 数据来源与指标定义

本节的基础数据直接来自证券之星网站（http://www.stockstar.com）和华泰证券交易分析系统公司资讯，其研究样本取自我国沪深两市自 2010 年上市的国有或国有控股公司，考察的时间范围定在 2010 年 1 月 1 日至 2013 年 12 月 31 日。对样本公司的选取按如下顺序进行：①以沪深两市 2010 年 2 176 家上市公司为总体（包括中小板、创业板公司），将所有上市公司的股票代码作从头到尾的先后顺序排列；②按照20%的比例，采取等距抽样的方式选取108个公司作为样本单位；③剔除 2010~2013 年被*ST（连续三年亏损、有退市风险而被特别处理）、ST（special treatment，特别处理）、PT（particular transfer，特别转让）的公司；④剔除选中的非国有公司，并以与剔除公司股票代码最邻近的国有公司替代。最后取得沪深两市共 96 家上市国有公司（包括中央企业和地方国有企业）2010~2013 年共 4 年的相关数据。

分析中涉及的基本指标如下。

（1）EVA。EVA 是该分析涉及的最基本的指标，其计算采用国务院国资委《中央企业负责人经营业绩考核暂行办法》（2010 年）所确定的方式。即

$$\text{EVA}=\text{调整后的 NOPAT}-C\%\times\text{调整后的 TC}$$

$$\text{调整后的 NOPAT}=\text{净利润}+（\text{利息支出}+\text{研究开发费用调整项}-\text{非经常性收益调整项}\times 50\%）\times（1-25\%）$$

$$\text{调整后的 TC}=\text{平均所有者权益}+\text{平均负债合计}-\text{平均无息流动负债}-\text{平均在建工程}$$

资本成本率 $C\%$统一确定是 5.5%。

该指标的确定涉及选取的96家上市国有公司2010~2013年四年间所公开披露的利润表、资产负债表等公司资讯中的相关财务数据。具体计算见附表 1~附表 4。

（2）EVA 率。EVA 是绝对值，企业资本规模对其有很大的影响，为消除这一影响，我们选择 EVA 率来衡量企业的经营效率，并分析其对资本结构的影响。EVA 率是计算期企业获得的 EVA 与其净资产（net assets，NA）的比率，它反映了资本使用效率。EVA 率均值是不同年度 EVA 率的序时平均数，它等于计算期各个年度的 EVA 之和除以相应的各个年度的平均净资产之和。

EVA 率是第 2 章资本结构优化关系式 $A_P=f（P_i）+u_i$ 中 P_i 的选择变量 P_E，它是资本结构 A_P 的 EVA 解释因素。

（3）净资产收益率和每股收益。ROE 是净收益（net profit，NP）与净资产的比率，每股收益（earnings per share，EPS）是净收益与股份总数（total shares，TS）的比率。

这两项指标是式（2-6）中 P_i 的选择变量 P_O，是 A_P 的非 EVA 解释因素，在财务会计中均是衡量企业经营效率的重要指标。本节通过对净资产收益率和每股收益的统计描述，可以比较其与 EVA 率在衡量企业资产经营效率方面的差异，特别是对资本结构的影响状况。

（4）资本结构。资本结构，即融资结构（financial structure），是企业各项资金来源的构成状况。由于我国绝大多数企业的长期负债占总负债的比例一般只有 20%左右（沈维涛和叶晓铭，2004），因此，本节选择总负债率和流动负债率来反映企业的资本结构。总负债率（total liabilities ratio，TLR）是企业的全部负债（total debts，

TD）与其总资产（total assets，TA）的比率，流动负债率（current liabilities ratio，CLR）是企业的流动负债（current debts，CD）与其总资产的比率。

资本结构指标是式（2-6）中的因变量 A_P。本节来分析 EVA 对资本结构的影响。

分析中所涉及的资产经营效率与资本结构关系的统计量如下。

（1）EVA 率均值 EVA′。该变量是某一上市公司 n 期 EVA 率的序时平均数，它反映该公司在计算期 EVA 率的一般水平。其计算公式为

$$\text{EVA}' = \frac{1}{n}\sum_{t-1}^{n}\text{EVA} \Big/ \frac{1}{n}\sum_{t-1}^{n}\text{NA}^{①} = \sum_{t-1}^{n}\text{EVA} \Big/ \sum_{t-1}^{n}\text{NA}$$

（2）净资产收益率均值 ROE′ 和每股收益均值 EPS′。ROE′ 是某一上市公司 n 期净资产收益率的序时平均数，它反映该公司在计算期净资产收益率的一般水平；EPS′ 是某上市公司 n 期每股收益的序时平均数，它反映该公司在计算期每股收益的一般水平。它们的计算公式分别为

$$\text{ROE}' = \frac{1}{n}\sum_{t-1}^{n}\text{NP} \Big/ \frac{1}{n}\sum_{t-1}^{n}\text{NA} = \sum_{t-1}^{n}\text{NP} \Big/ \sum_{t-1}^{n}\text{NA}$$

$$\text{EPS}' = \frac{1}{n}\sum_{t-1}^{n}\text{NP} \Big/ \frac{1}{n}\sum_{t-1}^{n}\text{TS} = \sum_{t-1}^{n}\text{NP} \Big/ \sum_{t-1}^{n}\text{TS}^{②}$$

（3）总负债率均值 TLR′ 和流动负债率均值 CLR′。TLR′ 是某上市公司 n 期总负债率的序时平均数，它代表该公司计算期总负债率的一般水平；CLR′ 是某上市公司 n 期流动负债率的序时平均数，它代表该公司在计算期流动负债率的一般水平。其计算公式分别为

$$\text{TLR}' = \frac{1}{n}\sum_{t-1}^{n}\text{TD} \Big/ \frac{1}{n}\sum_{t-1}^{n}\text{TA} = \sum_{t-1}^{n}\text{TD} \Big/ \sum_{t-1}^{n}\text{TA}$$

$$\text{CLR}' = \frac{1}{n}\sum_{t-1}^{n}\text{CD} \Big/ \frac{1}{n}\sum_{t-1}^{n}\text{TA} = \sum_{t-1}^{n}\text{CD} \Big/ \sum_{t-1}^{n}\text{TA}$$

（4）相关系数 r。相关系数是反映资产效率均值与负债率均值之间的关系，进而说明 EVA 与资本结构之间关系程度的指标。一般地，$-1<r<1$，若 r 接近于+1 或 −1，说明资产效率与负债率有较强的线性关系，即资产效率对负债率具有较强的解释力；若 r 接近于 0，说明资产效率与负债率线性相关程度较低，资产效率对负债率的解释力较弱。以 EVA 均值与总负债率均值的相关关系为例，r 的计算公式为

$$r = \frac{n\sum(\text{EVA}')(\text{TLR}') - \sum\text{EVA}'\sum\text{TLR}'}{\sqrt{n\sum(\text{EVA}')^2 - \left(\sum\text{EVA}'\right)^2}\sqrt{n\sum(\text{TLR}')^2 - \left(\sum\text{TLR}'\right)^2}}$$

---

① NA（净资产）是时点变量，如果在某一期发生变动，应计算其平均数。

② TS（股份总数）也是时点变量，如果在某一期发生变化，TS 是反映其变化的平均数。

（5）可决系数 r^2。可决系数是样本回归线与样本观测值拟合优度的度量指标，它是从回归分析的角度来说明资产效率对负债率的解释程度。一般地，$0<r^2<1$，r^2 越接近于 1，表明样本回归线对样本观测值的拟合优度越好，资产效率对负债率的解释能力越强；r^2 越接近于 0，则说明样本回归线对样本观测值的拟合优度越差，资产效率对负债率的解释能力越弱。

5.2.2　EVA 与资本结构关系的实证分析

1. 相关分析

根据前述信息系统，我们对从沪深股市选出的有代表性的 96 家国有公司，分别计算出其 2010~2012 年的 EVA 率均值（EVA′）、净资产收益率均值（ROE′）和每股收益均值（EPS′），以及 2011~2013 年的总负债率均值（TLR′）和流动负债率均值（CLR′）[①]，如表 5-1 所示，从中可以计算资产效率与负债率之间的相关系数。

表 5-1　EVA 率与总负债率相关系数计算表

代码	EVA′ ①	TLR′ ②	EVA′²	TLR′²	①×②	代码	EVA′ ①	TLR′ ②	EVA′²	TLR′²	①×②
600019	0.006 6	0.478 0	0.000 0	0.228 5	0.003 2	000021	−0.040 0	0.607 6	0.001 6	0.369 2	−0.024 3
600039	0.083 6	0.846 1	0.007 0	0.330 0	0.070 7	000059	−0.023 0	0.753 0	0.000 5	0.567 0	−0.017 3
600064	−0.010 0	0.658 2	0.000 1	0.433 2	−0.006 6	000065	0.091 8	0.748 8	0.008 4	0.560 7	0.068 7
600097	−0.056 0	0.410 4	0.003 1	0.168 4	−0.023 0	000088	0.025 1	0.079 4	0.000 6	0.000 5	0.002 0
600112	0.005 9	0.553 9	0.000 0	0.306 8	0.003 3	000488	−0.090 0	0.687 9	0.008 1	0.473 2	−0.061 9
600128	−0.014 0	0.470 2	0.000 2	0.221 1	−0.006 6	000554	−0.020 0	0.119 4	0.000 4	0.014 3	−0.002 4
600148	0.008 0	0.583 6	0.000 1	0.340 6	0.004 7	000582	0.050 6	0.577 5	0.002 6	0.333 5	0.029 2
600165	−0.057 0	0.546 1	0.003 2	0.298 2	−0.031 1	000598	0.113 5	0.424 0	0.012 9	0.179 8	0.048 1
600198	−0.165 0	0.774 5	0.027 2	0.599 9	−0.127 8	000625	0.048 7	0.642 1	0.002 4	0.412 3	0.031 3
600216	0.163 2	0.138 1	0.026 6	0.019 1	0.022 5	000669	−0.009 0	0.591 4	0.000 1	0.349 8	−0.005 3
600232	−0.054 0	0.364 9	0.002 9	0.133 2	−0.019 7	000687	−0.043 0	0.438 2	0.001 8	0.192 0	−0.018 8
600249	−0.066 0	0.367 2	0.004 4	0.134 8	−0.024 2	000698	−0.014 0	0.551 4	0.000 2	0.304 0	−0.007 7
600266	0.073 2	0.723 6	0.005 4	0.523 6	0.053 0	000710	−0.049 0	0.668 2	0.002 4	0.446 5	−0.032 7
600300	−0.037 0	0.566 7	0.001 4	0.321 1	−0.021 0	000723	−0.056 0	0.425 4	0.003 1	0.181 0	−0.006 0
600317	0.009 3	0.406 7	0.000 1	0.165 4	0.003 8	000727	−0.093 0	0.578 4	0.008 6	0.334 5	−0.053 8

① 负债率数据与资产效率数据相比较，其时间范围之所以顺延一年，主要是因为资产效率对负债率的影响有一定的时滞。参见：沈维涛，叶晓铭. EVA 对上市公司资本结构影响的实证研究. 经济研究，2004，（11）：47-57。

续表

代码	EVA′ ①	TLR′ ②	EVA'^2	TLR'^2	①×②	代码	EVA′ ①	TLR′ ②	EVA'^2	TLR'^2	①×②
600333	−0.023 0	0.486 0	0.000 5	0.236 2	−0.011 2	000748	−0.035 0	0.446 5	0.001 2	0.199 4	−0.015 6
600354	−0.086 0	0.616 3	0.007 4	0.379 8	−0.053 0	000767	−0.547 0	0.874 8	0.299 2	0.765 3	−0.478 4
600371	0.093 4	0.590 0	0.008 7	0.348 1	0.055 1	000778	0.044 2	0.639 8	0.002 0	0.409 3	0.028 3
600389	−0.063 0	0.692 2	0.004 0	0.479 1	−0.043 6	000809	0.206 8	0.387 3	0.042 8	0.150 0	0.080 1
600409	0.032 9	0.660 2	0.001 1	0.435 9	0.021 7	000828	0.053 7	0.331 4	0.002 9	0.109 8	0.017 8
600433	0.032 3	0.361 6	0.001 0	0.130 8	0.011 7	000858	0.217 0	0.271 6	0.047 1	0.073 8	0.058 9
600461	0.016 5	0.597 8	0.000 3	0.357 4	0.009 9	000875	−0.186 0	0.809 8	0.034 6	0.655 8	−0.150 6
600482	0.011 1	0.591 3	0.000 1	0.349 6	0.006 6	000883	0.016 8	0.601 4	0.000 3	0.361 7	0.010 1
600500	−0.037 0	0.608 8	0.001 4	0.370 6	−0.022 5	000902	−0.099 0	0.527 9	0.009 8	0.278 7	−0.052 3
600531	−0.027 0	0.766 0	0.000 7	0.586 8	−0.020 7	000920	−0.011 0	0.438 0	0.000 1	0.191 8	−0.004 8
600568	0.053 6	0.553 3	0.002 9	0.306 1	0.029 7	000928	−0.149 0	0.700 1	0.022 2	0.490 1	−0.104 3
600584	−0.026 0	0.621 9	0.000 7	0.383 8	−0.016 2	000937	0.102 2	0.559 2	0.010 4	0.312 7	0.057 2
600614	−0.027 0	0.597 3	0.000 7	0.356 8	−0.016 1	000953	−0.093 0	0.738 4	0.008 6	0.545 2	−0.068 7
600648	−0.086 0	0.777 2	0.007 4	0.604 0	−0.066 8	000962	0.017 0	0.479 0	0.000 3	0.229 4	0.008 1
600664	0.047 4	0.455 5	0.002 2	0.207 5	0.021 6	000969	−0.002 0	0.404 5	0.000 0	0.163 6	−0.000 8
600677	−0.026 0	0.737 6	0.000 7	0.544 1	−0.019 2	000997	−0.016 0	0.493 5	0.000 3	0.243 5	−0.007 9
600710	0.021 4	0.331 5	0.000 5	0.109 9	0.007 1	002011	0.050 8	0.631 7	0.002 6	0.399 0	0.032 1
600730	−0.600 0	0.575 6	0.360 0	0.331 3	−0.345 4	002017	−0.005 0	0.479 6	0.000 0	0.230 0	−0.002 4
600742	0.109 7	0.317 9	0.012 0	0.101 1	0.034 9	002025	0.019 0	0.171 0	0.000 4	0.029 2	0.003 2
600761	0.071 4	0.315 4	0.001 4	0.099 5	0.022 5	002041	0.076 0	0.268 4	0.005 8	0.072 0	0.020 4
600776	−0.009 0	0.180 0	0.000 1	0.032 4	−0.001 6	002046	0.013 8	0.474 5	0.000 2	0.225 2	0.006 5
600795	0.038 2	0.761 5	0.001 5	0.579 9	0.029 1	002056	−0.028 0	0.317 5	0.000 8	0.100 8	−0.008 9
600811	0.030 5	0.486 0	0.000 9	0.236 2	0.014 8	002057	−0.071 0	0.304 6	0.005 0	0.092 8	−0.021 6
600827	0.017 2	0.616 7	0.000 3	0.380 3	0.010 6	002086	0.020 5	0.425 6	0.000 4	0.181 1	0.008 7
600843	−0.009 0	0.498 9	0.000 1	0.248 9	−0.004 5	002092	−0.001 0	0.623 6	0.000 0	0.388 9	−0.000 6
600859	0.072 5	0.549 4	0.005 3	0.301 8	0.039 8	002101	0.042 7	0.445 0	0.001 8	0.198 0	0.019 0
600875	0.111 6	0.791 5	0.012 5	0.626 5	0.088 3	002116	0.095 8	0.782 6	0.009 2	0.612 5	0.075 0
600967	0.021 6	0.411 9	0.000 5	0.169 7	0.008 9	002176	0.009 8	0.357 0	0.000 1	0.127 4	0.003 5
600990	0.035 7	0.616 2	0.001 3	0.379 7	0.022 0	002191	0.088 8	0.341 6	0.007 9	0.116 7	0.030 3
601088	0.114 0	0.342 1	0.013 0	0.117 0	0.039 0	002221	−0.019 0	0.726 2	0.000 4	0.527 4	−0.013 8
601808	0.067 9	0.552 8	0.004 6	0.305 6	0.067 9	002251	0.079 8	0.643 0	0.006 4	0.413 4	0.051 3
601999	−0.027 0	0.320 0	0.000 7	0.102 4	−0.027	002267	0.094 2	0.595 0	0.008 9	0.354 0	0.056 0
000014	0.011 7	0.667 1	0.000 1	0.445 0	0.007 8	002297	−0.021 0	0.397 0	0.000 4	0.157 6	−0.008 3
Σ	−0.286 0	50.515 5	1.122 1	28.992 1	−0.621 0						

注：表中①代表 EVA′，②代表 TLR′，①×②指 EVA′ × TLR′，第四、第十列变量是 EVA'^2，第五、第十一列变量是 TLR'^2

（1）相关系数的计算。由表 5-1 可得

$$r=-0.286\ 2$$

同理，EVA 率、净资产收益率和每股收益分别与总负债率和流动负债率相关系数的计算见附表 6~附表 10，其计算结果见表 5-2。

表 5-2 资产效率与负债率相关系数计算表

EVA 与 CLR	$\sum EVA'$ ①	$\sum CLR'$ ②	$\sum EVA'^2$	$\sum CLR'^2$	$\sum$ ①×②	相关系数 r
	−0.286 0	38.712	1.122 1	18.162 2	−0.450 8	−0.198 4
ROE 与 TLR	$\sum ROE'$ ①	$\sum TLR'$ ②	$\sum ROE'^2$	$\sum TLR'^2$	$\sum$ ①×②	相关系数 r
	7.674 3	50.515 5	1.198 3	28.992 1	3.403 0	−0.535 4
ROE 与 CLR	$\sum ROE'$ ①	$\sum CLR'$ ②	$\sum ROE'^2$	$\sum CLR'^2$	$\sum$ ①×②	相关系数 r
	7.674 3	38.712 0	1.198 3	18.162 2	2.994 8	−0.086 0
EPS 与 TLR	$\sum EPS'$ ①	$\sum TLR'$ ②	$\sum EPS'^2$	$\sum TLR'^2$	$\sum$ ①×②	相关系数 r
	42.897 8	50.515 5	42.699 6	28.992 1	21.071 4	−0.199 3
EPS 与 CLR	$\sum EPS'$ ①	$\sum CLR'$ ②	$\sum EPS'^2$	$\sum CLR'^2$	$\sum$ ①×②	相关系数 r
	42.897 8	38.712 0	42.699 6	18.162 2	16.539 1	−0.098 0
观测值	288	288	288	288	288	288
观测组数	96	96	96	96	96	96

注：表中①分别代表 $\sum EVA'$、$\sum ROE'$、$\sum EPS'$；②分别代表 $\sum CLR'$、$\sum TLR'$；$\sum$ ①×②是相应行中①与②的乘积之和

（2）相关系数的检验。r 是由总体的一组样本计算得到的，要想知道它能否代表总体资产效率与负债率之间的相关关系，还要对样本相关系数 r 进行检验。下面以对 EVA 率与总负债率之间相关系数的检验为例。

提出原假设 H_0：$\rho=0$。

备择假设 H_1：$\rho\neq 0$。

构造 t 统计量：

$$t=\frac{r\sqrt{n-2}}{\sqrt{1-r^2}}$$

给出显著水平 $\alpha=0.05$，查自由度 $\upsilon=n-2=96-2=94$ 的 t 分布表，得临界值 $t_{0.025}(94)=1.96$。经计算，$t=\dfrac{-0.286\ 2\sqrt{94}}{\sqrt{1-0.082}}=\dfrac{-2.774\ 8}{0.958\ 1}=-2.8961$，其绝对值大于 1.96，接受 H_1：$\rho\neq 0$。

同理，对 EVA 率、净资产收益率和每股收益分别与总负债率和流动负债率相关系数的检验如表 5-3 所示。

表 5-3 资产效率与负债率相关系数检验表

	相关系数 r	临界值 $t_{0.025}$（94）	t 统计量绝对值	t 与临界值的比较	检验结果
EVA 与 CLR	−0.198 4	1.96	1.962 7	$t>1.96$	接受 H_1：$\rho\neq0$
ROE 与 TLR	−0.535 4	1.96	6.145 3	$t>1.96$	接受 H_1：$\rho\neq0$
ROE 与 CLR	−0.086 0	1.96	0.836 9	$t<1.96$	拒绝 H_1：$\rho\neq0$
EPS 与 TLR	−0.199 3	1.96	1.971 9	$t>1.96$	接受 H_1：$\rho\neq0$
EPS 与 CLR	−0.098 0	1.96	0.954 7	$t<1.96$	拒绝 H_1：$\rho\neq0$

上述统计结果表明以下结果。

（1）EVA 指标与负债率指标之间存在低度相关关系，EVA 在一定程度上影响了资本结构的形成。EVA 指标、ROE 和 EPS（即 P_E 与 P_O）指标在与负债率指标之间的相关程度上有一定的差异，一方面表明三个指标对资本结构有不同的影响，另一方面可能也暗示了三个指标在衡量企业经营业绩方面存在不一致性。

（2）资产效率指标与负债率指标之间的相关性均是负向的，这与现有理论认为营利能力与负债率负相关是一致的。

（3）各资产效率指标与总负债率的相关程度大于其与流动负债率的相关程度。这表明国有上市公司资产效率对总负债率的影响大于对流动负债率的影响，或者说总负债率较之流动负债率对资产效率的变化更为敏感。

（4）在资产效率与负债率相关系数的检验结果中，EVA 率与流动负债率、净资产收益率与总负债率、每股收益与总负债率三项接受备择假设，说明资产效率与总负债率、EVA 率与流动负债率样本的相关系数指标能够代表总体相关程度的基本情况；净资产收益率与流动负债率、每股收益与流动负债率不接受备择假设，说明这两项样本的相关系数指标还不能完全代表总体的相关程度。

2. 回归分析

根据平行数据的相关理论，对负债率与资产效率之间的关系，可拟合样本回归模型：

$$\hat{y}_i=\alpha_i+\beta_i x_i+u_i$$

其中，$\hat{y}_i$ 是单个公司负债率均值的估计值，根据因变量的不同，分为总负债率均值、流动负债率均值；x_i 是资产效率指标均值，根据模型所要研究的内容不同，分为 EVA 率均值（EVA′）、净资产收益率均值（ROE′）和每股收益均值（EPS′）；α_i 表示负债率的起点值；β_i 是回归系数；u_i 是误差项。

（1）回归方程的拟合优度与 F 检验。若以 y_i 表示负债率均值的实际值；$\overline{y}_i$ 表示 y_i 的样本平均值；e_i 是残差，表示负债率 y_i 中无法由资产效率指标解释的

部分。则有

$$y_i - \bar{y}_i = (\hat{y}_i - \bar{y}_i) + (y_i - \hat{y}_i)$$

即总离差（$y_i - \bar{y}_i$）是由样本回归线解释的部分（$\hat{y}_i - \bar{y}_i$）和残差 e_i（$y_i - \hat{y}_i$）两部分构成的。

显然，在总离差一定的情况下，由样本回归线解释的部分越大，残差的绝对值越小，样本回归线与样本值的拟合优度就越好，进而说明资产效率指标对负债率越具有解释力；反之，则说明资产效率对负债率越不具有解释力。

判断回归方程与样本值拟合优度的指标是可决系数 r^2，据前述，可计算各资产效率回归方程的 r^2 及 F 检验值，如表 5-4 所示。

表 5-4　资产效率回归方程拟合优度及 *F* 检验

方程	可决系数 r^2	临界值 $F_{0.05}(1，94)$	F 值
$TLR_i' = \alpha_i + \beta_i EVA_i' + u_i$	0.081 9	3.94	8.382 8
$CLR_i' = \alpha_i + \beta_i EVA_i' + u_i$	0.039 4	3.94	3.855 2
$TLR_i' = \alpha_i + \beta_i ROE_i' + u_i$	0.286 6	3.94	37.760
$CLR_i' = \alpha_i + \beta_i ROE_i' + u_i$	0.007 4	3.94	0.700 8
$TLR_i' = \alpha_i + \beta_i EPS_i' + u_i$	0.039 7	3.94	3.884 5
$CLR_i' = \alpha_i + \beta_i EPS_i' + u_i$	0.009 6	3.94	0.910 8

（2）回归方程参数与 t 检验。上述资产效率回归方程中，分别只有一个解释变量，因此，参数检验只对回归系数 β 进行检验。β 代表解释变量对因变量的单位影响程度，所以，对 β 的检验是为了考察这种影响程度是否显著。回归系数 β 及其 t 统计量的计算值，如表 5-5 所示。

表 5-5　资产效率回归方程结果及 *t* 检验

方程	回归系数 β_i	临界值 $t_{0.025}(94)$	β 的 t 统计量
$TLR_i' = \alpha_i + \beta_i EVA_i' + u_i$	−0.419 7	1.96	−2.914 6
$CLR_i' = \alpha_i + \beta_i EVA_i' + u_i$	−0.299 3	1.96	−1.967 8
$TLR_i' = \alpha_i + \beta_i ROE_i' + u_i$	−1.087 0	1.96	−3.644 0
$CLR_i' = \alpha_i + \beta_i ROE_i' + u_i$	−0.170 9	1.96	−0.729 7
$TLR_i' = \alpha_i + \beta_i EPS_i' + u_i$	−0.063 8	1.96	−1.971 6
$CLR_i' = \alpha_i + \beta_i EPS_i' + u_i$	−0.032 3	1.96	−0.852 2

以上回归结果及统计检验表明了以下内容。

（1）总负债率对于 EVA′、ROE′ 回归方程的 F 值大于其临界值，说明其由样本观测值所拟合的回归方程对总体具有显著的代表性；其他 F 值小于或接近其临界值，说明其由样本观测值所拟合的回归方程对总体的代表性不显著或比较有代表性。

（2）在 t 检验得出的统计量绝对值中，总负债率对于 EVA′、ROE′、EPS′，流动资产负债率对于 EVA 回归方程的 t 值大于临界值，说明其回归模型中解释变量对因变量有显著影响；其他 t 值小于临界值，说明其回归模型中解释变量对因变量的影响不显著。

（3）资产效率指标与负债率指标均呈负相关关系，这与前述分析一致。虽然 EVA′ 对总负债率的影响程度小于 ROE′，但它高于 EPS′ 对总负债率的影响程度，特别是 EVA′ 对流动负债率的影响程度均高于 ROE′ 和 EPS′ 对流动负债率的影响。从总体上看，对于资产效率对资本结构的影响，P_E 比 P_O 更具有解释力。

（4）流动负债率方程的回归系数均小于总负债率方程的回归系数。这说明国有上市公司的流动负债率对资产效率变化的反应与总负债率相比较慢，或者说不灵敏。

3. 基本结论

由以上的实证过程可以得出以下基本结论。

（1）EVA 确实影响了国有上市公司资本结构的形成，尤其是对总负债率的影响较大。在我国，国有上市公司的平均流动负债占全部负债的比率达 68.15%①，在总负债主要表现出流动负债特征的情况下，EVA 对流动负债的影响小于对总负债率的影响，这与常态不大相符。

（2）EVA 与负债率之间存在负向的相关关系。无论是相关系数还是回归系数都能显示这一点。这表明，对于国有上市公司，营利性和成长性越差，则其通过负债进行融资的冲动越强烈，EVA 可在一定程度上预测国有上市公司未来的负债率。

（3）EVA 对国有上市公司资本结构的影响虽然存在，但影响程度不大。这表明，虽然国有上市公司在进行资本决策时考虑了营利性和成长性等因素，但并不将其作为重要的考虑对象，原因可能在于我国国有上市公司的财务目标还不是企业价值的最大化，或 EVA 业绩指标在国企的实施还不彻底。

（4）对比 ROE 和 EPS，EVA 总体上优于 ROE、EPS 指标。在对总负债率的影响上，EVA 较之 ROE 虽未显示出更强的解释力，但它比 EPS 对总负债率的影响更大；特别是在对流动负债率的影响上，EVA 的解释力均强于 ROE 和 EPS。

---

① 根据附表 4 中总负债与流动负债的数据计算。

5.3　基于 EVA 的国企资本结构优化模型

5.3.1　资本结构优化存在性的讨论

在经典财务学中，资本结构指的是长期债务资本和权益资本的比例及其构成关系，其优化则为企业筹资安排中所表现出的加权资本成本最低和企业价值达到最大化（李小平和何燕，2012）。关于资本结构优化，理论界与实务界一直存有争议，主要有四种不同的观点。

1. 净收益论

净收益论以股东对企业的期望投资报酬率（即权益资本成本）不变和企业能以固定利率永续融资为假设，认为由于债务资本成本低于权益资本成本，所以运用债务筹资可以降低企业的综合资本成本，且负债程度越高，综合资本成本就越低，企业价值就越大。按照这一观点，当企业负债比率达到 100%时，企业的加权平均资本成本最低，企业价值将达到最大值，即达到最优的资本结构。

2. 净运营收益论

该观点以企业负债成本固定不变、权益成本随负债率的上升而提高为假设，认为不管企业的财务杠杆程度怎样，其整体的资本成本不变，因而不存在最优资本结构。由于负债增大，股东承担的风险也增大，权益资本要求的报酬率随之上升，于是负债率上升对降低综合资本成本的好处会被上升的权益成本所抵消，因此，资本结构的变化不会影响企业的综合资本成本，也不会影响企业的价值。依照这种观点推论，因不存在最优资本结构，资本结构的决策也就无关紧要。

3. 传统论

该观点认为，由于负债的减税利益及风险不同，且负债成本一般小于权益成本，因此，在一定范围内，负债成本增加尽管会导致权益成本上升，但不会完全抵消运用财务杠杆所带来的收益，企业的综合资本成本仍会下降。但负债程度到了一定的点后，权益成本的增加会完全抵消并超过运用债务带来的好处，企业的综合资本成本便开始上升，一旦负债成本也开始增加，综合资本成本就会进一步上升，从而使企业价值降低。可见，传统论是对净收益论和净运营收益论的一种折中，它承认企业存在一个最优的资本结构，就是综合资本成本从下降转为上升拐点时的负债比率（杨亚达和王明虎，2001）。

4. 权衡论

该观点认为，企业可以利用税盾的效应，通过增加负债来提高企业价值，但随着负债的增加，企业陷入财务危机的可能性也会增加，甚至可能破产，从而产生破产成本；即使不破产，但只要企业陷入财务危机的概率增加，就会给企业带来额外的成本，这是限制企业增加负债的一个重要因素。因此，企业在筹资决策时，需要权衡负债的税盾效应和破产成本，最优资本结构是在税盾带来的收益和负债带来的成本之间寻求的一个均衡点。后来，一些学者将负债的成本从破产成本延伸到了代理成本、财务危机成本和非负债税收利益损失等，同时，又将税盾效应从原来所指的负债收益扩展到非负债税收收益方面，这实际上扩大了成本和收益所包含的内容，把筹资决策看成是在税收收益和各种负债成本之间的权衡（财政部注册会计师考试委员会，2002）。

综观以上观点，资本结构优化存在性的观点实际上表现为两类：一是以净运营收益论为代表，认为企业不存在最优的资本结构；二是以净收益论、传统论和权衡论为代表，认为企业存在最优的资本结构。这两类观点从推论的过程来看，大都没有问题，这是因为两类观点各自都有不同的前提假设。净运营收益论假设企业负债成本总是固定不变，无视负债成本增加所伴随的财务风险增加及其所引致的负债成本上升，这显然与现实不符。净收益论虽然认为存在最优资本结构，但其假设的权益资本成本不变和企业能以不变利率无限融资的条件也不符合实际。与前两种观点相比，传统论和权衡论的假设更为现实，特别是权衡论放宽了假设，综合考虑企业破产成本、代理成本和财务危机成本等的产生，更符合实际。所以，企业存在最优资本结构的思想逐渐得到大多数学者的认同，并成为一种主流观点（李小平和何燕，2012）。

5.3.2　我国国企资本结构存在的主要问题

在过去很长时间里，国有企业资金都实行国家统一管理，企业并不具有融资决策的自主权。但随着现代企业制度的建立，国有企业资金来源发生了根本变化，其资本结构的问题也逐渐在市场经济中凸现出来，如高比例负债融资、流动负债占比过大、上市公司偏好股权融资等。这些问题在不同时期虽然有不同程度的表现，但从总体看，目前国企资本结构仍然存在两个突出的问题。

1. 资产负债率仍然偏高

20世纪80年代初，国有企业的资产负债率比较低，一般在10%左右。但随着国家对国企资金供给制度的变革，国企债务偏高的严重性也日渐显现。统计资料显示，1998~2002 年，国企的资产负债率平均达 45%左右，并呈不断提高的趋势；2003~2007 年，国企平均资产负债率上升到 66%~76%，主要集中在 72%左右。2008~2013 年，国企资产负债率有所下降，但仍分别达到 64.4%、63.7%、61.5%、62.7%、64.9%、65.6%，半数以上央企的平均资产负债率超过 65%[①]；而同期国企的净资产收益率分别为 6.5%、6.2%、7.5%、7.4%、6.4%、7.6%[②]。2018 年，国企资产负债率为 64.7%，比 2017 年降低 0.2 个百分点，但净资产收益率只达到 3.9%（其中，央企资产负债率为 67.7%，比 2017 年降低 0.3 个百分点，但净资产收益率为 5.6%）[③]。近几年，国企资产负债率虽然有所下降，但考虑到其经营业绩普遍不高甚至下滑的情况，我们有理由认为，国企资产负债率依然偏高，其背后原因是资本结构的不合理。首先，国企资产负债率超过了国际上公认的50%的合理比率，这使企业的财务风险和债务成本必然增加；其次，国有企业经营业绩低，资金使用效率与利息（债务成本）很容易出现“倒挂”现象（李小平和何燕，2012）。

一般认为，导致国企高资产负债率的原因主要是：一是国家实行“拨改贷”后，本来作为权益注入的资金全部转变成了对银行的负债；二是国企的社会责任不断加重，资产中有相当的比例的资金要用于非经营性活动，使经营性资产所占比例降低；三是企业行为不合理，经营效益差，还债能力低（郝晓娜，2009）。但这之中，有一个很重要的原因被忽略了，这就是国有企业在融资扩张的过程中，由于存在与国有银行的“血缘”关系，其预算约束软化的“痼疾”实际上没有被消除。

2. 上市国企股权融资偏好依然存在

国企通过股份制改造并上市后，享有多渠道的融资方式，包括利润留存、配给股份、增发股票、企业债券和银行贷款等，其中，留存收益、长期负债和股权融资是企业长期资金的来源渠道。在长期资金筹措的渠道选择上，上市国企一般存在股权融资的强烈偏好。现在有人对上市公司的股权融资偏好提出质疑，认为该偏好还不能完全得到上市公司再融资的数据支持，且也与国企负债率居高的事

① 根据财政部网站中 2008~2013 年全国国有及国有控股企业经济运行情况数据整理。

② 财政部. 2014 年 1-5 月全国国有及国有控股企业经济运行情况. http://www.mof.gov.cn/gp/xxgkml/zcgls/201406/t20140619_2512293.html，2014-06-19.

③ 财政部. 2018 年 1-12 月全国国有及国有控股企业经济运行情况. http://www.zcgls.mof.gov.cn/qiyeyunxingdongtai/201901/t20190121_3126699.htm，2019-01-22.

实不符（李小军，2009）。其实，上市公司股权融资偏好是指公司不放弃有可能选择股权融资的机会，它与公司的高资产负债率并不矛盾。在公司目前的资本结构中，股权融资的比例较低，这与我国资本市场的发展程度和股权融资的条件有关，不能因此否认上市公司存在股权融资的偏好。事实上，基于我国目前股票市场的状况和上市公司的股权结构，无论从公司自身来讲，还是从公司融资的实际决策者来讲，都有无限地通过股票市场进行融资的动机（黄少安和张岗，2001）。这一看法作为研究者的一般认知，它与我国广大股民认为上市公司一味"圈钱"的共识是完全吻合的。

国企上市公司偏好股权融资的原因主要有二：一是股权融资成本较低。由于负债融资可以获取税盾带来的收益，其成本一般低于股权融资的成本，并且企业发行债券和向银行借款所产生的费用一般也低于股票发行过程中的费用。但我国目前股权融资的实际情况是，资本市场缺乏对股权的强约束环境，股利政策具有很大的随意性，一毛不拔的"铁公鸡"公司很多，即便分配，也是配送股票的多，分配现金股利的少，且派现利率普遍较低。因此，与具有硬利率约束的负债融资相比，上市公司更愿意选择软约束的股权融资。资料显示，在 2003~2012 年的十年间，我国上市公司从市场募集资金高达 4.3 万亿元，但现金分红总额仅占上市公司净利润的 25%左右，即使是蓝筹股，其实际分红收益也低于国债及银行长期存款收益（邢少文，2012）。二是股权融资的运用风险较小。到期还本付息是负债融资的硬约束，这将限制企业管理者在现金流不足的情况下进行扩张的行为，从而增大负债融资的运用风险。而股权融资具有非返还性，且在我国又表现为低成本，这就使股权融资的运用风险相对较小。

5.3.3　国企资本结构优化的 EVA 决策模型

很明显，基于资本结构优化的低成本取向，在融资方式选择上，一味负债融资或过度股权融资都是不可取的。针对前述国企资本结构存在的两个突出问题，学界提出了不少化解问题的方法。对于国企的高资产负债率，代表性的意见是希望企业实行"债转股"，将企业的负债转化为银行的股权，使企业债务能够通过资本不同角色的转换而自动实现清偿（胡援成，2004）；对于国企对股权融资的过度偏好，倾向性的建议是提高股票配发的门槛和实行硬性的分红政策，如要求股票发行人从新股发行的招股说明到年报发布都要将分红政策作为重大事项进行披露和说明，并将分红的比率和数额作为上市公司再融资的必要条件（朱宝琛，2011）。无疑，这些意见和建议对于优化国企的资本结构均会产生重要影响。但我们必须认识到，这些建议要在实践中真正产生实效，还须引入 EVA 理念和方法。因为 EVA 作为影响资本结构优化的综合性重要因素，其理念的价值取向是实现企业价值的最大化，这与资本结构优化的实质是完全一致的。而要在资本结构的优化中引入EVA方法，关键是要建立一个关于资本结构优化的EVA决策模型。

1. 资本结构优化的传统模型及缺陷

关于资本结构优化的决策模型，传统的方式主要采用每股收益法（财政部注册会计师考试委员会，2002）。这一方法通过综合考虑税收效应、债务成本、市场环境等因素，计算出每股收益来说明资本结构的合理性。能够使每股收益提高的资本结构，就是合理的资本结构；反之，则是不合理的资本结构。

具体地讲，每股收益法是运用 EPS 的无差别点来进行资本结构分析的。EPS 无差别点是指 EPS 不受不同融资方式影响的销售额。按照 EPS 无差别点，可以解释何种销售水平适合选择何种资本结构。

如果以 S、VC、F、I、T、N、EBIT 分别代表销售额、变动成本、固定成本、债务利息、所得税率、流通股股数、息前税前盈余，则 EPS 的算式是

$$\mathrm{EPS}=\frac{(S-\mathrm{VC}-F-I)(1-T)}{N}=\frac{(\mathrm{EBIT}-I)(1-T)}{N}$$

因为在 EPS 无差别点上，不论选择权益融资，还是选择负债融资，EPS 都是相等的；且如果用EPS_1表示权益融资，EPS_2表示负债融资，则有

$\mathrm{EPS}_1=\mathrm{EPS}_2$，即

$$\frac{(S_1-\mathrm{VC}_1-F_1-I_1)(1-T)}{N_1}=\frac{(S_2-\mathrm{VC}_2-F_2-I_2)(1-T)}{N_2}$$

在 EPS 无差别点上，$S_1=S_2$，则

$$\frac{(S-\mathrm{VC}_1-F_1-I_1)(1-T)}{N_1}=\frac{(S-\mathrm{VC}_2-F_2-I_2)(1-T)}{N_2}$$

上式经整理计算得出的销售额 S 为 EPS 无差别点的销售额水平。当实际销售额超过 EPS 无差别点的销售额 S 时，选择负债融资可获得较高的EPS并具有优势；当实际销售额低于 EPS 无差别点的销售额 S 时，选择权益融资则可获得较高的 EPS 并具有优势。

每股收益法计算简便、分析明了，在企业融资方式的决策中被广泛采用。尤其是对非上市企业，因为它们无法根据 CAPM 和股票市价来测定企业价值，EPS 便通常被用来判断企业融资方式合理与否的一个标准。但这一方法有两个明显的缺陷：一是没有考虑随负债比率上升可能产生的风险增大，以致可能增加资本成本，减少企业价值；二是 EPS 没有反映资本成本中权益资本成本的相应信息，存在对企业价值计量的虚张。目前学界和企业界在评价这一方法时，看到的往往只有第一个缺陷，似乎第二个缺陷并不存在。而我们相信，企业在做融资方式决策

时，如果无视权益资本成本的存在和影响，该方法的不足则会更突出。因为一方面，从 EVA 理念出发，只有充分反映企业全部资本成本的收益才是对企业价值具有真实意义的收益。另一方面，面对国企过高资产负债率和过度偏好股权融资的实际情况，为切实改善其资本结构，权益融资成本的提高肯定将成为其硬约束，这必然要求企业在融资决策分析的框架中纳入权益成本的因素；而且，一旦权益成本（股权报酬率）提高这一约束兑现，打算通过“债转股”方式来降低国企资产负债率的期望也会因能够激励债权人而具有了实质意义。因此，构建基于 EVA 的国企资本结构优化决策模型十分必要。

2. 基于 EVA 的国企资本结构优化的决策模型

资本结构优化的 EVA 决策模型，其基本思想是以 EPS 的计算与分析为参照，通过综合考虑市场状况、税盾效用、债务成本和权益成本等因素，来计算出每股 EVA（EVAPS），进而确定不同融资方式下每股 EVA 无差别点销售额，来判断资本结构优化与否。该决策方法可以叫做 EVAPS 分析法。

该模型假设：负债率的变化对企业财务风险不产生影响，因而由债务增加引起的资本成本的变化暂不考虑[①]；因为该模型是国企资本结构的决策模型，其权益资本成本以 2010 年 1 月 1 日实行的《中央企业负责人经营业绩考核暂行办法》的一般规定为准；资本成本系数采用加权平均资本成本；涉及 EVA 计算的会计调整项目已按规定范围和标准进行了调整。

现假定：S 为企业销售总额，NC 为非财务成本，T 为所得税税率，I 为债务利息，$C\%$ 为加权资本成本系数，TC 为全部资本，N 为流通股股数。则有

$$\mathrm{EVAPS}=\frac{(S-\mathrm{NC}-I)(1-T)+I(1-T)-\mathrm{TC}\times C\%}{N}$$ [②]

在 EVAPS 无差别点上，不管选择权益融资，还是选择负债融资，EVAPS 都是相等的。若设权益融资时的每股 EVA 为 EVAPS_1，负债融资时的每股 EVA 为 EVAPS_2，则有 $\mathrm{EVAPS}_1=\mathrm{EVAPS}_2$，即

$$\frac{(S_1-\mathrm{NC}_1-I_1)(1-T)+I_1(1-T)-\mathrm{TC}\times C_1\%}{N_1}=\frac{(S_2-\mathrm{NC}_2-I_2)(1-T)+I_2(1-T)-\mathrm{TC}\times C_2\%}{N_2}$$

在每股 EVAPS 无差别点上，$S_1=S_2$，则有条件公式：

$$\frac{(S-\mathrm{NC}_1-I_1)(1-T)+I_1(1-T)-\mathrm{TC}\times C_1\%}{N_1}=\frac{(S-\mathrm{NC}_2-I_2)(1-T)+I_2(1-T)-\mathrm{TC}\times C_2\%}{N_2}$$

---

① 这是为简化分析，以得出初步的 EVA 决策模型而作的必要假设，深入的分析还须结合企业风险对负债率的敏感性实际而考虑放宽该假设。

② 式中的分子项是符合 2010 年 1 月 1 日实行的《中央企业负责人经营业绩考核暂行办法》的 EVA 算式，即 EVA=净利润+利息支出×（1−25%）−调整后的资本×平均资本成本率。

整理上式得出的销售额 S，即为 EVAPS 无差别点的销售额水平。

上述可用实例说明，假如某一国有控股企业现有资本总额 7 000 万元，其中权益资本 4 000 万元（普通股 100 万股，每股面值 40 元），负债资本 3 000 万元；固定成本 2 000 万元，变动成本率 60%；利率 10%，所得税税率 25%。为适应企业经营规模的扩大，现需筹措 3 000 万元的资金，而融资方式有两个：

一是全部筹借长期债务，利率仍为 10%，利息为 300 万元；二是全部发行普通股，每股面值仍为 40 元，增发 75 万股，权益成本率 5.5%[①]。

根据以上假定，可得

融资方式一：$C\%=10\%(1-25\%)\times(6\,000/10\,000)+5.5\%\times(4\,000/10\,000)=6.7\%$；

融资方式二：$C\%=10\%(1-25\%)\times(3\,000/10\,000)+5.5\%\times(7\,000/10\,000)=6.1\%$；

将上述资料中的有关数据代入条件公式，有

$$\frac{(S-0.6S-2\,000-300)(1-25\%)+300(1-25\%)-(10\,000\times6.1\%)}{100+75}$$
$$=\frac{(S-0.6S-2\,000-600)(1-25\%)+600(1-25\%)-(10\,000\times6.7\%)}{100}$$
$$S=7\,500\text{（万元）}$$

此时的 EVAPS 为

$$\frac{(7\,500-0.6\times7\,500-2\,000-300)(1-25\%)+300(1-25\%)-(10\,000\times6.1\%)}{100+75}=0.8$$

EVAPS 无差别点分析可用图 5-2 解释。

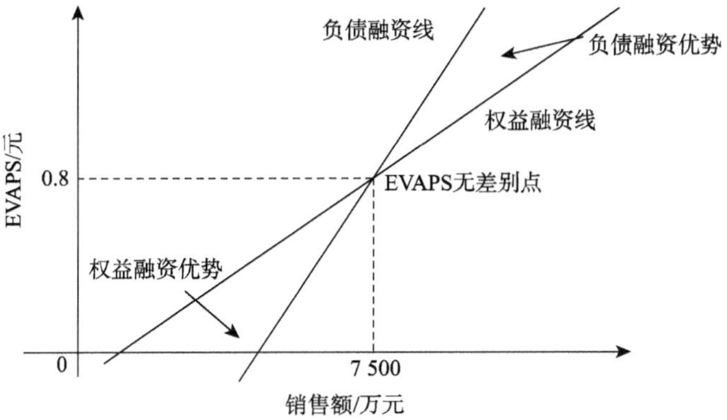

图 5-2　EVAPS 无差别点分析

① 权益成本率 5.5%参照 2010 年 1 月 1 日实行的《中央企业负责人经营业绩考核暂行办法》的规定。

图 5-2 中，权益融资线表示企业采用增发股票筹资时，EVAPS 随销售额 S 变化而变化的线性函数；负债融资线则表示企业采用长期负债筹资时，EVAPS 随销售额 S 变化而变化的线性函数。权益融资线与负债融资线的交点为 EVAPS 无差别点，该点所对应的横轴表示当销售额为 7 500 万元时，企业权益融资和负债融资对 EVAPS 具有相同的影响。当销售额超过 7 500 万元时，企业应选择负债融资方式，因为这时的 EVAPS 将高于 0.8 元；当销售额低于 7 500 万元时，企业则应选择权益融资方式，使得 EVAPS 最大。

EVAPS 分析法有两个明显的优势：一是该方法全面反映了资本结构中的所有资本成本，它体现了企业价值追求的取向，有利于提升股东投资回报，促进国有资产保值增值。二是该方法所用数据不涉及股票价格，因此可以被上市企业和非上市企业采用。特别是该方法着眼于改善国企资本结构所需解决的问题，将权益融资成本纳入了资本结构决策的分析方法，有利于使权益成本的硬约束真正落到实处，以扭转上市国企对股权融资的过度偏好；也有利于激励国企债权人因权益成本的硬约束而接受“债转股”方式，以切实降低国企过高的资产负债率（李小平，2005）。

3. 基本结论

基于企业存在最佳资本结构的讨论和对 EVA 与影响资本结构的企业资本成本、营利能力、成长性、市场价值、社会声誉等因素的关系分析，可以判断，EVA 是资本结构决策的一个综合性影响因素。因此，将 EVA 引入国有企业筹资决策的方法中，建立基于 EVA 的国企资本结构优化模型——EVAPS 分析法。该模型通过全面反映不同融资方式的资本成本，以计算出每股 EVA（EVAPS）来判断资本结构优化与否，能够克服传统方法无视权益资本存在的缺陷，真正体现追求企业价值、实现所有者利益的思想。

因此，实践中，伴随着中央企业负责人经营业绩的 EVA 考核的深入实施，很有必要在国有企业尝试和运用基于 EVA 的资本结构优化分析方法。这对促进国企管理者在筹资决策中全面考虑资本成本约束，充分发挥 EVA 在价值创造中的导向作用，确保国有资产的保值增值，可能会产生更为积极的影响。

第 6 章　EVA 与国有资产保值增值机制的治理文化

本章把企业文化置于企业治理结构内容的有机联系中，分析企业文化与企业治理结构的关系机理，提出良好的国企治理文化应该具有的基本属性。并从 EVA 理念出发，分析 EVA 意识对国企治理文化建设的重要影响，以解释本书提出的第四个假设：H_4——EVA 理念与方法可以优化国有资产保值增值机制的治理文化，同时，结合国企治理文化存在的问题，明确其建设与提升的价值取向与思路。

6.1　企业文化与企业治理结构的关系机理

6.1.1　企业文化与企业治理的研究简述

国外将企业文化与企业治理结构联系起来进行的研究，始于 20 世纪 70 年代，主要集中于企业文化与企业治理结构的关系机理，代表性的观点有：企业文化是消除“搭便车”的企业治理缺陷的补充机制（奥尔森，1995）；企业共同的话题或文化可以减少企业内部实施监督的成本（Gray Research，1976）；集体价值意识可以为企业控制体系提供一个理想的框架（Ouchi，1980）；企业文化的价值在于它能够减缓委托代理关系中的利益和权力纷争的问题（Miller，1990）。这些观点探讨了企业文化对于企业治理的重要价值，在公司治理的框架上涉及了企业治理文化要素及功能，但没有提出企业治理文化的概念（李小平和范锡文，2014）。

国内对企业治理文化的研究始于 20 世纪 90 年代，主要集中在企业文化与企业治理的关系、企业治理文化的内涵及构成上。张维迎（1996）明确指出，企业文化是企业治理的必要的非正式契约；徐金发和刘翌（2001）提出了企业治理文化的概念，并按构成要素对其进行了层次划分；郭鹰（2007）研究了企业治理文化的动态变迁及其变迁中的三种具体模式；张彦波和聂清凯（2007）则提出了企业治理文化是企业竞争力的核心要素之一的观点。这些研究直接提出了企业治理文化的概念，并在一定程度上探讨了其形成路径。但总的来讲，国内对企业治理文化的研究还很初步，其不足主要表现在：企业治理文化的概念还不清晰，其建设思路的视角还比较单一，缺少与企业价值管理的联系，以及还未涉及对国企治理文化的专门研究（李小平和范锡文，2014）。

6.1.2　从“搭便车”问题看企业文化的重要性

美国马里兰大学的曼瑟尔·奥尔森（Mancur Olson）教授作为公共选择理论的主要奠基者，无疑是当代最有影响力的经济学家之一。奥尔森最独特之处在于，他对研究集体行动问题的执着，他一生专门研究这样一个问题：为什么个人的理性行为往往无法产生集体或社会的理性结果？

奥尔森在其代表作《集体行动的逻辑》一书中认为，过去社会科学家往往想当然地假设：一个具有共同利益的群体一定会为实现共同利益而采取集体行动。例如，住在同一座楼里的邻居会提供公共楼道的照明，同一社区的人们会保持公共环境卫生，同一公司的所有员工会齐心协力扶持该公司股票的价格，等等。奥尔森发现，这个貌似合理的假设并不能很好地解释和预测集体行动的结果，许多合乎集体利益的集体行动并没有产生，相反地，个人自发的自利行为往往造成了对集体不利甚至极其有害的结果。究其原因，是因为，集体行动的成果具有公共性，集体的所有成员都能从中受益，包括那些没有分担集体行动成本的成员。例如，由于罢工的胜利，工人们获得加薪，这对所有工人都有好处，但是，那些参加罢工的工人却承担了所有的风险和成本。这种不合理的成本收益结构导致了“搭便车”的行为。由此，奥尔森得出了一个极具争议的结论：由于“搭便车”行为的存在，理性、自利的个人一般不会为争取集体利益做贡献，集体行动的实现其实非常不容易。一般来讲，集体行动容易产生于集体人数较少的情况，当集体人数逐渐增多时，集体行动会因协商解决如何分担集体行动的成本而变得越来越困难；人数越多，分担集体行动成本的协商越不容易，人们“搭便车”的心理越突出，“搭便车”的行为表现越明显。

奥尔森的这一观点可以通过企业的实践假设而得到验证。假定一个企业中，在一起工作的工人有很多，工人的产出与其工作的努力程度直接相关，对于工人的报酬分配，依据每一个人的努力程度，采取利润分享的激励机制。这样问题就产生了。在一个由 n 个成员组成的企业中，与某个工人边际努力相联系的报酬增

加部分被因子 $1/n$ 给稀释了，结果是一个缺乏效率的低努力水平，n 越大，这一努力水平越低，每一个人都在进行博弈，即使给予他们剩余索取权，他们也不会努力工作，并且会试图占别人的便宜。

认真分析这一分享机制，如果企业中的每一个人的工作都十分努力，不言而喻，企业每个成员的收益会更好。不过，“搭便车”——偷懒的动机每个人都有，因为大家都会想，当自己减少努力时，自己的行为对企业人均产出及报酬的影响不会太大。这样的话，人数越多，则影响会越小，那偷懒的动机就会越强烈。

很显然，企业治理中作为激励员工采取集体行为的利润分享制度不能很好地实现其目的，虽然我们可以假设一种长期的重复博弈，有可能部分地解决这一问题，但对企业而言，只凭借利润分享这样的制度安排是不能完全解决问题的。这表明，企业要改善治理结构，还需要有其他的补充机制——建立一种强调企业精神、促进团队合作和鼓励集体意识实施机制的企业文化。从这个意义上来讲，企业文化对企业治理是重要的。

6.1.3　企业文化通过三个途径提高企业治理水平

第一，文化可以减少企业内每一个员工单独处理信息的要求，可以更好地使每一个人把注意力集中于他们的日常工作。企业文化中的价值意识、行为准则和相应的形象符号等，可以使员工的经营活动集中于特定范围之中，从而使得员工无须经常对自己的工作职责和范围进行“讨价还价”，因此可以减少决策成本和控制成本，而且能够促使工作专门化。同时，员工通过企业文化，也可以一起分享到企业共同预期的价值，降低企业的一些经营性风险与不确定性。

克雷研究公司（Cray Research）于 1976 年由西摩·克雷创立，以在大型计算机方面的创新而著称于商业界，其公司文化尤其受人推崇。克雷文化的一个突出的特点就是把克雷本人的业绩和行动作为话题和模式，强调创新和强化员工的承诺。1978 年以后，克雷公司成长迅速，如果没有这种公司文化，仅仅在员工协调方面就可能占用克雷公司管理人员大量时间和精力；1978~1983 年，克雷公司员工从 321 人增加到 1 551 人，同期销售收入从 1 700 万美元增加到 1.7 亿美元。尽管取得这样骄人的成绩，但是克雷公司的结构依然十分简单，决策依然由各个独立的工作团队做出。试想，如果没有一个共同的话题或企业文化，在这种简单的结构下，管理这样一个大企业必然会面临许多棘手复杂的问题。

第二，文化补充了企业正式的控制制度体系，减少了企业内部实施监督的成本。作为集体价值观和行为准则的集合体，文化在组织中发挥着一种控制功能。文化对员工的控制是基于员工对企业的依赖，而不是基于企业对员工的激励和监督，那些在文化上对企业有依赖感的员工肯定会对个人的目标和行动进行自觉的调整，使之符合企业的价值目标。如果企业文化具有了这种功能的话，那么依靠文化对员工的控制比起依靠行政手段对员工的控制会更加有效，因为员工的自我控制能够大大降低企业的监督成本（李小平，2006）。可以这样说，将自觉的自我控制、员工之间的非正式的监督和不涉及具体问题的组织准则结合在一起，则会使员工会比在正式制度管理下更加顺从（李小平，2006）。

詹姆斯·奥奇（W. G. Ouchi.）把企业文化看作行政控制（bureaucratic control）与市场控制（market control）模式的一个替代控制系统。奥奇引入了团队控制（clan control）概念，团队控制是依靠企业的价值观和组织准则来对员工进行控制的（Ouchi，1980）。团队控制的一个基本特点是，组织中的角色专门化和任务专业化要求比较低，企业实施长期雇佣、自我激励和自我约束、集体决策等；而行政控制非常强调组织中成员角色的专门化和任务的专业化水平，重视短期雇佣、个人责任和个人决策；而市场控制则是建立在市场价格和市场标准基础上的控制（Ouchi，1980）。奥奇最大的贡献之一就是为企业控制体系的建立提供了一个理想框架。一个层级企业组织可以利用行政手段实施控制，也可以利用市场机制的方法进行控制，如建立企业的利润中心和成本中心；同时，还可以导入团队控制，通过集体价值意识和行为标准来激发员工的自我激励和自我监督。

第三，文化弱化了企业内个人偏好的倾向，使员工更加趋向于合作和认同企业的共同目标，这样可以降低企业内个人谈判和讨价还价的成本，并促使大量的、有协调性的经营活动的产生。

加里·米勒（G. J. Miller）（1990）针对组织与文化之间的关联性，做了大量研究，他的研究建立在戴维·克雷普斯（D. Kreps）的重复博弈的基础上。米勒和克雷普斯都对"无名氏定理"（folk theorem）感兴趣，无名氏定理关注的是重复博弈可能产生纳什均衡与合作的组织安排，如果员工普遍认为合作仅仅是许多可能性组织安排的一种，如果选择和实现这样一种合作性的组织安排成本太高，通过重复博弈实现合作性的组织安排显然是困难的。

米勒认为，通过契约、激励和正式控制来实现企业员工之间合作性的组织安排可能要承担很高的影响成本，因为员工可能掌握许多的隐藏信息和隐藏行为。他提出，任何层级组织中都存在委托代理问题，这是层级组织固有的，这种机械模式的持续恶化会导致组织毁灭，而企业文化的价值就在于它能够减缓委托代理关系中的利益纷争和权力纷争问题，可以遏止管理者长期拥有权力所产生的官僚性和权力的破坏性。米勒认为，如果企业文化的价值观和行为规范强调合作性和非冲突，它就能解决这类问题，因为一个强调合作的文化能够促使员工自觉地调整自己的目标和偏好，能够促使参与者对其他员工合作行为产生期待，使利己主义的行为不可能在多方受益的合作行为中产生。

6.2　国企治理文化及其属性界定

允许更多国企发展成为混合所有制企业，是新一轮国企改革的一个重要方向。其目的可以理解为，通过股权多元化的方式提高国有企业的经营效率，让国有资产在市场化规制下更有效率地保值增值，但从根本上讲，依然要解决国有制下国企治理结构的委托代理问题，提升国企治理水平。在企业治理结构的制度设计中，正式的产权制度的安排是重要的，但非正式的文化契约的规范也必不可少（张维迎，1999）。对应这一取向，国企文化作为国企治理结构的非正式制度安排，其建设理应包含治理文化的建设（李小平和范锡文，2014）。但什么是国企治理文化？国企治理文化有何特性？国企治理文化建设应遵循怎样的方向？如前所述，目前理论界和企业界对此的关注和研究还比较有限，对国企治理文化还没有提出清晰的概念，这影响了国企治理文化建设的思路（李小平和范锡文，2014）。

6.2.1　企业文化与企业治理文化

我们描述一定的文化很简单，但我们很难阐释文化的根基到底是什么。从普遍意义上讲，自从企业文化被认为是商业运营中一个不可或缺的重要组成部分以来，经营者就在探求怎样使这项资产成为企业竞争的一大优势。那么什么是企业文化？在商业运营中，文化经常被认为是在某种特定的环境下企业和员工做事的方式。Edgn Sbhein 是一个在企业文化方面颇有研究的评论家，他认为：文化对企业发展的真正作用是什么呢？它的本质就是指导人们日常经营活动，并在此基础上指导员工学习信息、知识和技能分享，达成默契（范黎波和李自杰，2001）。但比较经典的是西方学者希恩于 1984 年下的定义："企业文化是特定组织在适当处理外部环境和内部整合过程中出现的种种问题时，所发明、发现或发展起来的基本假说的规范。这些规范运行良好，相当有效，因此被用作教导新成员观察、思考和感受有关问题的正确方式。"（迪尔和肯尼迪，1989）

就企业特定的内涵而言，企业是按照一定的目的和形式建构起来的社会组织。企业为了满足自身运作的要求，必须要有共同的目标、共同的理想、共同的追求、共同的行为准则以及相适应的机构和制度，否则就会是"一盘散沙"，而企业文化的任务就是努力创造这些共同的价值观念体系和共同的行为准则。在这个意义上说，企业文化就是指企业在长期的商业实践活动中所形成的、并且为企业成员普遍认同和遵循的、具有本组织特色的价值观念、集体意识、行为规范和思维方式的总和（李小平和范锡文，2014）。

以上定义是就企业文化的一般性而言的。如果我们将企业文化与企业治理结构联系起来，即将企业文化纳入企业治理结构的框架来思考问题，正如本章第一节所述，会发现企业文化对提升企业治理水平有着非常重要的作用，而我们一旦将企业文化置于企业治理结构的框架下，这时的企业文化实质上就是企业治理文化（李小平和范锡文，2014）。

企业治理文化是企业文化体系的一部分，它具有企业文化的一般性质。但企业治理文化不等于企业文化，它有自己特有的价值信念和规范，它是为解决企业的委托代理问题而安排的。治理文化在企业治理结构中，作为一种非制度性安排和约束，它是从文化的层面赋予企业管理者和所有员工以实现企业治理目标的共同信念和行为标准，它以无形的“软约束”力量构成了使企业治理有效运作的内在驱动力，使企业治理结构能够获得最广泛的基础和支撑（李小平和范锡文，2014）。

尽管过去我们在一定程度上已经意识到企业文化在提升企业治理水平方面的重要影响，但遗憾的是，我们在定义企业治理结构时，一般都将其看成一套正式的、“硬性”的制度安排，很少有人考虑到企业文化在其中作为“软性”力量的应有地位。在笔者看来，既然企业文化对提升企业治理水平具有重要影响，那么它一定具有治理文化的意义。因此，企业治理文化必然要构成企业治理结构不可缺少的重要内容。

6.2.2 国企治理文化的内涵与属性

如前所述，如果我们将企业文化纳入企业治理结构的框架，这时的企业文化就是企业治理文化。相应地，如果我们将国企文化与国企治理联系起来，国企治理文化就是纳入国企治理结构框架来思考问题的国企文化。很显然，在国企治理结构中，治理文化是为解决国有企业委托代理问题而安排的，也是一种“软性”的治理制度约束，它表现为由国有企业一系列价值意识形成的整体。国企治理文化作为国企治理结构的“软性”制度安排，其属性可以有四个方面的基本界定。

1. 国企治理文化的核心观念应是所有者价值意识

任何一个企业的治理结构总是把自己认为最有价值的对象作为其追求的最高目标、最高理想或最高宗旨。一旦这种目标和基本信念成为统一本企业成员行为的共同价值观，就会形成企业内部强烈的凝聚力和整合力，成为企业成员共同遵守的行动指南。国企治理结构也不例外，国企治理的价值观制约和支配着国企治理结构的宗旨、信念和行为规范，从这个意义上讲，国企治理的价值观是国企治理文化的核心。

正如第 3 章所述，在企业治理目标的价值取向上，目前存在“股东价值论”、“利益相关者论”和“利益相关者主次论”三种观点。“股东价值论”把企业治理的中心锁定在确保所有者的利益，认为股东是具有绝对主导地位的；“利益相关者论”是把所有者利益置于与利益相关者相同的位置上，认为企业治理不能单纯以实现股东利益为目标，而要实现包括股东在内的所有利益相关者的利益；“利益相关者主次论”则承认了所有者利益的主导地位，但又强调必须恰当地界定包括股东在内的利益相关者的关系，解决好由此产生的利益关系。很显然，这是三种不同的企业治理的价值观。

基于现代企业理论和包括中国在内的绝大多数国家公司法均承认股东是企业所有者这一明显的事实，我们认同“股东价值论”的观点，认为国企治理应以确保国企股东利益为价值取向，努力实现国企所有者财富的最大化。因此，为国企所有者创造财富的所有者价值意识理应是国企治理文化的核心观念。

2. 国企治理文化的基本思想应以价值管理为基础

无论企业选择怎样的治理目标，其落脚点都会集中在企业如何创造更多的企业价值。这就要求企业要以一定的价值和价值评价为基础，以企业价值最大化为目标，通过设定和贯彻与企业远景一致的价值信念，采取相应的财务方式，以驱动企业价值的不断创造和提升（张彦波和聂清凯，2007）。因此，基于价值管理的信念与模式应成为国企治理文化的基本思想。

价值管理包括价值评价和价值创造两个方面。不同的人站在不同的立场和角度，他们对企业价值有不同的理解和界定，会使用不同的价值标准来评价企业价值，并相应采用不同的价值测定方法。例如，会计师尤为关注企业资产在一定时点的显示，因而强调账面价值标准和运用历史成本方法；经济学家更为关注供求平衡条件下市场价格对企业价值的反映，因而强调市场价值标准和立足于市场交易信号；投资者则更看重企业价值在未来的预期，所以特别强调企业的内在价值标准和采用现金流量折现的方法；评估师则比较注重在信息充分的条件下，交易双方自愿达成的价格，因而强调公允价值标准和交易信息的重要性。如果我们是站在保障出资人利益的角度思考问题，毫无疑问，我们应该选择内在价值作为企业价值的标准，并依据企业资产及其未来现金流量的现值来对企业价值进行判定（李小平和范锡文，2014）。

基于价值管理理论，价值创造作为一套方法体系，它虽然包括价值创造战略的决策、价值创造策略的实施、价值增长流程的再造、价值增长因素的激发等诸多环节，但其着力点应集中在企业管理决策的价值驱动因素方面，也就是要清晰地理解和把握价值动因，最大限度地促进企业价值提升。

不过，从价值管理的本质来看，价值管理不能单纯地被看成是企业价值提升的技术方法，它更是关于企业价值及其创造的、并被企业成员广泛接受的“核心观念”，因为只有造就符合企业远景与企业治理文化的价值信念，并且在行动上付诸实施，价值创造才有根本的意义。

3. 国企治理文化的行为意识应有正确的绩效标准导向

企业价值来源于价值创造，但进一步讲，价值创造的真正源泉则是企业员工的行动，而为了激发员工创造价值的热情，企业必须要有正确的绩效标准导向。也就是说，企业必须要通过对人力资源、财务结构、团队建设等一系列要素的整合与绩效考核体系的建立，形成以激励员工为实现企业治理目标而创造业绩的行为意识，具体表现为目标的清晰、组织的简约、流程的畅通、工艺的改进、工作的熟练、员工的职业化等。这之中的关键点有两个方面：一是绩效标准要与治理目标真正一致；二是激励机制能够引导员工产生正确的行为。可以说，绩效标准是企业治理文化的关键内容，是企业治理价值观和价值管理思想的贯彻体现。

从“股东价值论”的价值观出发，正确的国企绩效标准就是以国有企业内在价值为评价基础，通过建立业绩评价体系与激励机制而形成的、用以激励国企员工不断创造所有者价值的绩效意识和相应的行为规范。

4. 国企治理文化的任务指向是形成解决代理问题的组织凝聚力

由于企业所有权与经营权的分离，现代企业都存在委托代理问题。委托代理问题的核心是激励不相容，这不单单指我们通常所理解的经营者的道德风险和逆向选择，也表现为企业成员在工作态度、行为方式等方面的摩擦、排斥和对立，这都不利于国企治理目标的顺利实现。而国企治理文化通过确立共同的治理价值观和寻找思想、观念的共同点，不断强化国企组织成员之间的依赖、合作、协调、信任和团结，使之产生亲近感、和谐感、归属感和集体感，从而实现国企治理文化的认同和融合，在达成共识的基础上，使企业组织具有一种巨大的向心力和凝聚力，这样才有利于国企共同行为的齐心协力和步调一致，最好地化解委托代理问题，实现国企治理目标（伍衡峰，2010）。

因此，形成集体意识，凝聚组织力量，以尽量减少激励不相容的矛盾，应是国企治理文化的任务指向。

以上关于国企治理文化的属性界定如图 6-1 所示，它们实际上是国企治理文化建设与优化的四维标准。

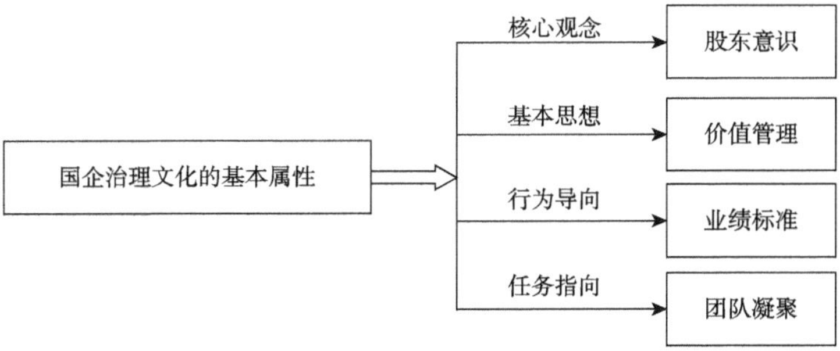

图 6-1　国企治理文化的基本属性

6.3　EVA 对国企治理文化建设的重要影响

基于前述，我们可以得出，EVA 既是一种业绩评价的指标，一种激励机制的方式，也是一种财务决策的依据。不仅如此，我们认为，EVA 更是一种追求所有者财富的价值观念，一种以股东为本的文化倾向（李小平，2006），即 EVA 作为企业价值管理的一个现代概念，它本质上表现为一种以 EVA 为核心观念来凝聚企业资源并激发企业管理者和员工努力为所有者创造财富的价值思想，其理念和方法与国企治理文化之间存在着深刻的联系。

很明显，这里讨论 EVA 理念约束下的国企治理文化，即是表明对在治理文化优化关系式 $A_C=f(C_i)+u_i$ 中，C_i 选择 C_E 对国企治理文化的影响（A_C）所做的合理解释。

6.3.1　EVA 最能反映国企治理文化的所有者价值意识

在国企治理文化中，所有者价值意识是核心的价值观念，它是人们赋予出资者在企业治理的价值取向上拥有绝对主导地位和利益诉求的根本态度和根本观点，而最能体现这一根本态度和观点的应该是 EVA 概念（李小平，2006）。

EVA 作为经济增加值，它在财务关系上表现为，企业净经营利润减去所投入的所有资本成本后的差额，即 EVA 是既补偿了债务成本，也补偿了所有者权益资本的机会成本后的剩余。对所有者来说，这是真正有意义的利润，因而 EVA 与国有企业实现国有资产保值增值的治理目标是完全一致的。因此，用 EVA 来代表国企所有者价值意识，用EVA 来反映国企治理目标，用EVA 来引导国企管理者与员工的行为方式，应该是一个最好的价值概念。

再就是，按照EVA 思想所形成的奖励机制，是将EVA 增长的数额按比例奖励给贡献者，它以一种让人十分容易理解的方式告诉管理者和员工：增加 EVA 就是为所有者创造更多的价值，为所有者创造更多的价值就是增加自己的利益，要更多地实现自己的利益，就必须要更多地创造 EVA。在这里，激励是相容的，用 EVA 作为国企治理文化的价值标准，能够在国企的所有成员中形成一种追求 EVA 的、内在的自觉意识。很显然，这种意识就是所有者价值意识。

从表面看，EVA 概念似乎只是单纯地追求企业所有者的利益，这容易引起“利益相关者论”的质疑，其实由于 EVA 是支付了所有的利益相关者的固定收入（如管理者的报酬、员工的工资、供应商的货款、债权人的利息、政府的税金）后的剩余，它意味着所有者要得到回报，必须首先补偿利益相关者的各种收入。从这个意义上讲，EVA 与利益相关者的利益不是冲突的，而是一致的，用 EVA 作为国企治理文化的核心概念能够得到企业员工的积极响应，能够形成普遍的共识（李小平，2014）。

6.3.2　EVA 能有效表明国企治理文化的价值管理思想

毫无疑问，如果基于所有者的价值意识，作为治理文化价值管理思想的两个方面——价值评价和价值创造，都应该以实现所有者价值的最大化为转移。在这方面，EVA 能有效地表明这一价值管理思想。

从价值评价来看，EVA 的有效性表现在，EVA 是企业内在价值的决定性变量。

企业的内在价值即市场价值，它是企业预期未来收益的现值总和，是所有者财富的市场表现（李小平，2014）。由于市场价值反映了市场对企业使用稀缺资源的效率的评价，客观地体现了投资者的利益，因而它是评价企业价值的最好标准。市场价值作为企业预期收益的现值，它由 MVA 和投资者投入企业的资本两部分构成，即市场价值=MVA+投入资本（李小平，2014）。在市场价值等式中，如果投入企业的资本一定，则表明企业市场价值的大小直接取决于 MVA，而 MVA 与 EVA 之间的关系式如下（黄登仕和周应峰，2004）：

$$\text{MVA}=\sum_{t=1}^{n}\frac{\text{EVA}_t}{(1+k)^t}\quad（k\text{ 为资本成本率}）$$

由上式可以看出，MVA 是企业未来的预期 EVA 的现值。这意味着，增加 EVA 是提高 MVA 最直接的方法。或者说，如果一家国有企业增加了它的 EVA，而且投资者认为这种增加能够持续下去，MVA 就会增加，其增加幅度相当于按照资本成本贴现的 EVA 的改变量。这表明 EVA 是 MVA 的解释变量，同时也表明 EVA 是国有企业内在价值的决定性因素。

从价值创造来看，EVA 的有效性表现在企业价值提升的实际结果上。EVA 应用于价值创造的是一套系统的方法，它包括价值创造战略的决策、价值创造策略的实施、价值增长流程的再造、价值增长因素的激发等。实践中，由于不同的企业针对其自身所处行业的特点、产品组合的状况、生命周期的阶段等因素，会形成不同的EVA价值创造的具体模式，因而EVA对价值创造的影响更直接地反映在其对企业价值提升的实际结果上。

例如，可口可乐公司长期以来在软饮料行业处于世界第一名的市场地位，但在 1983 年首席执行官罗伯特·郭思达首次采用 EVA 管理模式时，公司的价值创造业绩明显平庸（埃巴，2001）。然而到 1994 年，可口可乐公司成为世界上首屈一指的“价值创造者”，到 1996 年末，可口可乐公司已经为股东创造了 1 250 亿美元的价值（埃巴，2001）。1997 年，《华尔街日报》报道了可口可乐公司 EVA 价值创造为股东所带来的一些好处。

（1）郭思达的牙医尼克·史密斯（Nick Smith）有一笔可观的资金，保证他有一个非常舒适的退休生活。1984 年，他用 6 237.5 美元买了可口可乐的 100 股股票。经过 4 次股票分割和红利的再投资，这些股票到 1997 年年中已经升值到 18 万美元（埃巴，2001）。

（2）4 家当地的慈善机构持有可口可乐公司的股票，它们是罗伯特 W. 伍德鲁夫、约瑟夫·怀特里德、莱蒂·佩特·埃文斯、莱蒂·佩特·怀特里德，这些机构的资助基金从 1980 年的 500 万美元增长到 1997 年的 2.2 亿美元，4 家机构的基金一共价值 76 亿美元，几乎都来自他们持有的 1.19 亿股可口可乐股份（埃巴，2001）。

（3）埃默里大学的捐赠基金从 1981 年的 2.5 亿美元上升到 38 亿美元，成为全国大学中最大的基金之一。该大学持有 4 000 万股可口可乐的股份，占该校捐赠基金价值的 63%。学校修建了学校设施、提供奖学金、设立教授职位和扩大研究项目。如果没有捐赠基金价值的增长，这些项目是不可能实施的（埃巴，2001）。

又如，SPX 是美国一家业绩不稳定的汽车零部件供应商，位于密歇根州的马斯基根，于 1996 年开始实施 EVA，在两年之内，它的股票价格从十几美元涨到 69 美元。在采用 EVA 的第一年，公司创造了将近 3.5 亿美元的股东价值，第二年又创造了 4 亿美元的股东价值。对此，Al. 埃巴非常感慨：不久以前，SPX 公司的员工还士气低落，现在已经是充满了自豪和勇气的必胜者（埃巴，2001）。

6.3.3　EVA 能正确体现国企治理文化的绩效标准导向

基于股东价值论的思想，企业治理文化的绩效标准是激励员工不断为所有者创造价值的绩效意识和行为规范。这些规范可以表现在许多方面，但最为重要的有两个方面：一是绩效标准要与企业治理目标一致，即能够正确衡量股东价值的实现；二是依据绩效标准的激励机制能够引导人们产生创造股东价值的行为方式。EVA 作为价值理念，完全能够体现企业治理文化的这一绩效标准。

从 EVA 作为业绩度量指标来看，它能够衡量股东价值的实现。将国有企业治理目标确定为切实维护国有资产所有者权益至关重要，但目标本身还不能表明其合理性，因为完善的治理目标，还必须要有相应的评价其实现程度的价值标准，即要有一个恰当的指标来度量国有资产所有者利益的实现，表明国有企业经营的业绩。传统会计实务中广泛使用的净利润（每股盈余）、资产回报率、净资产收益率等指标，由于无视权益资本成本的存在，把不能补偿所有者权益资本机会成本的收益也算作了利润，因此它们不是正确的业绩标准。而 EVA 指标不仅扣除了债务成本，也扣除了权益成本，其计算是将超过必要投资回报率的收益定义为所有者价值的增加，因而 EVA 与所有者财富的创造直接联系，它是绩效评价的正确标准，也就是说，在 EVA 绩效标准下，EVA 不仅能够表明企业治理目标是追求所有者价值，而且能够有效地衡量所有者价值的实现。目前，正在实施的《中央企业负责人经营业绩考核办法》（国务院国资委令第 40 号）继续将 EVA 作为中央企业负责人年度经营业绩考核的一个重要指标，其基本依据就在这里。

从 EVA 作为激励机制来看，EVA 具有引导国企员工产生正确行为的属性。企业治理结构中的激励机制是为解决代理问题而安排的重要制度，它是围绕如何降低代理成本、如何克服利益不一致，以及如何最大限度地实现委托人的利益而展开的。因此，有效的激励机制必须使管理者和股东的利益一致起来，让管理者能够像股东一样去思考问题和采取行动。可以说，这是解决代理问题最根本的要求。但是，如果你能恰当地分析激励机制如何影响人们的行为，你会发现今天被大量采用的激励机制事实上大都是一种负激励机制。因为它们更注重短期，几乎没有或者不鼓励超级优异的业绩表现，导致管理者过分的保守，在经济“高潮”和“低谷”时无所作为，坐失良机。一句话，大多数传统的激励机制都使企业业绩低于它们的潜在能力。

而 EVA 奖金制度却是一种完全不同于常规的激励机制，其发挥的关键作用表现为，它赋予管理者与股东一样的关于企业成功与失败的心态。EVA 奖金制度的最大特点是：按照 EVA 增加值的一个固定比例来计算管理者的货币奖金，换句话说，把 EVA 增加值的一个部分回报给管理者（埃巴，2001）。EVA 奖金制度突破了传统薪酬制度设计的两个基本规则：第一，奖金不做封顶，管理人员带来的 EVA 越多，奖金就越多，没有上限的限制；第二，只对 EVA 的增加值提供奖励，一定比例的奖金被存入奖金库，只要 EVA 持续增加，奖金库中的奖金就不断增加，如果未来 EVA 下降了，奖金库中的奖金就会减少。只对 EVA 的增加值提供奖励且不封顶，这是一种使奖金与管理者为股东创造的财富联系起来的直接方式。对管理者和员工来说，这种做法具有吸引力的地方在于，它可以以一种十分容易理解的方式为管理者和员工提供“增量”激励，也就是让他们清楚地知道，他们将分享自己创造的财富，要想分享更多自己创造的财富，首先必须创造更多的 EVA 增量（埃巴，2001）。可见，EVA 激励制度的设计正是基于使代理人与委托人的利益趋于一致、使管理人员能像所有者那样思考和行动的思想。

6.3.4　EVA 能有效形成国企治理文化的组织凝聚力

上述基于 EVA 的股东意识、价值管理、绩效标准、激励方式等因素，实质上构成了企业治理特有的价值体系和行为规范。这些价值体系和行为规范一旦在国有企业中建立起来，就意味着 EVA 不仅是国企所有管理者和员工的行为方向和业绩标准，而且也是整个企业的共同理念和主流思想，它对营造国企治理文化，增强组织凝聚力将发挥重要作用。这就是说，因为 EVA 以一种富有创造性的财务理念，将企业治理的目标、业绩评价的标准和目标实现的机制进行了有机的统一，使所有者、管理者和员工的利益紧紧地联系在一起，这就必然形成一种人人关心 EVA、人人创造 EVA 的激励力和凝聚力，也就是形成一种现代企业都应具有的所有者意识和追求所有者价值的文化氛围。根据《财富》杂志编辑 Al. 埃巴在《经济增加值——如何为股东创造财富》一书中的实证材料，目前，全球已有 300 多家著名公司在运用 EVA 价值管理模式，如美国联邦邮政总局、通用电气、可口可乐、高盛公司、德国西门子等。当这些公司的首席执行官们在为他们公司所取得的惊人业绩感慨时，无不将成功归功于 EVA 模式的采用及其所产生的文化凝聚力的力量（李小平，2005）。

总之，EVA 对国企治理文化的基本属性具有全面的影响，EVA 理念可以优化国企治理文化的假设是能够成立的。以此为基础来积极思考我国国企治理文化的建设有着重要的实践意义。

6.4　基于 EVA 理念的国企治理文化的建设

6.4.1　国企治理文化建设存在的主要问题

随着经济全球化进程的加快，我国越来越多的国有企业认识到企业文化建设的重要作用，开始自觉地设计和创新企业文化，并用企业文化来影响企业制度选择、员工培训和组织创新，这些最终影响企业的成长和发展。但是，企业文化作为 20 世纪 70 年代末兴起于西方的一种“管理新潮”，其引入我国企业的时间不长。企业文化的理论研究还比较初步，特别是在国企文化的建设上还存在不少值得思考的问题。需要指出的是，在国企文化的建设上，人们所讨论的问题大都集中于企业文化建设的一般层面，很少就国企治理文化提出问题。而我们认为，国企治理文化的缺失是当前我国国有企业文化建设中一个尤为突出的问题。

1. 价值观的确定缺乏与现代企业制度的紧密联系

企业价值观是企业评判事物和指导行为的基本信念、总体观点和选择方针，它除了具有调节性、评判性、驱动性等基本特征外，还具有不同的类型和层次。但目前人们对企业价值观的认识更多地停留在它的调节、评判、驱动的作用上，往往忽视了它的类型和层次。其实，企业价值观不是单一的，对应企业活动的不同领域会有不同的价值观，如产品观、营销观、用户观、人才观、团队观、企业治理观等；各种价值观也不是居于同一层次的，依据所评判事物对企业影响的层面，会有核心的价值观和一般的价值观。但在实践中，我国国企价值观的确立却存在一个明显的缺陷，就是缺少关于企业治理的价值观。企业治理作为现代企业制度建设的一项制度安排，其本质和要求虽然在《中华人民共和国公司法》等相关法律制度中已有明确的界定，实际的企业治理建设在我国的许多国企也取得了不小的进展，但企业治理到底要解决什么问题，企业治理对提升企业竞争力有什么作用，企业治理与企业员工利益有什么直接关系，这些具有总体性的问题还没有上升到国企价值观的层面进行提炼、确立、强化。在国有企业中很难发现有关企业治理的基本信念和方针选择，更难找到关于企业治理的核心价值标准。2002 年，金思宇关于我国国有企业文化建设的现状与发展态势，曾作过包括十个方面内容的基本判断。但其中没有一个内容涉及企业治理文化。据 2005 年中国企业家调查系统就我国企业文化建设的调查，在调查所指出的八个大的问题中，没有一个问题涉及企业治理价值观的缺失（李成刚，2005）。

2. 集体意识的导向偏离所有者的目标利益

现代企业理论和包括中国在内的绝大多数国家公司法均认为股东是企业的所有者，股东享有企业所有权。这里的所有权除了剩余控制权当然还包括剩余索取权。2018 年 10 月 26 日，全国人大常委会修正发布的《中华人民共和国公司法》第四条明确指出：“公司股东依法享有资产收益、参与重大决策和选择管理者等权利。”很明显，不管是基于“股东价值论”，还是依据《中华人民共和国公司法》，为股东创造财富的所有者意识完全应该成为国企文化建设中重要的共同意识。但是，实际的情况是，所有国有上市公司和经过改制准备上市的国企中，极少有将所有者利益的实现作为其集体意识而加以分析、提炼、落实的，即使像宝钢集团有限公司、中国石油天然气集团有限公司、中兴通讯股份有限公司这样知名的中央企业，其企业文化中的集体观念也存在偏离投资者利益的状况。这并不是说，这些企业在集体意识的形式上没有诸如“股东回报最大化”这样的口号，而是这些企业在其文化价值体系的建设中，确实缺少股东价值的明确取向和积极引导。从 2008 年开始，中国的股票市场持续低迷、一路“熊”样，这之中肯定有很多原因，但其中最根本的原因还是上市企业的整体业绩差，投资者得不到起码的投资回报，这之中当然包括在上市企业中占绝大比重的国有企业。而上市企业为什么整体业绩差？这里面肯定也有许多原因。但我们是否认真想过，这实际上与上市企业的共同意识中普遍缺少股东意识有直接的关系。2015 年，中国的股票市场似乎开始由“熊”转“牛”。许多分析人士预言当时的“牛”市将持续相当长的时间。但结果表明，这种分析的理性成分很少。所谓的“牛”市其实很脆弱。因为股市看好关键有两条：一是上市企业质量很好，有投资价值；二是要有更多的资金进入股市。而当时股市的上涨主要还是依赖资金的全面推动，并非上市企业质量有普遍的提升。据统计资料，2014 年我国有 10 多个行业的销售利润率低于当年央行降息之后的贷款基准利率 5.6%。这样的公司质量，很难想象投资者会有持续的投资热情，“牛”市将会持续相当长的时间。

3. 文化的效应在员工身上得不到真切的体现

企业文化和经营绩效是联系在一起的。许多实证研究表明，良好的企业文化能够提高经营绩效，不良的企业文化则损害经营绩效（李小平，2006）。而且，企业文化的优良与否将通过对企业绩效的影响而体现在员工的利益上，这就是文化的效应。优秀企业文化的效应是一种良性的循环互动。当一个员工真切地感受到文化给自己带来了好处，他会更加认同这一文化，并将其内化为更加自觉的行动，这使文化对企业绩效产生更积极的影响。员工因此会得到更多的好处，文化也因此会更加具有感召力和影响力。这就是说，良好的企业文化，其效应一定要体现在员工利益的增加上（李小平，2006）。但是，目前我国许多国企在其文化的建设与发展中，明显缺少对文化这种效应的思考，很少顾及广大员工的切身感受。2005 年中国企业家调查系统有一项调查，在“什么是企业主要竞争优势”的调查结果中，国企经营者认为位居首位的是“产品（服务）质量”，选择比重为 60.9%；其次是“领导者素质”和“内部管理”，选择比重分别为 43.8%和 42.2%；其他选择依次是，“技术（38.1%）”、“持续创新能力（33.6%）”、“价格（31.6%）”、“应变能力（28%）”、“市场占有率（25%）”、“良好的企业文化（20.8%）”、“劳动力成本（19.8%）”、“人才（15.6%）”、“企业学习能力（11%）”、“政府支持（10.4%）”、“自然资源优势

（10.4%）”、“上下游企业合作（10%）”、“资金充裕（7.1%）”和“研究机构合作（4.7%）”（李成刚，2005）。在这里，“良好的企业文化”排在第九位，远远落后于质量、管理、技术等因素。这表明，在国企经营者看来，企业文化并不是很重要，更不用说企业治理文化。因此实际的国企文化建设，根本没有从企业治理文化的价值管理思想出发，建立企业价值与个人价值的联系方式。国企文化对经营绩效到底有什么实质影响？员工从中到底能得到什么好处？员工无法有真切的感受。国企文化让人感觉到的往往多是完美的形式、漂亮的口号。

4. 文化的个性特征与文化的基本属性缺少内在的统一

一个企业的文化个性，是这个企业在文化上与其他企业不同的特性，它只为这个企业所有，只适用于这个企业，是这个企业生存、发展条件及其历史积淀的反映。国内外的优秀企业，都会根据企业经营环境的状况和企业发展战略的需要，对构成企业文化的要素不断进行整合与提升，不断追求企业管理与文化理念的创新，从而形成具有自己特色的文化体系。文化的基本属性即文化的共性，是不同企业文化都应具有的属性。文化的个性特征与文化的基本属性具有内在的统一性。不同企业的文化不管怎样富有特色，其在本质上与文化的基本属性应该是一致的。个性反映基本属性，基本属性在一定程度上规定着个性。但在我国目前的国企文化建设中，文化的个性特征与文化的基本属性存在不统一的状况，主要表现在，不少国企在文化特色的定位中，为了表现与其他企业文化的差异，并不明了所选择的思想、观念到底要反映企业文化的什么属性，或能够反映企业文化的哪些属性。这些思想观念反映的是企业精神、企业理念、企业价值观，还是组织道德、组织规范、组织的管理思想？似乎企业只要有了一定的思想命题，就有了文化，有了不同于其他企业的思想选择，就有了文化的特色。其实，不能反映企业文化基本属性的命题，不是企业文化，不管它如何新颖，如何富有差异，它都可能只是应景的口号或装饰。

6.4.2 国企治理文化建设的 EVA 思路

由于目前理论界对国企治理结构的讨论，主要是将其作为解决国企代理问题的一套正式制度安排，并未将文化纳入国企治理结构的框架，因而，我国国企文化建设存在如前所述的治理文化缺失的问题。如何解决这一问题？我们认为，基于 EVA 理念对国企治理文化的重要影响来思考我国国企治理文化的建设和发展非常重要。也就是说，在深化国企改革的实践中，为切实解决国有制下的委托代理问题，我们不仅需要将企业文化纳入国企治理结构的框架来思考其改革与建设，还需要将 EVA 引入国企治理文化，并作为其建设的基本理念与思路。

（1）以深化国企改革为背景，将国企治理文化纳入国企治理的制度建设。近些年来，因“国进民退”和国企“垄断”而凸显的国有资产经营效益不高、国企管理者腐败事件频现的问题，实质上反映的是国企治理结构的问题，这倒逼着我们必须加快深化国有企业改革的步伐。在深化国企改革的背景下，国有企业文化的建设一定要有治理文化的新视野、新体系。

将国企治理文化纳入企业文化体系需要明确三个重要问题：一是在企业文化体系中，国企治理文化对应的是国企治理结构，它有自己特殊的定位和功能，它是为解决国企委托代理问题而安排的非正式制度。二是国企治理文化所确立的价值观和共同信念，对强化企业员工实现企业整体发展目标的信念认同和融合同样具有意义。三是国企治理文化是国企文化体系的构成部分，但其自身也是一个体系，它是由企业治理理念、治理价值观、治理道德标准、治理行为规范、治理形象等要素所构成的价值系统（李小平和范锡文，2014）。

（2）基于 EVA 概念，将所有者价值意识打造为国企治理文化的核心观念。

首先，将国企的企业价值明确定义为国有资产出资人价值，即股东价值。在经济学上，企业价值被定义为股东价值本是没有疑义的。但实际中，由于主流经济学家的股东价值论思想受到了利益相关论者观点的很大干扰，人们有意无意地将这两个概念区别开来，很少使用股东价值概念，似乎企业价值与股东价值是两个不同的范畴。现在，我们有必要明确企业价值就是股东价值，为国企所有者创造财富，就是为国有企业创造价值。

其次，将 EVA 作为实现国企股东价值的标准。在股东价值的评价上，因为 EVA 是补偿了投资者机会成本后的剩余，它比现行的诸如每股盈余、净资产收益率等指标更正确地反映股东价值，因此将 EVA 作为国企股东价值的实现标准，对于股东意识的打造具有关键的导向作用。试想，如果我们在观念上认为国企治理的目标是为国有资产的所有者创造财富，但在实践中却采用不正确的评价指标，这将会引导员工产生怎样的行为？这无疑在告诉人们：国企股东的价值等于 0。

最后，将EVA概念融于国企价值管理思想，就是要基于EVA概念来进行企业价值创造战略的决策、价值创造策略的实施、价值增长流程的再造、价值增长因素的激发等（刘焕荣，2013）。也就是说，在国有企业价值创造的整个过程中，必须通行 EVA 概念。只有这样，所有者价值意识才能被国有企业成员广泛接受并成为“核心信念”。

（3）建立 EVA 激励机制，使之成为国企治理文化中不可缺少的行为规范。激励机制具有激励功能，但同时也是一种约束。因为当人们在某一激励机制的激励下决定采取某种行为时，同时也意味着这些人的其他行为方式受到了约束。因此，EVA 激励机制不仅是国有企业治理结构的关键制度，也是国企治理文化中不可缺少的行为规范。将 EVA 激励机制作为国有企业的行为规范，其重要性表现在以下几个方面。

第一，EVA 激励机制实际上是股东价值观的方法论。股东价值观是人们对股东在公司治理的价值取向上拥有主导地位的根本看法和根本观点，股东价值观的方法论则是实现股东价值的具体方法。股东价值观与其方法论是统一的，股东价值观决定方法论，方法论则反映股东价值观。在国企治理结构中，由于 EVA 激励机制能够激励员工为创造股东财富而采取正确行为，有效解决委托代理条件下激励不相容的问题，因而 EVA 激励机制是股东价值观的方法论，它从方法上直接规范和引导员工的行为方式（李小平，2014）。

第二，EVA 激励机制将促使股东价值集体意识的形成。作为行为规范意义上的EVA激励机制，其规范的特点表现在：该机制是按照EVA增长的数额按比例将奖金奖励给贡献者，它以十分明确的方式要求管理者和员工必须持续地为股东创造财富增量。否则，管理者和员工不仅得不到好处，而且还可能丧失已经得到的好处。从人自利的本性出发，人的行为是其预期利益的函数，当人们预期利益与其行为直接相关、且十分明确时，一定会形成自觉的行为意识。在 EVA 激励机制的作用下，管理者和员工预期的利益是很明确的，因而很容易形成共同的、创造 EVA 的集体意识。

第三，EVA 激励机制将体现国企治理文化的凝聚力。将 EVA 激励机制作为文化中的行为规范，意味着 EVA 激励机制不仅是企业治理结构中的正式制度，也是一种软性的约束力量。事实证明，当软性的约束被广泛认同而形成一种文化氛围时，它比企业刚性的制度有着更为强烈的约束力和凝聚力。

（4）强化 EVA 的本质，努力塑造国企治理文化的良好企业形象。概括地讲，EVA 的本质就是确保股东权益，它既是对投资者利益的承诺，也是实现投资者利益的机制，它对维护企业的良好形象有多方面的影响。

第一，它能够表明企业诚信的经营理念，确立良好的投资者口碑。目前我国上市公司（包括国有上市公司）普遍存在的偏离股东利益目标的集体意识，涉及的不单纯有价值观的问题，也有企业道德的问题，因为它直接反映了企业的诚信水准不高。如果我们在资本市场上依然忽视投资者的回报且失信于投资者，这与在商品市场上失信于消费者一样，将给企业形象造成十分恶劣的影响，甚至给企业发展带来致命的打击。

第二，强化 EVA 本质能够激活绩效文化的效应，使企业员工切实感受到文化的好处，自觉维护企业形象。如果一家国企的声誉在本企业内部都得不到认同的话，那说明该国企的形象是很成问题的。因为从信息是否对称的角度讲，企业内部成员较之企业外部人员所掌握的企业信息要更充分，对企业行为及其声誉的判断更可信，因而在一定意义上企业员工对企业良好形象的认同和维护更重要。

第三，强化 EVA 本质能引导国企正确选择企业治理文化策略，避免文化个性与文化的基本属性的不统一。在国企治理文化的价值体系中，所有者价值意识是核心的价值信念，是最基本的价值属性，它影响和支配着国企治理文化特色的选择与确定。这就是说，只要我们坚持 EVA 的本质思想，不同国企的治理文化不管在形式上有什么差异、宣传上有什么不同，其理念的根本点都是确保国有资产出资人——所有者的价值与实现。

第7章 结　　论

7.1 总体结论

本书面对我国国有资产保值增值机制存在的问题和理论研究的现状，试图在委托代理理论基础上，运用价值管理的EVA概念，为我国国有资产保值增值机制的完善和提升建立一种新的分析框架，以提出一条优化我国国有资产保值增值机制的启示性路径。

EVA作为一种理念，它是以EVA为标准来界定企业经济利润，以EVA为指标来评价企业经营绩效，以EVA为核心观念来凝聚企业资源并激励企业管理者和员工努力为所有者创造财富的一种价值思想。将EVA理念引入国有资产保值增值机制的制度安排中，可以形成EVA理念与国有资产保值增值机制的关系模型。从该模型可以看到，EVA理念和方法对国有资产保值增值机制的积极影响主要体现在四个方面：国有资产保值增值机制价值目标的正确选择，国有资产保值增值机制激励机制的有效比较，国有资产保值增值机制资本结构的合理决策，国有资产保值增值机制治理文化的“软性”制度安排。

从EVA理念对国有资产保值增值机制价值目标的影响来看，EVA的意义在于：它为国有资产保值增值价值目标提供了正确的度量标准。这一结论反映了这样两个逻辑基础：一是在国有资产保值增值价值目标的争议中，“股东价值论”比“利益相关者论”更有解释力，因而为国有资产所有者创造价值是国有资产保值增值价值目标的正确选择；二是现行的以每股盈余、净资产收益率为代表的企业经营业绩指标因为没有反映权益资本机会成本而存在明显缺陷，但EVA克服了这一缺陷。不仅如此，如果基于EVA思想建立新的国有资产保值增值率指标及其相应的指标体系，这将有效评价国有资产的运营效率，使国有资产出资人的利益实现有正确的价值标准。

EVA理念对国有资产保值增值机制激励机制的影响集中表现在：基于EVA建

立的薪酬制度能更好地实现激励机制的基本目标。这一结论来自EVA奖金制度与股票期权和年薪制的比较。该结论在四个方面可以得到支持：一是在激励相容方面，EVA奖金制度比股票期权和年薪制更好地解释了企业经营者利益与所有者利益的趋同性，这对解决国有制下的委托代理问题意义重大；二是在激励程度方面，EVA奖金制度的“奖金不设上限”原则，使其激励的充分性效应更为显著；三是在降低管理者去职风险方面，独具特色的EVA奖金库对成功的经营者来说，是一副“金手铐”，它使管理者去职的机会成本比股票期权和年薪制下的都要高；四是在股东成本方面，EVA奖金制度只对EVA增量进行奖励的办法，使作为奖金支出的股东成本总是非常必要和合乎情理的。

从EVA理念对国有资产保值增值机制资本结构的影响来看，EVA实质上是影响企业资本结构选择的一个综合性因素。因为EVA能够反映影响资本结构的众多因素，如资本成本、营利能力、成长性、市场价值和企业声誉等。而实证分析也表明，EVA与反映国企资本结构的资产负债率之间存在一定的负相关关系，EVA确实影响了国企上市公司资本结构的形成，尤其对总负债率的影响较大。不仅如此，基于EVA建立的国企资本结构的每股收益分析模型，因为反映了不同融资方式的全部资本成本，体现了追求企业真实价值的思想，因而它在改善国企资本结构决策方式上存在特有的优势，尤其在抑制我国国有上市公司普遍存在的股权融资偏好的倾向方面。

EVA理念对国有资产保值增值机制治理文化的重要影响主要在于：一是EVA代表了在国有资产保值增值机制价值取向上所有者居于主导地位的根本态度和根本观点，它是反映所有者价值意识的最好概念；二是EVA作为企业内在价值的决定性变量，它有效地表明了国企治理文化的价值管理思想；三是EVA奖金制度不同于常规的激励方式，它引导管理者和员工像所有者一样思考问题和采取行动，这是有力的文化约束；四是EVA的价值意识、价值管理、绩效标准、激励机制等因素，实质上构成了国企治理文化特有的价值体系和行为规范。

7.2 基本建议

基于EVA理念和方法对国有资产保值增值机制的全面影响，它提醒我们在国有资产保值增值机制的建设中必须关注以下问题。

第一，在国有资产保值增值价值目标的选择上，应当站在有效利用社会资源和整体提高国民福利的高度来肯定“股东价值论”的思想。从这一点出发，可以改变将“为股东创造财富”单纯看成“股东至上”的狭隘认识，理性应对“利益相关者论”的诸多挑战。

第二，为了确保国有资产出资人的利益，应当考虑是否建立基于 EVA 的国有资产保值增值的业绩评价指标体系。这应当看成当前深化我国国有资产管理体制改革的一项基础性工作。

第三，在国有资产保值增值激励机制的选择上，应关注有效激励机制要达到的基本目标，特别是激励能否相容的问题。扩大国有企业实施 EVA 激励机制的范围和层级，以增强 EVA 激励机制与股票期权和年薪制在国企的现实比较效果，逐步积累不同激励机制有效性差异的实证数据。

第四，国有企业在进行资本结构的决策时，应当看到 EVA 确实是影响企业资本结构形成的一个综合因素。基于 EVA 来考虑我国国企资本结构优化模型的设计，有一定的合理性。

第五，不能忽视国企治理文化在国有资产保值增值机制中的重要地位，应重视 EVA 理念在国企治理文化建设中可能产生的积极影响。

7.3　主 要 观 点

本书的主要观点可以概括在四个方面。

第一，建立 EVA 理念与国有资产保值增值机制联系的分析框架及其关系模型，系统讨论 EVA 管理工具对我国国有资产保值增值机制优化的重要价值，这在目前的国有资产保值增值机制研究中具有开拓性意义。目前，国内对 EVA 的研究，多数的着眼点仍局限于对 EVA 的介绍、描述等理论性研究上，少有的应用性研究也主要将 EVA 作为企业的业绩考核标准进行设计和推荐，现有文献鲜有从完善我国国有资产保值增值机制的角度来研究 EVA 的作用。

第二，基于 EVA 思想，提出了国有资产保值增值的新概念，初步设计了新的国有资产保值增值指标的计算模型。国有资产保值增值是我国国有资产管理体制改革的重要目标，也是深化国有企业改革的根本要求。要实现这一目标，关键是要建立一套切实有效的国有资产监督管理体系。这之中，确立科学的国有资产保值增值指标是一项十分重要的基础性工作，因为它涉及该项改革目标实现的价值评价标准。目前国务院国资委虽然已将 EVA 引入了央企，但只是将它作为管理者年度经营业绩的一个考核指标，国有资产保值增值的标准没有因 EVA 的引入而有所改变。这表明人们对现行的国有资产运营效率指标存在的问题以及重建的关注和认识还很有限。

基于 EVA 定义，提出国有资产保值增值新的概念和新的指标，这与当前我国国有资产管理体制改革的目标是完全一致的，在实践上对其加以尝试与应用有重要的现实性。

第三，对EVA与国企资本结构的关系做了实证解释，认为EVA是影响国企资本结构的综合性因素。关于资本结构影响因素的实证研究，目前国内外已有许多重要文献。但EVA作为影响企业资本结构的一个综合性因素，其实证研究的文章还很少。本书在合理调整我国国有上市企业样本单位的基础上，通过相关与回归分析法，得出了EVA与国企资本结构相关关系的明晰解释。

同时，提出了我国国企资本结构优化的每股EVA决策模型。该模型有两个特点：一是反映了不同融资方式的全部资本成本，体现了追求企业价值的思想；二是该方法的数据采集不存在股票价格的限制，它适于上市企业，也适于非上市企业。特别是该方法将权益资本机会成本纳入资本结构决策分析的思路，使权益资本成为企业权益融资的“硬约束”，有利于改变我国国有上市企业过度的股权融资偏好；也有利于推动非上市国有企业的债权人接受“债转股”的方式，以实现降低非上市国有企业过高资产负债率的期望。

第四，提出了国企治理文化的概念，明确认为，在国企治理结构的框架中，治理文化是不可或缺的“软性”制度安排；基于“股东价值论”的思想，国企治理文化的核心观念是国有资产所有者价值意识；EVA是最能反映国有资产所有者价值意识的范畴。

目前学术界对国企治理结构的讨论，主要是将其作为解决国企委托代理问题的一套正式制度安排，并未将文化纳入国企治理结构的框架。因而，我国国企文化建设存在着治理文化缺失的突出问题。如何解决这一问题？我们认为，基于EVA理念对国企治理文化的重要影响来思考国有企业治理文化的建设和发展非常必要。

7.4 需要进一步研究的问题

本书事实上建立了一个以EVA为基本范畴的、关于我国国有资产保值增值机制优化的分析框架，其题目较大，要讨论的问题较多，它在整体上虽然显得比较全面，但对分析框架中某些问题的讨论还不够纵向和深入。究其原因，有EVA在国企实施的时间较短、范围较窄的研究约束，也可能表现为我们对EVA理念及国有资产保值增值机制的理解还不深刻。因此，在本书研究的基础上，如何对课题框架中的有些问题做进一步的专项研究，是笔者今后要努力去做的工作。

第一，本书虽然提出了基于EVA的国有资产保值增值率指标和相应的计算方式，但该指标的提出还是初步的。进一步的工作主要有两个方面：一是如何突破现行的一般会计原则的限制，确立基于 EVA 的国家所有者权益；二是如何建立基于 EVA 的国有资产保值增值的指标体系，以全面反映国有资产保值增值机制的价值目标。

第二，在本书的分析中，EVA 激励机制与股票期权和年薪制的比较、国企治理文化纳入国企治理结构框架的解释主要基于理论分析，这是囿于 EVA 价值标准及其管理体系在我国国企中的应用还很初步，实证分析所需要的经验数据还相当缺乏。但随着人们对 EVA 理念认识的提高和应用 EVA 管理工具的国企的逐渐增多，以上问题的实证分析是一定要进行的，如 EVA 奖金计划与股票期权的实证比较、国企治理文化对国企价值的效用分析等。

第三，本书提出了国企资本结构优化的 EVA 决策模型。该模型虽然反映了不同融资方式的全部资本成本，有利于使权益资本机会成本成为国有上市企业权益融资的“硬约束”，但它是以企业债务增加不会引起企业风险增加为假设前提的，而实际中这一假设肯定是要被放弃的。因此考虑债务成本和权益资本成本变化条件下的资本结构优化的 EVA 决策模型，是需要深入研究的课题。

第四，本书对所有问题的讨论，都是建立在国有企业既有的产权制度基础上的，并没考虑国企产权的弱点及其委托代理方式存在的问题对国有资产保值增值机制建设的影响。其实，国有资产保值增值机制建设与优化的任何路径都要依赖国企产权制度改革的深化，如国企混合所有制的改革、国企经营管理者的市场化选择等。否则，基于 EVA 的国有资产保值增值机制的有效性是存在局限的。因此，如何厘清国企产权制度与国有资产保值增值机制的关系机理，如何在基于 EVA 的国有资产保值增值机制的建设中倒逼国企产权制度的改革，这也是需要我们认真思考的课题。

参考文献

埃巴 A. 2001. 经济增加值——如何为股东创造财富. 凌晓东，等译. 北京：中信出版社.

奥尔森 M. 1995. 集体行动的逻辑. 陈郁，郭宇峰，李崇新，等译. 上海：上海人民出版社.

财政部注册会计师考试委员会. 2002. 财务成本管理. 大连：东北财经大学出版社.

常风林，袁灏. 2018. 国有企业职业经理人薪酬管理研究. 中国劳动，（5）：21-29.

陈东琪，臧跃茹，刘立峰，等. 2015. 国有经济布局战略性调整的方向和改革举措研究. 宏观经济研究，（1）：3-17.

陈玲. 2005. 西方资本结构理论与我国企业资本结构的优化. 福建论坛（人文社会科学版），（3）：36-39.

陈清泰. 2003-03-24. 对国有资产管理体制改革的几点看法. 中国经济时报，第 2 版.

陈清泰. 2016. 资本化是国企改革的突破口. 国有资产管理体制改革，（4）：17-20.

陈清泰，吴敬琏. 2001. 股票期权激励制度法规政策研究报告. 北京：中国财政经济出版社.

陈余有. 1995. 国有资产保值增值会计计量问题的探讨. 会计研究，（10）：7-9.

池国华，王志，杨金. 2013. EVA 考核提升了企业价值吗？——来自中国国有上市公司的经验证据. 会计研究，（11）：60-66.

德鲁克 P. 2009. 卓有成效的管理者. 许是祥译. 北京：机械工业出版社.

德姆塞茨 H，阿尔钦 A A. 1991. 生产、信息费用与经济组织//科斯 R H，阿尔钦 A A，诺斯 D，等. 财产权利与制度变迁. 上海：上海人民出版社，上海三联书店：33-34.

邓子基. 2003. 试论国有资产管理体制深化改革的新思路——研读党的十六大报告的一点体会. 财政研究，（4）：30-33.

迪尔 T E，肯尼迪 A A. 1989. 企业文化——现代企业的精神支柱. 上海：上海科技文献出版社.

丁保利，王胜海，刘西友. 2012. 股票期权激励机制在我国的发展方向探析. 会计研究，（6）：76-80.

范黎波，李自杰. 2001. 企业理论与公司治理. 北京：对外经济贸易大学出版社.

方厚政. 2009. 实施年薪制的“八大困惑”. 价值工程，（3）：147-149.

费方域. 1996a. 谁拥有企业：股东还是利益相关者. 上海经济研究，（9）：46-48.
费方域. 1996b. 控制内部人控制——国企改革中的治理机制研究. 经济研究，（6）：22-25.
冯根福，吴林江，刘世彦. 2000. 我国上市公司资本结构形成的影响因素分析. 经济学家，（5）：59-66.
冯静. 2000. “股东财富最大化”或“企业价值最大化”. 财经科学，（2）：88-91.
高建丽，段万春，瞿轶峰，等. 2004. 国有企业实行年薪制的利弊探讨. 商业研究，（15）：73-75.
格拉斯曼 D，华彬. 2003. EVA革命——以价值为核心的企业战略与财务、薪酬管理体系. 北京：社会科学文献出版社.
葛文雷. 2000. 公司经营业绩评价指标的发展与分析. 中国纺织大学学报，26（6）：122-126.
郭婧. 2010. 对规范我国国企高管薪酬的几点思考. 中国软科学，（1）：189-192.
郭鹰. 2007. 公司治理文化变迁探讨. 江苏科技大学学报（社会科学版），7（3）：65-69.
国务院体改办研究所课题组. 2003. 产权制度与国有资产管理体制改革.经济学动态，（1）：15-18.
哈特 O. 1998. 企业、合同与财务结构. 费方域译. 上海：上海三联书店，上海人民出版社.
郝加加. 2013. EVA评价指标在央企绩效管理中的应用. 财会通讯，（5）：57-59.
郝晓娜. 2009. 国有企业过度负债经营存在的问题及对策研究. 河南社会科学，17（6）：21-22.
贺宇. 2002. EVA（经济价值增值）——一种真正的激励机制. 价值工程，（3）：35-38.
洪锡熙，沈艺峰. 2000. 我国上市公司资本结构影响因素的实证分析. 厦门大学学报（哲学社会科学版），（3）：114-120.
胡艳，王基建，白玉. 1996. 国有资产保值增值的考核指标体系. 工业技术经济，15（5）：110-102.
胡玉明. 2008. 经济附加值：识别企业创造价值还是毁灭价值的慧眼. 财务与会计，（6）：11-13.
胡援成. 2004. 国有企业“债转股”与资本结构优化. 北京：清华大学出版社.
黄登仕，周应峰. 2004. EVA的理论和实证研究：综述及展望. 管理科学学报，7（1）：80-87.
黄群慧. 2016.“十三五”时期新一轮国有经济战略性调整研究. 北京交通大学学报（社会科学版），15（2）：1-14.
黄少安，张岗. 2001. 中国上市公司股权融资偏好分析. 经济研究，（11）：12-20.
黄卫伟，李春瑜. 2005. EVA管理模式. 北京：经济管理出版社.
纪丰伟. 2003. 近期关于国有资产管理问题的讨论. 经济学动态，（11）：50-53.
贾康. 2013. 国有经济、国有资产及相关问题的认识与改革探讨. 新华文摘，（24）：26-29.
金思宇. 2002. 关于中国企业文化建设现状的基本判断及对策. 管理世界，（7）：147-148.
卡本特 D. 2004. 公司治理文化的变革. 会计月刊，（3）：1-14.
康怡. 2011-08-19. 央企EVA七成为正，5.5%资本成本率疑问. 经济观察报.

科普兰 T，科勒 T，默林 J，等. 1997. 价值评估：公司价值的衡量和管理. 贾辉然，等译. 北京：中国大百科全书出版社.

科斯 R H，哈特 O，斯蒂格利茨 J E. 1999. 契约经济学. 李风圣译. 北京：经济科学出版社.

科特 J P，赫斯克特 J L. 2009. 企业文化与经营业绩. 李晓涛译. 北京：中国人民大学出版社.

克拉克 R C. 1999. 公司法则. 北京：工商出版社.

李保民. 2003. 新国有资产管理机构应解决十大问题. 社会科学辑刊，（3）：190-191.

李成刚. 2005. 企业文化建设的八种误解与八个误区. 企业经济，（2）：35-37.

李荣融. 2007. 加强国有资产管理，确保国有资产保值增值. 经济研究参考，（24）：30.

李曙光. 2012. 企业国有资产法释义. 北京：法律出版社.

李维安. 2001. 中国公司治理原则与国际比较. 北京：中国财政经济出版社.

李维安，武立东. 1999. 企业集团的公司治理——规模起点、治理边界及子公司治理. 南开管理评论，（4）：4-8.

李小军. 2009. 股权融资偏好亦或过度融资——来自中国上市公司再融资的经验证据. 财贸研究，（2）：90-95.

李小平. 1997-06-06. 国有资产概念还需澄清. 经济学消息报，第 3 版.

李小平. 2003a. EVA 理念与公司治理目标的优化. 四川大学学报（哲学社会科学版），（4）：10-15.

李小平. 2003b. 为什么要为股东创造财富. 经济学家，（1）：118-119.

李小平. 2003c. 激励机制：股票期权与 EVA 奖金制度的比较分析. 经济体制改革，（3）：149.

李小平. 2005. EVA：国有资产保值增值的新概念. 经济学家，（1）：68-73.

李小平. 2006. 基于 EVA 理念的我国公司治理结构优化研究. 西南交通大学博士学位论文.

李小平. 2014. EVA：国企治理文化建设的新概念. 国有资产管理，（4）：47-50.

李小平，范锡文. 2014. 国企治理结构的“软性”制度安排——基于国企治理文化的 EVA 理念. 财经科学，（8）：72-79.

李小平，何燕. 2008. 激励机制：EVA 奖金制度与年薪制的比较分析. 四川师范大学学报（社会科学版），35（6）：60-65.

李小平，何燕. 2012. 基于EVA的国企资本结构优化模型. 四川师范大学学报（社会科学版），39（6）：74-80.

梁能. 2000. 公司治理结构：中国的实践与美国的经验. 北京：中国人民大学出版社.

梁颖，安同良. 2005. 基于 EVA 的业绩评价与薪酬激励研究. 现代管理科学，（3）：25-27.

林毅夫，蔡昉，李周. 1997. 现代企业制度的内涵与国有企业改革方向. 经济研究，（3）：3-10.

刘凤委，李琦. 2013. 市场竞争、EVA 评价与企业过度投资. 会计研究，（2）：54-62.

刘红，马洪. 2001. 国有企业的产权特征及其改革方向. 财经研究，27（5）：11-17.

刘焕荣. 2013. 西门子实施 EVA 的启示. 企业管理，（6）：70-71.

刘纪鹏. 2003-05-06. 高度重视完善国有资产管理体系. 光明日报，第 4 版.
刘美奕. 2017. 国有资产保值增值会计计量问题的探讨. 财经界，（11）：97-98.
刘希成，张军. 2009. EVA 调整项目再思考：理论与实务的比较分析. 财会通讯，（6）：62-63.
刘小腊. 1997-01-03. 国有资产——一个需要澄清的概念. 经济学消息报，第 3 版.
刘远航. 2003. 我国国有资产管理体制的模式选择. 经济学家，（2）：55-61.
陆正飞，辛宇. 1998. 上市公司资本结构主要影响因素之实证研究. 会计研究，（8）：34-37.
罗宾斯 S P. 1997. 管理学. 北京：中国人民大学出版社.
马艳侠. 2016. 论国有资产保值增值审计. 财会学习，（1）：160，167.
彭昊. 1985. 日本学者小宫隆太郎对我国经济改革的看法. 经济学动态，（10）：39-42.
青木昌彦，钱颖一. 1995. 转轨经济中的公司治理结构. 北京：中国经济出版社.
任丽丽. 2011. 会计准则对 EVA 调整项目影响分析. 财会通讯，（19）：76-77.
邵平桢. 2012.《国有经济战略性调整与深化国有企业改革研讨会》观点综述. 经济体制改革，（6）：5-7.
邵榕筠. 2013. 国内外资本结构理论综述. 金融经济，（2）：135-137.
沈根祥，朱平芳. 1999. 上市公司资本结构决定因素实证分析. 数量经济技术经济研究，（5）：54-57.
沈丽英. 2005. 实现国有资产保值增值途径的若干思考. 特区经济，（1）：22-23.
沈天鹰. 2004. 国有企业治理结构畸形化及其矫正对策研究. 北京：人民出版社.
沈维涛，叶晓铭. 2004. EVA 对上市公司资本结构影响的实证研究. 经济研究，（11）：47-57.
斯蒂格利茨 J E. 2007. 信息经济学：基本原理. 纪沫，陈工文，李飞跃译. 北京：中国金融出版社.
苏明城，张向前. 2009. 激励理论发展及趋势分析. 科技管理研究，（5）：343-345.
孙永祥. 2001. 所有权、融资结构与公司治理机制. 经济研究，（1）：45-53.
田发，程建华，周琛影. 2003. 深化国有资产管理体制改革的取向分析. 中央财经大学学报，（5）：47-49，71.
汪程，吴君民. 2013. 我国上市公司股权激励应用特征分析. 会计之友，（17）：20-23.
王宝库. 2003. 中外国有资产管理模式比较研究. 经济学动态，（3）：36-40.
王德清. 2007. 现代管理学原理. 重庆：西南师范大学出版社.
王娟，杨凤林. 2002. 中国上市公司资本结构影响因素的最新研究. 国际金融研究，（8）：45-52.
王燕妮，赵文平. 2007. 基于价值的 EVA 与资本结构关系研究——理论综述与研究设想. 商业研究，（2）：14-17.
王颖. 2005. 基于 EVA 的经理人薪酬激励机制研究. 现代管理科学，（2）：103.
魏刚. 2000. 高级管理层激励与上市公司经营绩效. 经济研究，（3）：32-39，64.
魏杰. 2003-03-11. 国资委如何管好国有资产. 中国经济时报，第 2 版.

魏杰，赵俊超. 2003. 论构建新的国有资产管理体制. 江海学刊，（1）：65-70.
吴敬琏. 2003-07-24. 对国资委成立后国有经济改革的若干建议. 中国经济时报，第2版.
伍衡峰. 2010. 论国有企业治理文化及其对治理结构的影响. 经济论坛，（7）：5-7.
肖作平. 2005. 资本结构影响因素实证研究综述. 证券市场导报，（11）：32-39.
肖作平，吴世农. 2002. 我国上市公司资本结构影响因素实证研究. 证券市场导报，（8）：39-44.
谢庆华，黄培清. 2003. 国有企业公司治理改革误区与国有资产管理体制创新——对党的十六大关于深化国有资产管理体制改革的思考. 福建论坛（经济社会版），（5）：12-14.
邢少文. 2012. 资本市场“维新”. 南风窗，（12）：69-71.
徐金发，刘翌. 2001. 论我国公司治理文化及其建设. 中国软科学，（12）：45-49.
许保利. 2010. 关于国有企业改革与发展的几个问题. 国有资产管理，（9）：17-21.
许晓涛. 2006. 规范管理 确保国有资产保值增值. 理财广场，（8）：25-26.
闫晓慧. 2011. 有效激励企业管理层 建立利益共享机制——基于EVA的薪酬激励机制研究. 国有资产管理，（9）：69-72.
杨华. 2004. 上市公司监管和价值创造. 北京：中国人民大学出版社.
杨秋玲. 2012. 我国中央企业EVA考核现状与问题. 会计之友，（11）：39-40.
杨瑞龙. 2003. 国有资产管理模式的新探索. 现代经济探讨，（4）：3-6.
杨瑞龙，魏梦. 2000. 公司的利益相关者与公司股利政策. 上海经济研究，（4）：7-13.
杨瑞龙，周业安. 1998. 论利益相关者合作逻辑下的企业共同治理机制. 中国工业经济，（1）：38-45.
杨亚达，王明虎. 2001. 资本结构优化与资本运营. 大连：东北财经大学出版社.
杨娅婕. 2002. 略论我国目前推行股票期权制所遇到的若干困难. 经济问题探索，（1）：106-109.
杨艳艳. 2012. 央企实施EVA考核的困难与对策. 会计之友，（29）：40-41.
杨扬，陈富永. 2012. 经济增加值（EVA）在央企业绩评价中的计算以及改进策略. 会计之友，（6）：22-24.
杨之帆. 2001. 企业资本结构与融资方式偏好. 财经科学，（4）：50-54.
殷明德. 2010. EVA应用方法“国产化”之改造. 国有资产管理，（9）：33-34.
尹凌青. 2010.“中国式”经济增加值考核. 国有资产管理，（3）：11-13.
余海宗，丁璐，李雪梅，等. 2011. EVA绩效评价指标在国有企业的应用：现状、问题与建议. 国有资产管理，（11）：63-66.
袁琳，王斌. 2004. EVA管理体系：构建及思考. 经济与管理研究，（3）：55-59.
曾宪文. 2011. 基于EVA的公司经理人薪酬设计研究. 青岛：中国海洋大学出版社.
张春霖. 1995. 存在道德风险的委托代理关系：理论分析及其应用中的问题. 经济研究，（8）：3-8.

张东明. 2011. 中央企业年薪制存在的两个重大误区. 经济体制改革，（4）：22-24.
张海龙，李秉祥. 2012. 公司价值、资本结构与经理管理防御. 软科学，26（6）：111-114.
张维迎. 1996. 所有制、治理结构及委托—代理关系——兼评崔之元和周其仁的一些观点. 经济研究，（9）：3-15，53.
张维迎. 1999. 企业理论与中国企业改革. 北京：北京大学出版社.
张先治. 2002. 资本增值计算与评价理论及方法. 财经问题研究，（3）：55-61.
张先治，李琦. 2012. 基于 EVA 的业绩评价对央企过度投资行为影响的实证分析. 当代财经，（5）：119-128.
张彦波，聂清凯. 2007. 公司治理文化，企业竞争力和形成路径. 当代经济管理，（1）：41-45.
张正堂. 2003. 企业家报酬的决定：理论与实证研究. 北京：经济管理出版社.
张卓元. 2003. 国有资产管理体制改革的目标难点和途径. 宏观经济研究，（6）：3-6.
赵国良，干胜道. 2003. 国有资产管理体制改革：难点与突破. 财经科学，（4）：83-86.
赵文斗. 2001-09-13. 日本企业告别终身雇佣制. 经济日报，第 4 版.
赵治纲. 2009. EVA 业绩考核理论与实务. 北京：经济科学出版社.
赵治纲. 2011. 中央企业深入推进 EVA 考核的几个核心问题. 国有资产管理，（6）：72-73.
郑红亮. 1998. 公司治理理论与中国国有企业改革. 经济研究，（10）：20-27.
周其仁. 1996. 市场里的企业：一个人力资本与非人力资本的特别合约. 经济研究，（6）：71-80.
朱宝琛. 2011-11-10 . 证监会拟推出上市公司准强制分红制度. 证券日报，第 1 版.
庄文静，杨光. 2004. 西方如何“年薪制”. 中外管理，（2）：35.
Baskin J. 1989. An empitical investigation of the pecking order hypothesis. Financial Management，18（1）：26-35.
Biddle G C，Bowen R M，Wallace J S. 1998. Economic value added：some empirical EVA dence. Managerial Finance，24（11）：60-71.
Blair M M. 1995. Ownership and Control：Rethinking Corporate Governance for the Twenty-first Century. Washington DC：The Brookings Institution.
Boyd B K. 1995. CEO duality and firm performance：a contingency model. Strategic Management Journal，16（4）：21-22.
Cooper R，Slagmulder R. 1999. Integrating activity-based costing and economic value added. Management Accounting，1：106.
Donaldson G. 1961. Corporate Debt Capacity：A Study of Corporate Debt Policy and the Determination of Corporate Debt Capacity. Boston：Harvard Business School Press.
Epstein M J，Young S D. 1999. Greening with EVA. Management Accounting，（1）：45-49.
Fama E F，Jensen M C. 1983. Separation of ownership and control. Journal of Law and Economics，26（2）：301-325.

Gray R. 1976. Corporate culture and company supervision costs. Harvard Business School Case, 9-385-011.

Harris M, Raviv A. 1991. The theory of capital structure. The Journal of Finance, 46（1）: 297-355.

Jensen M C. 1993. The modern industrial revolution, exit, and the failure of internal control systems. The Journal of Finance, 48（3）: 831-880.

Jensen M C, Meckling W H. 1976. Theory of the firm: managerial behavior, agency costs and ownership structure. Journal of Financial Economics, 3（4）: 305-360.

Kester W C. 1986. Capital and ownership structure: a comparison of United States and Japanese manufacturing corporations. Financial Management, 15（1）: 5-16.

Lovata L M, Costigan M L. 2002. Empirical analysis of adopters of economic value added. Management Accounting Research, 13（2）: 215-228.

Miller G J. 1990. Managerial Dilemmas: The Political Economy of Hierarchy. Cambridge: Cambridge University Press.

Myers S C. 1984. The capital structure puzzle. The Journal of Finance, 39（3）: 574-592.

Ouchi W G.1980. Markets, bureaucracies, and clans. Administrative Science Quarterly, 25（1）: 129-140.

Ross S A. 1977. The determination of financial structure: the incentive signalling approach. Bell Journal and of Economics, 8（1）: 23-40.

Titman S, Wessels R. 1988. The determinants of capital structure choice. The Journal of Finance, 43（1）: 1-19.

附　　录

附表 1　2010 年沪深 96 家国有上市公司 EVA 计算表　　　单位：亿元

代码	公司	EVA	NOPAT	C%TC	净利润	利息	非经常收入	无息流动负债	在建工程	平均资产	税率
600019	宝钢股份	51.54	133.4	81.86	128.9	8.066	4.104	480.07	117.55	2 086	0.04
600039	四川路桥	0.26	1.90	1.64	0.995	1.2	−0.012	31.0	7.59	68.45	0.18
600064	南京高科	−1.67	4.47	6.14	3.14	1.75	−0.055	37.5	0.06	149.16	0.15
600097	开创国际	−0.6	−0.12	0.48	0.27	0.233	1.25	1.09	1.98	11.84	0.0
600112	天成控股	0.13	0.61	0.48	0.81	0.081	0.62	2.07	0.36	11.22	0.14
600128	弘业股份	−0.18	0.97	1.07	0.77	0.17	0.035	11.86	0.19	31.45	0.13
600148	长春一东	0.04	0.25	0.21	0.21	0.054	0.006	3.46	0.04	7.25	0.19
600165	新日恒力	−0.89	−0.31	0.58	−0.54	0.46	0.31	5.79	0.63	16.98	0.0
600198	大唐电信	−0.33	0.91	1.24	0.66	0.86	1.06	14.38	0.007	36.90	0.18
600216	浙江医药	9.95	11.88	1.93	11.45	0.46	−0.23	7.23	0.34	42.59	0.14
600232	金鹰股份	−0.81	0.18	0.99	0.10	0.35	0.38	2.31	0.48	20.74	0.37
600249	两面针	−1.74	0.04	1.78	0.11	0.128	0.36	4.14	0.52	36.94	0.38
600266	北京城建	7.64	12.18	4.54	12.01	0.261	0.06	82.06	0.44	165.05	0.24
600300	维维股份	−1.00	1.13	2.13	1.50	0.38	1.68	11.17	0.85	50.73	0.19
600317	营口港	0.28	4.68	4.40	2.16	3.36	−0.01	11.69	4.6	96.28	0.17
600333	长春燃气	0.15	0.84	0.69	0.83	0.006	−0.004	7.01	1.94	21.49	0.10
600354	敦煌种业	−0.13	1.20	1.33	0.81	0.542	0.048	4.94	0.151	29.34	0.16
600371	万向德农	0.13	0.43	0.30	0.42	0.034	0.03	2.22	0.10	7.70	0.25
600389	江山股份	−1.11	0.24	1.35	0.31	0.807	1.79	5.18	2.53	32.21	0.17
600409	三友化工	1.58	3.87	2.29	2.89	1.26	−0.1	20.32	7.63	69.58	0.19
600433	冠豪高新	−0.04	0.46	0.50	0.38	0.118	0.011	2.49	0.088	11.64	0.20
600461	洪城水业	0.48	1.58	1.1	0.93	0.89	0.032	2.74	0.42	23.25	0.14
600482	风帆股份	0.06	0.90	0.84	0.49	0.606	0.012	12.17	1.79	29.23	0.31
600500	中化国际	−2.09	7.13	9.22	6.70	0.43	−0.31	51.4	5.14	224.11	0.24

续表

代码	公司	EVA	NOPAT	C%TC	净利润	利息	非经常收入	无息流动负债	在建工程	平均资产	税率
600531	豫光金铅	−0.01	1.82	1.83	1.52	0.87	0.78	11.09	1.61	46.01	0.29
600568	中珠控股	0.18	0.78	0.60	0.74	0.142	0.16	6.5	0.45	17.79	0.10
600584	长电科技	0.84	2.69	1.85	2.08	0.90	0.18	11.34	2.3	47.35	0.14
600614	鼎立股份	−0.02	0.70	0.72	0.64	0.23	0.29	5.44	0.29	18.88	0.17
600648	外高桥	−2.80	7.70	10.5	6.62	1.42	−0.07	36.8	0.07	227.7	0.26
600664	哈药股份	7.54	11.00	3.46	11.30	−0.229	0.233	43.46	2.57	108.85	0.14
600677	航天通信	−0.19	0.96	1.15	1.16	0.438	1.349	10.12	1.1	32.16	0.15
600710	常林股份	1.97	2.90	0.93	2.80	0.142	0.023	7.82	0.99	25.80	0.007
600730	中国高科	−0.37	0.29	0.66	0.22	0.104	0.001	3.23	0.005	15.15	0.23
600742	一汽富维	4.58	5.77	1.19	5.71	0.097	0.026	7.08	0.69	29.32	0.03
600761	安徽合力	2.22	3.55	1.33	3.62	0.039	0.244	10.30	1.2	35.73	0.15
600776	东方通信	−0.78	0.67	1.45	1.45	−0.078	1.626	6.50	0.195	33.06	0.13
600795	国电电力	5.29	48.01	42.72	24.01	33.12	2.25	207.1	215.78	1 199.7	0.12
600811	东方集团	−1.98	2.99	4.97	1.67	1.64	−0.23	14.63	0.61	105.62	0.0
600827	百联股份	−1.00	1.77	2.77	2.98	−1.514	0.21	144.26	4.69	199.33	0.5
600843	上工申贝	−0.10	0.63	0.73	0.45	0.287	0.10	4.74	0.024	18.05	0.04
600859	王府井	2.49	4.57	2.08	3.76	0.95	−0.4	40.23	0.52	78.64	0.29
600875	东方电气	17.99	24.97	6.98	25.77	−0.40	0.89	629.44	20.1	776.42	0.06
600967	北方创业	−0.04	0.61	0.65	0.57	0.047	−0.02	10.72	0.16	22.65	0.11
600990	四创电子	0.18	0.46	0.28	0.44	0.055	0.057	3.58	0.013	8.75	0.16
601088	中国神华	253.67	391.57	137.9	371.87	24.62	−3.30	451.18	290.44	3 248.9	0.20
601808	中海油服	21.16	44.26	23.1	41.28	5.1	2.24	59.68	142.85	622.6	0.15
601999	出版传媒	0.05	0.89	0.84	1.30	−0.126	0.57	7.51	0.001	22.8	0.01
000014	沙河股份	0.31	0.83	0.52	0.71	0.142	−0.027	7.2	0	16.66	0.19
000021	长城开发	1.13	3.74	2.61	3.84	−0.197	−0.18	12.01	0.945	60.48	0.11
000059	华锦股份	1.73	9.81	8.08	4.13	7.565	−0.008	50.46	45.61	242.95	0.11
000065	北方国际	0.55	0.90	0.35	0.44	0.624	0.012	15.13	0	21.46	0.13
000088	盐田港	1.24	3.88	2.64	4.10	−0.24	0.01	1.1	0.017	49.19	0.09
000488	晨鸣纸业	1.78	12.89	11.11	11.63	2.33	1.28	65.12	49.35	316.45	0.17
000554	泰山石油	−0.05	0.08	0.13	0.07	0.006	−0.035	0.446	0.141	9.30	0.41
000582	北部湾港	0.20	0.51	0.31	0.40	0.156	0.014	1.629	0.198	7.51	0.10
000598	兴蓉投资	1.69	2.55	0.86	2.36	0.251	−0.001	6.87	0.81	23.32	0.15
000625	长安汽车	14.49	19.66	5.17	20.27	−0.541	0.131	164.20	16.48	274.64	0.00
000669	金鸿能源	−1.58	−0.38	1.2	−0.37	−0.001	0.009	0.56	0.15	22.45	0.0

续表

代码	公司	EVA	NOPAT	C%TC	净利润	利息	非经常收入	无息流动负债	在建工程	平均资产	税率
000687	恒天天鹅	−0.23	0.55	0.78	0.56	0.09	0.19	1.69	0.44	16.37	0.0
000698	沈阳化工	1.06	2.90	1.84	2.15	1.118	0.247	19.66	16.54	69.59	0.03
000710	天兴仪表	0.00	0.11	0.11	0.08	0.040	0.009	1.64	0.05	3.77	0.27
000723	美锦能源	−0.20	0.11	0.31	0.09	0.04	0.012	3.96	0	9.59	0.26
000727	华东科技	−0.32	−0.11	0.21	−0.11	0.196	0.256	3.05	0.084	10.58	1.00
000748	长城信息	−0.44	0.35	0.79	0.35	−0.054	−0.12	3.29	0.54	18.23	0.23
000767	漳泽电力	−11.20	−7.49	3.71	−7.49	3.185	0.667	30.92	19.06	117.39	1.00
000778	新兴铸管	6.80	14.45	7.65	13.51	2.047	1.578	74.77	9.58	223.44	0.12
000809	铁岭新城	−0.07	0.05	0.12	0.02	0.05	0.018	0.2	0.042	2.41	0.2
000828	东莞控股	1.85	3.83	1.98	3.52	0.43	0.026	8.68	0	44.63	0.16
000858	五粮液	33.73	42.60	8.87	43.95	−1.92	−0.24	82.76	3.67	247.62	0.25
000875	吉电股份	−1.41	0.45	1.86	0.13	1.07	1.102	30.03	54.45	118.34	0.38
000883	湖北能源	9.79	17.18	7.39	9.94	9.74	0.16	25.77	5.65	165.77	0.23
000902	新洋丰	−0.18	0.27	0.45	0.16	0.19	0.05	3.93	0.81	12.88	0.34
000920	南方汇通	−0.22	0.38	0.60	0.58	0.036	0.52	4.03	0.25	15.12	0.12
000928	中钢国际	−0.56	0.52	1.08	0.05	0.644	0.025	3.23	1.60	24.55	0.12
000937	冀中能源	17.33	25.15	7.82	23.96	3.0	2.82	77.81	11.65	231.70	0.25
000953	河池化工	−0.24	0.05	0.29	0.05	0.324	0.648	5.91	0.12	11.32	0.00
000962	东方钽业	0.23	1.17	0.94	0.81	0.54	0.124	11.77	3.17	32.08	0.03
000969	安泰科技	0.56	2.34	1.78	2.19	0.205	0.018	12.35	6.54	51.27	0.15
000997	新大陆	−0.02	0.69	0.71	0.71	0.076	0.2	3.32	0.39	16.65	0.10
002011	盾安环境	1.08	2.45	1.37	2.18	0.455	0.2	14.3	2.54	41.7	0.14
002017	东信和平	−0.12	0.28	0.40	0.33	−0.002	0.121	2.28	0.11	9.71	0.24
002025	航天电器	0.25	1.05	0.80	1.17	−0.073	0.149	2.21	1.29	18.04	0.16
002041	登海种业	1.37	1.99	0.62	2.08	−0.149	−0.123	6.2	0.114	17.60	0.01
002046	轴研科技	0.10	0.44	0.34	0.48	0.008	0.115	1.35	0.35	7.90	0.16
002056	横店东磁	2.12	3.57	1.45	3.62	−0.062	−0.013	4.56	1.68	32.69	0.14
002057	中钢天源	−0.04	0.14	0.18	0.10	0.069	0.038	0.76	0.008	3.99	0.14
002086	东方海洋	0.16	0.97	0.81	0.73	0.35	0.06	1.14	1.65	17.59	0.01
002092	中泰化学	0.74	3.39	2.65	2.91	0.774	0.278	22.12	15.51	85.73	0.17
002101	广东鸿图	0.54	0.97	0.43	0.85	0.16	0.004	1.88	0.29	10.03	0.01
002116	中国海诚	0.31	0.60	0.29	0.65	−0.063	0.007	11.42	0	16.64	0.19
002176	江特电机	0.08	0.34	0.26	0.32	0.04	0.032	1.22	0.089	6.08	0.11
002191	劲嘉股份	1.48	3.09	1.61	3.03	0.13	0.10	6.01	1.94	37.27	0.18

续表

代码	公司	EVA	NOPAT	C%TC	净利润	利息	非经常收入	无息流动负债	在建工程	平均资产	税率
002221	东华能源	−0.23	0.57	0.80	0.40	0.267	0.08	1.01	1.66	17.15	0.25
002251	步步高	0.66	1.53	0.87	1.71	−0.17	0.15	17.35	1.08	34.31	0.27
002267	陕天然气	2.81	4.17	1.36	4.04	0.17	−0.01	4.41	6.07	35.26	0.15
002297	博云新材	−0.08	0.27	0.35	0.26	0.027	0.02	0.75	0.59	7.74	0.17

注：由于上市公司管理费用下没有研究开发费用的公布数据，故税后净营业利润NOPAT的调整中没有考虑该项费用；企业所得税税率按企业实际税率，但为了消除税收优惠对EVA的影响，对享有税收优惠政策的企业均按25%的一般企业所得税税率调整

附表2　2011年沪深96家国有上市公司EVA计算表　　单位：亿元

代码	公司	EVA	NOPAT	C%TC	净利润	利息	非经常收入	无息流动负债	在建工程	平均资产	税率
600019	宝钢股份	−13.25	72.45	85.70	73.62	0.72	4.21	547.64	130.23	2 236	0.16
600039	四川路桥	1.01	2.54	1.53	1.53	1.32	−0.04	42.40	8.47	78.68	0.18
600064	南京高科	0.02	6.12	6.10	3.65	3.29	−0.02	36.76	0.077	147.72	0.19
600097	开创国际	−0.50	−0.03	0.47	0.66	0.31	2.0	2.55	1.82	12.84	0.0
600112	天成控股	−0.19	0.53	0.72	0.66	0.15	0.65	3.12	1.72	17.91	0.25
600128	弘业股份	−0.06	1.02	1.08	0.97	0.10	0.072	11.42	0.22	31.21	0.18
600148	长春一东	0.23	0.48	0.25	0.42	0.086	0.014	3.99	0.002	8.60	0.13
600165	新日恒力	−0.48	0.24	0.72	0.02	0.43	0.142	4.90	1.13	19.03	0.38
600198	大唐电信	−0.39	0.86	1.25	0.25	1.376	1.115	22.68	0.003	45.49	0.26
600216	浙江医药	8.06	10.34	2.28	10.12	0.27	−0.05	6.96	0.71	49.18	0.15
600232	金鹰股份	−0.36	0.58	0.94	0.27	0.426	0.01	2.75	0.23	20.15	0.11
600249	两面针	−1.41	0.05	1.46	0.16	0.22	0.18	4.8	1.06	32.43	0.82
600266	北京城建	3.60	8.99	5.39	8.55	0.626	0.07	101.36	0.26	199.71	0.26
600300	维维股份	−0.79	1.88	2.67	1.53	0.867	0.723	12.68	0.75	61.97	0.31
600317	营口港	0.24	4.60	4.36	2.33	3.03	0	18.96	9.48	107.65	0.22
600333	长春燃气	−0.29	0.48	0.77	0.72	0.06	0.70	8.49	2.19	24.77	0.18
600354	敦煌种业	−1.02	0.69	1.71	0.16	0.663	−0.08	5.49	0.182	36.85	0.21
600371	万向德农	0.51	0.83	0.32	0.80	0.05	0.024	2.86	0.074	8.84	0.0
600389	江山股份	−0.59	0.67	1.28	0.05	1.057	0.41	6.87	3.21	33.28	0.0
600409	三友化工	4.35	7.71	3.36	5.87	2.5	0.10	29.56	10.34	101.02	0.24
600433	冠豪高新	0.10	0.89	0.79	0.85	0.237	0.37	2.65	0.35	17.31	0.16
600461	洪城水业	0.13	1.96	1.83	0.99	1.318	0.055	5.54	0.82	39.62	0.16
600482	风帆股份	0.20	1.32	1.12	0.69	0.894	0.11	8.03	2.94	31.42	0.19
600500	中化国际	−3.20	7.23	10.43	7.75	0.394	2.02	60.73	1.5	251.82	0.15
600531	豫光金铅	−0.45	1.53	1.98	0.88	1.27	0.62	26.47	0.58	63.01	0.32

续表

代码	公司	EVA	NOPAT	C%TC	净利润	利息	非经常收入	无息流动负债	在建工程	平均资产	税率
600568	中珠控股	1.25	1.97	0.72	1.83	0.198	0.007	7.62	0.44	21.11	0.01
600584	长电科技	−0.98	1.06	2.04	0.67	1.0	0.965	12.23	4.3	53.67	0.15
600614	鼎立股份	−0.40	0.46	0.86	0.54	0.25	0.67	5.63	0.13	21.35	0.09
600648	外高桥	−6.24	5.07	11.31	3.57	2.13	0.195	33.96	0.115	239.8	0.26
600664	哈药股份	1.73	5.28	3.55	5.78	−0.508	0.19	48.34	4.22	117.1	0.17
600677	航天通信	−0.09	1.33	1.42	1.51	0.547	1.51	15.55	1.05	42.48	0.15
600710	常林股份	0.61	1.73	1.12	1.68	0.087	0.046	8.84	1.11	30.37	0.03
600730	中国高科	−0.70	0.04	0.74	−0.06	0.177	0.02	2.59	0.002	16.04	0.0
600742	一汽富维	2.83	4.33	1.50	4.28	0.088	0.035	9.65	1.67	38.53	0.024
600761	安徽合力	2.26	3.76	1.50	3.86	0.038	0.325	12.82	1.32	41.4	0.16
600776	东方通信	0.07	1.54	1.47	1.88	−0.183	0.338	6.17	0.176	33.15	0.03
600795	国电电力	13.80	73.10	59.30	36.47	50.11	2.55	259.08	324.49	1 661.7	0.14
600811	东方集团	3.07	8.70	5.63	6.39	3.04	−0.08	19.93	1.1	123.34	0.09
600827	百联股份	6.77	12.25	5.48	13.92	−1.72	1.01	185.9	5.41	290.88	0.26
600843	上工申贝	0.14	0.84	0.70	1.13	0.27	1.07	3.04	0.03	15.8	0.06
600859	王府井	3.81	6.33	2.52	5.83	0.735	0.11	49.52	0.51	95.78	0.27
600875	东方电气	19.69	28.58	8.89	30.56	−0.879	1.87	650.14	11.64	823.48	0.12
600967	北方创业	0.46	1.15	0.69	1.15	0.001	0.002	13.42	0.13	26.15	0.12
600990	四创电子	0.15	0.49	0.34	0.48	0.071	0.118	5.12	0.006	11.22	0.12
601088	中国神华	320.0	468.57	148.57	448.22	23.72	−6.82	666.19	316.16	3 684.1	0.21
601808	中海油服	18.20	42.75	24.55	40.39	3.45	0.59	69.97	126.56	642.98	0.16
601999	出版传媒	−0.57	0.32	0.89	0.68	−0.159	0.412	7.44	0.001	23.64	0.0
000014	沙河股份	0.01	0.61	0.60	0.54	0.099	−0.001	5.99	0	16.98	0.16
000021	长城开发	−2.10	1.85	3.95	2.52	−0.742	0.101	12.60	0.69	85.02	0.16
000059	华锦股份	4.04	14.21	10.17	8.42	7.745	0.055	77.22	13.14	275.31	0.19
000065	北方国际	0.74	1.09	0.35	0.73	0.482	0.01	15.08	0	21.42	0.11
000088	盐田港	1.17	3.94	2.77	4.26	−0.363	−0.011	1.22	0.45	51.95	0.14
000488	晨鸣纸业	−6.75	7.92	14.67	5.89	4.32	3.23	84.5	52.45	403.54	0.16
000554	泰山石油	−0.27	0.14	0.41	0.09	0.01	−0.116	0.56	0.143	9.413	0.04
000582	北部湾港	0.19	0.51	0.32	0.39	0.174	0.016	2.31	0.619	8.77	0.22
000598	兴蓉投资	4.42	6.32	1.90	5.88	0.669	0.174	11.20	2.73	48.39	0.15
000625	长安汽车	1.85	8.54	6.69	9.68	−0.184	1.96	189.33	23.97	334.94	0.02
000669	金鸿能源	−1.08	−1.0	0.08	−0.01	−0.98	0.036	0.53	0	2.02	0.0
000687	恒天天鹅	−0.68	0.05	0.73	0.04	0.065	0.09	2.71	1.04	16.96	0.14

续表

代码	公司	EVA	NOPAT	$C\%TC$	净利润	利息	非经常收入	无息流动负债	在建工程	平均资产	税率
000698	沈阳化工	0.59	2.65	2.06	2.10	1.286	1.104	21.98	9.13	68.55	0.16
000710	天兴仪表	−0.09	0.02	0.11	0.005	0.043	0.010	1.68	0.05	3.69	0.70
000723	美锦能源	−0.04	0.26	0.30	0.19	0.097	0	3.79	0	9.27	0.27
000727	华东科技	−0.26	0.09	0.35	0.09	0.247	0.728	3.90	0.031	10.38	1.00
000748	长城信息	−0.45	0.36	0.81	0.43	−0.042	0.09	3.64	1.58	20.02	0.22
000767	漳泽电力	−9.04	−5.26	3.78	−7.81	3.45	0.101	32.53	20.18	121.45	0.00
000778	新兴铸管	7.14	16.94	9.80	14.65	4.082	2.055	88.07	30.91	297.12	0.20
000809	铁岭新城	5.50	6.38	0.88	6.07	0.419	0.004	2.84	0.001	18.77	0.26
000828	东莞控股	1.75	3.96	2.21	3.55	0.563	0.037	5.83	0	45.95	0.19
000858	五粮液	46.82	57.98	11.16	61.57	−4.77	0.03	118.49	6.51	327.9	0.25
000875	吉电股份	−1.52	3.63	5.15	0.14	4.80	0.298	30.85	32.22	156.66	0.10
000883	湖北能源	−2.59	11.84	14.43	5.69	8.35	0.302	28.83	7.31	298.47	0.22
000902	新洋丰	−0.35	0.13	0.48	0.03	0.261	0.067	3.5	0.355	12.56	0.55
000920	南方汇通	−0.06	0.51	0.57	0.58	−0.02	0.133	6.08	0.183	16.64	0.16
000928	中钢国际	−0.47	0.63	1.10	0.016	0.831	0.031	3.01	1.49	24.46	0.00
000937	冀中能源	23.10	34.47	11.37	30.47	6.40	1.83	97.81	11.80	316.41	0.27
000953	河池化工	−0.26	0.10	0.36	−0.20	0.383	−0.047	7.07	0.14	13.80	0.00
000962	东方钽业	1.43	2.87	1.44	2.34	0.943	0.48	11.71	2.67	40.52	0.12
000969	安泰科技	0.99	3.32	2.33	3.15	0.247	0.047	14.60	4.64	61.60	0.15
000997	新大陆	−0.22	0.74	0.96	0.77	0.074	0.214	4.42	0.03	21.86	0.15
002011	盾安环境	1.94	3.59	1.65	2.93	1.16	0.548	23.90	9.91	63.73	0.06
002017	东信和平	0.04	0.48	0.44	0.36	0.274	0.212	3.03	0.083	11.07	0.26
002025	航天电器	0.31	1.16	0.85	1.36	−0.09	0.294	2.26	1.36	19.15	0.14
002041	登海种业	1.25	2.08	0.83	2.32	−0.247	−0.02	5.94	0.234	21.21	0.01
002046	轴研科技	0.22	0.64	0.42	0.64	0.078	0.165	2.23	0.32	10.25	0.16
002056	横店东磁	−0.78	0.94	1.72	0.75	0.317	0.06	6.21	1.99	39.47	0.33
002057	中钢天源	−0.04	0.17	0.21	0.11	0.108	0.048	0.84	0.008	4.64	0.18
002086	东方海洋	0.28	1.28	1.0	0.96	0.478	0.11	1.65	0.178	20.06	0.01
002092	中泰化学	1.24	5.75	4.51	4.90	0.994	−0.285	19.69	23.01	124.73	0.14
002101	广东鸿图	0.43	1.00	0.57	0.88	0.19	0.054	2.98	0.96	14.31	0.11
002116	中国海诚	0.52	0.82	0.30	0.91	−0.102	0.006	15.83	0.31	21.60	0.17
002176	江特电机	0.28	0.62	0.34	0.57	0.10	0.07	3.55	0.087	9.83	0.12
002191	劲嘉股份	2.38	3.95	1.57	3.89	0.164	0.16	5.19	2.29	35.99	0.17
002221	东华能源	−0.14	1.23	1.37	0.78	0.74	0.25	2.22	2.07	29.28	0.27

续表

代码	公司	EVA	NOPAT	C%TC	净利润	利息	非经常收入	无息流动负债	在建工程	平均资产	税率
002251	步步高	1.42	2.49	1.07	2.60	−0.067	0.16	23.63	1.85	45.0	0.24
002267	陕天然气	2.82	4.58	1.76	4.07	0.66	0.13	5.25	12.74	49.93	0.15
002297	博云新材	0.01	0.39	0.38	0.36	0.051	0.03	1.25	0.84	9.08	0.14

注：由于上市公司管理费用下没有研究开发费用的公布数据，故税后净营业利润 NOPAT 的调整中没有考虑该项费用；企业所得税税率按企业实际税率，但为了消除税收优惠对 EVA 的影响，对享有税收优惠政策的企业均按 25%的一般企业所得税税率调整

附表 3　2012 年沪深 96 家国有上市公司 EVA 计算表　　单位：亿元

代码	公司	EVA	NOPAT	C%TC	净利润	利息	非经常收入	无息流动负债	在建工程	平均资产	税率
600019	宝钢股份	−14.70	69.45	84.15	103.86	4.16	95.43	566.02	131.25	2 227.3	0.21
600039	四川路桥	4.99	11.19	6.20	6.75	5.81	−0.21	100.77	0.90	214.32	0.22
600064	南京高科	0.14	6.77	6.63	3.84	3.90	−0.02	36.02	0.055	156.57	0.22
600097	开创国际	−0.08	0.39	0.47	1.29	0.169	2.15	3.01	1.64	13.27	0.005
600112	天成控股	−0.14	0.79	0.93	0.75	0.517	0.94	4.5	2.2	23.66	0.03
600128	弘业股份	−0.37	0.63	1.0	0.65	0.058	0.16	9.43	0.29	27.84	0.26
600148	长春一东	−0.19	0.08	0.27	0.03	0.069	0.01	3.71	0.004	8.67	0.23
600165	新日恒力	−0.14	0.73	0.87	0.42	0.49	0.154	5.89	0.98	22.68	0.08
600198	大唐电信	0.10	2.34	2.24	1.69	2.24	2.75	26.37	0.62	67.68	0.19
600216	浙江医药	5.59	8.34	2.75	8.49	−0.262	−0.16	7.61	3.73	61.29	0.15
600232	金鹰股份	−0.85	0.07	0.92	0.08	0.277	0.15	2.91	0.044	19.61	0.77
600249	两面针	−1.18	0.24	1.42	0.14	0.222	0.138	4.78	1.50	32.11	0.34
600266	北京城建	3.76	11.07	7.31	10.95	0.462	0.60	126.45	0.686	260.0	0.27
600300	维维股份	−1.62	1.78	3.40	0.78	1.99	0.94	13.13	0.94	75.80	0.34
600317	营口港	1.24	7.22	5.98	5.02	2.93	−0.007	16.96	11.30	136.90	0.23
600333	长春燃气	−0.83	−0.04	0.79	0.10	0.168	0.56	10.08	3.24	27.67	0.33
600354	敦煌种业	−2.57	−0.59	1.98	−1.29	0.95	0.02	6.71	0.135	42.85	0.0
600371	万向德农	0.51	0.88	0.37	0.83	0.089	0.051	3.41	0.015	10.2	0.02
600389	江山股份	−0.07	1.16	1.23	0.33	1.075	−0.06	7.42	3.97	33.71.	0.12
600409	三友化工	−1.56	3.41	4.97	1.14	3.46	0.204	33.87	23.37	147.60	0.31
600433	冠豪高新	1.13	2.11	0.98	2.022	0.262	0.274	1.86	2.12	21.77	0.16
600461	洪城水业	0.21	2.07	1.86	1.01	1.44	0.056	5.83	1.665	41.4	0.14
600482	风帆股份	0.14	1.46	1.32	0.78	0.876	−0.16	5.12	4.43	33.52	0.26
600500	中化国际	−4.90	7.23	12.13	5.84	2.418	1.123	56.92	1.31	278.71	0.18
600531	豫光金铅	−1.06	1.78	2.84	0.49	2.08	0.234	17.52	1.97	71.16	0.34
600568	中珠控股	0.01	0.78	0.77	0.60	0.287	0.085	7.52	0.232	21.75	0.21

续表

代码	公司	EVA	NOPAT	C%TC	净利润	利息	非经常收入	无息流动负债	在建工程	平均资产	税率
600584	长电科技	−1.88	0.43	2.31	0.10	1.57	2.11	18.0	5.21	65.13	0.35
600614	鼎立股份	−0.35	0.66	1.01	0.56	0.202	0.14	6.61	0.52	25.52	0.11
600648	外高桥	−4.47	6.80	11.27	4.41	3.29	0.20	42.0	0.165	247.08	0.18
600664	哈药股份	0.97	5.18	4.21	5.00	−0.24	−0.98	54.41	5.74	136.63	0.27
600677	航天通信	−0.74	1.03	1.77	0.84	1.477	2.38	25.44	1.56	59.14	0.33
600710	常林股份	−1.37	−0.07	1.30	0.10	0.087	0.575	7.38	0.28	31.38	0.15
600730	中国高科	−0.46	0.23	0.69	0.20	0.06	0.033	4.69	0	17.20	0.33
600742	一汽富维	2.27	3.95	1.68	3.91	0.069	0.043	11.15	2.87	44.55	0.035
600761	安徽合力	1.70	3.39	1.69	3.49	0.095	0.42	12.54	1.72	44.99	0.16
600776	东方通信	0.02	1.52	1.5	1.93	−0.208	0.429	6.28	0.177	33.73	0.04
600795	国电电力	29.88	95.66	65.78	50.51	62.19	3.98	312.58	440.50	1 949.0	0.15
600811	东方集团	4.93	10.97	6.04	8.08	3.82	−0.065	28.13	1.23	139.1	0.04
600827	百联股份	0.04	8.73	8.69	11.70	−3.18	1.57	215.88	5.48	379.38	0.28
600843	上工申贝	−0.25	0.44	0.69	0.42	0.096	0.134	3.07	0.041	15.69	0.34
600859	王府井	3.73	7.50	3.77	6.72	1.119	0.10	57.60	0.65	126.82	0.27
600875	东方电气	10.27	20.60	10.33	21.91	−0.846	1.36	608.26	7.8	803.85	0.14
600967	北方创业	0.56	1.53	0.97	1.66	−0.109	0.072	13.54	0.292	31.46	0.13
600990	四创电子	0.14	0.51	0.37	0.48	0.105	0.131	5.87	0.002	12.67	0.16
601088	中国神华	329.69	492.05	162.36	476.61	21.42	1.67	831.26	470.76	4 254.0	0.17
601808	中海油服	19.18	48.37	29.19	45.59	4.27	1.13	76.2	91.63	698.55	0.16
601999	出版传媒	−0.81	0.12	0.93	0.68	−0.249	0.635	7.49	0	24.40	0.003
000014	沙河股份	−0.11	0.43	0.54	0.28	0.208	0.008	9.38	0	19.13	0.20
000021	长城开发	−4.18	0.83	5.01	0.94	−0.793	0.052	10.77	0.725	102.59	0.86
000059	华锦股份	−10.81	1.07	11.88	0.20	9.831	0.224	79.91	10.50	306.40	0.91
000065	北方国际	0.54	0.90	0.36	1.19	−0.295	−0.001	20.00	1.08	27.6	0.00
000088	盐田港	1.22	4.04	2.82	4.10	−0.067	−0.006	1.36	0.92	53.53	0.07
000488	晨鸣纸业	−12.30	7.16	19.46	0.467	10.93	4.01	74.73	38.18	466.8	0.0
000554	泰山石油	−0.21	0.26	0.47	0.24	0.010	−0.037	0.683	0.335	9.65	0.28
000582	北部湾港	0.18	0.58	0.40	0.41	0.229	−0.001	3.36	1.47	12.17	0.16
000598	兴蓉投资	4.93	7.54	2.61	7.26	0.429	0.124	18.40	11.34	77.18	0.14
000625	长安汽车	3.45	12.72	9.27	14.46	0.289	4.054	216.62	28.01	413.25	0.00
000669	金鸿能源	2.33	3.04	0.71	2.72	0.443	0.043	4.90	7.71	25.44	0.25
000687	恒天天鹅	−0.75	0.14	0.08	0.10	0.074	0.03	4.1	3.5	23.70	0.35
000698	沈阳化工	−2.95	−0.49	2.46	−1.61	1.515	0.046	19.90	4.58	69.27	0.00

续表

代码	公司	EVA	NOPAT	C%TC	净利润	利息	非经常收入	无息流动负债	在建工程	平均资产	税率
000710	天兴仪表	−0.09	0.01	0.10	0.004	0.028	0.005	1.53	0.05	3.48	0.76
000723	美锦能源	−0.60	−0.31	0.29	−0.33	0.028	−0.009	3.2	0	8.57	0.0
000727	华东科技	−0.82	−0.48	0.34	−0.48	0.362	0.28	4.93	0.027	11.18	1.00
000748	长城信息	−0.48	0.42	0.90	0.67	0.040	0.628	4.65	1.67	22.45	0.10
000767	漳泽电力	−0.85	2.58	3.43	0.62	4.834	4.445	41.07	18.67	122.18	0.00
000778	新兴铸管	3.55	15.08	11.53	12.66	5.271	4.094	105.71	49.32	364.61	0.15
000809	铁岭新城	4.88	6.74	1.86	6.33	0.563	0.015	5.63	0	39.48	0.26
000828	东莞控股	1.54	4.01	2.47	3.55	0.648	0.065	5.23	0	50.09	0.21
000858	五粮液	78.60	93.29	14.69	99.35	−7.90	0.365	135.38	8.22	410.77	0.25
000875	吉电股份	−11.96	−4.48	7.48	−4.48	7.356	0.253	21.03	8.30	165.40	1.00
000883	湖北能源	−2.11	13.45	15.56	6.69	8.94	−0.16	25.46	8.69	317.10	0.16
000902	新洋丰	−0.65	−0.18	0.47	−0.47	0.398	0.011	3.11	0.11	11.81	0.0
000920	南方汇通	−0.08	0.56	0.64	0.59	0.023	0.114	7.19	0.43	19.32	0.14
000928	中钢国际	−3.17	−1.80	1.37	−1.80	0.947	0.177	3.08	0.66	24.63	1.00
000937	冀中能源	11.84	26.73	14.89	22.51	6.71	1.85	105.44	14.56	390.81	0.27
000953	河池化工	−0.57	0.00	0.57	−0.16	0.384	0.343	8.03	0.13	18.57	0.00
000962	东方钽业	−0.62	1.23	1.85	1.03	0.885	1.24	9.3	3.02	46.0	0.15
000969	安泰科技	−1.78	1.12	2.90	0.75	0.679	0.356	16.24	3.76	72.67	0.27
000997	新大陆	−0.46	0.62	1.08	0.80	−0.049	0.33	7.51	0.03	27.17	0.16
002011	盾安环境	1.32	3.62	2.30	2.97	1.18	0.622	30.24	16.09	88.17	0.20
002017	东信和平	−0.03	0.44	0.47	0.39	0.193	0.258	3.82	0.092	12.52	0.17
002025	航天电器	0.41	1.36	0.95	1.54	−0.072	0.256	2.62	0.92	20.77	0.12
002041	登海种业	1.25	2.31	1.06	2.58	−0.31	−0.07	6.66	0.23	26.15	0.02
002046	轴研科技	−0.02	0.60	0.62	0.65	0.125	0.369	3.64	0.51	15.37	0.18
002056	横店东磁	−3.71	−1.90	1.81	−2.20	0.449	0.09	7.18	1.73	41.81	0.00
002057	中钢天源	−0.60	−0.33	0.27	−0.35	0.058	0.055	0.76	0.06	5.65	0.00
002086	东方海洋	0.34	1.40	1.06	0.99	0.589	0.09	2.9	0.16	22.33	0.01
002092	中泰化学	−2.19	3.23	5.42	2.71	1.072	0.75	34.65	52.82	186.01	0.13
002101	广东鸿图	0.20	0.83	0.63	0.78	0.13	0.13	3.65	1.44	16.51	0.13
002116	中国海诚	0.80	1.12	0.32	1.21	−0.088	0.036	20.36	0.31	26.42	0.16
002176	江特电机	−0.15	0.46	0.61	0.47	0.107	0.246	1.85	0.34	13.22	0.13
002191	劲嘉股份	2.92	4.52	1.60	4.33	0.295	0.09	6.72	3.05	38.90	0.15
002221	东华能源	−0.22	1.91	2.13	0.91	1.44	0.225	3.8	0.98	43.58	0.23
002251	步步高	2.12	3.44	1.32	3.43	0.165	0.29	29.88	2.41	56.30	0.23

续表

代码	公司	EVA	NOPAT	C%TC	净利润	利息	非经常收入	无息流动负债	在建工程	平均资产	税率
002267	陕天然气	2.16	4.70	2.54	3.33	1.82	−0.02	7.23	14.53	68.0	0.16
002297	博云新材	−0.33	0.14	0.47	0.21	0.094	0.34	1.74	0.48	10.7	0.14

注：由于上市公司管理费用下没有研究开发费用的公布数据，故税后净营业利润NOPAT的调整中没有考虑该项费用；企业所得税税率按企业实际税率，但为了消除税收优惠对EVA的影响，对享有税收优惠政策的企业均按25%的一般企业所得税税率调整

附表 4　沪深 96 家国有上市公司
2010~2012 年 EVA′、ROE′、EPS′ 与 2011~2013 年 TLR′、CLR′ 计算表

代码	EVA′	∑EVA	∑NA	ROE′	∑NP	EPS′	∑TS	TLR′	∑TD	∑TA	CLR′	∑CD
600019	0.006 6	23.59	3 575.1	0.088 2	315.3	0.613 8	513.66	0.478 0	3 212.5	6 721.3	0.410 2	2 757.0
600039	0.083 6	6.26	74.81	0.138 6	10.37	0.626 8	16.545	0.846 1	737.17	871.31	0.555 6	484.13
600064	−0.010	−1.51	159.2	0.071 6	11.40	0.736 1	15.487	0.658 2	308.52	468.76	0.526 2	246.64
600097	−0.056	−1.18	21.12	0.105 1	2.220	0.365 3	6.077 9	0.410 4	16.227	39.544	0.374 6	14.814
600112	0.005 9	−0.20	33.65	0.064 5	2.170	0.159 8	13.579	0.553 9	43.176	77.955	0.310 0	24.163
600128	−0.014	−0.61	42.75	0.062 2	2.660	0.359 3	7.403 0	0.470 2	39.278	83.539	0.463 6	38.730
600148	0.008 0	0.08	9.99	0.102 6	1.025	0.241 4	4.245 5	0.583 6	15.220	26.078	0.571 3	14.898
600165	−0.057	−1.51	26.28	−0.001	−0.036	−0.005	7.418 6	0.546 1	38.761	70.976	0.483 3	34.300
600198	−0.165	−0.62	37.58	0.118 1	4.440	0.274 1	16.197	0.774 5	191.22	246.89	0.728 0	179.73
600216	0.163 2	23.60	144.6	0.208 2	30.11	2.120 1	14.202	0.138 1	27.352	198.13	0.126 7	25.096
600232	−0.054	−2.02	37.19	0.010 1	0.377	0.034 5	10.942	0.364 9	21.021	57.607	0.362 3	20.870
600249	−0.066	−4.33	65.31	0.006 7	0.437	0.032 4	13.500	0.367 2	35.495	96.655	0.283 6	27.408
600266	0.073 2	15.00	204.89	0.202 2	41.42	1.552 7	26.676	0.723 6	638.64	882.56	0.484 8	427.88
600300	−0.037	−3.41	92.43	0.062 6	5.79	0.115 4	50.160	0.566 7	125.71	221.86	0.450 7	100.00
600317	0.009 3	1.76	188.85	0.042 3	7.98	0.183 3	43.528	0.406 7	176.99	435.24	0.116 0	50.469
600333	−0.023	−0.97	42.32	0.038 1	1.614	0.116 6	13.846	0.486 0	45.107	92.805	0.424 7	39.415
600354	−0.086	−3.72	43.1	0.076 3	3.290	0.392 9	8.373 1	0.616 3	78.114	126.74	0.578 2	73.287
600371	0.093 4	1.15	12.31	0.182 0	2.24	0.437 9	5.115 0	0.590 0	18.010	30.526	0.581 0	17.736
600389	−0.063	−1.77	28.0	0.047 9	1.342	0.225 9	5.940 0	0.692 2	69.307	100.13	0.664 5	66.540
600409	0.032 9	4.37	132.76	0.074 9	9.94	0.258 2	38.491	0.660 2	318.94	483.11	0.408 9	197.53
600433	0.032 3	1.19	36.76	0.088 5	3.255	0.236 6	13.758	0.361 6	26.512	73.326	0.276 3	20.261
600461	0.016 5	0.82	49.69	0.059 7	2.968	0.353 3	8.400 0	0.597 8	77.191	129.13	0.171 3	22.117
600482	0.011 1	0.40	36.05	0.053 2	1.919	0.138 8	13.830	0.591 3	64.092	108.40	0.442 5	47.965
600500	−0.037	−10.19	271.79	0.099 1	26.93	0.624 4	43.128	0.608 8	515.51	846.82	0.417 8	353.80

续表

代码	EVA′	∑EVA	∑NA	ROE′	∑NP	EPS′	∑TS	TLR′	∑TD	∑TA	CLR′	∑CD
600531	−0.027	−1.52	56.02	0.054 0	3.023	0.341 3	8.857 5	0.766 0	170.78	222.93	0.660 9	147.33
600568	0.053 6	1.44	26.87	0.117 6	3.16	0.452 0	6.991 6	0.553 3	38.679	69.904	0.447 0	31.249
600584	−0.026	−2.02	76.78	0.046 9	3.60	0.140 7	25.594	0.621 9	128.17	206.09	0.510 6	105.24
600614	−0.027	−0.77	28.86	0.062 4	1.80	0.105 7	17.022	0.597 3	46.624	78.057	0.483 1	37.706
600648	−0.086	−13.51	157.4	0.106 8	16.81	0.554 4	30.323	0.777 2	571.42	735.19	0.652 5	479.73
600664	0.047 4	10.24	216.1	0.106 6	23.04	0.482 6	47.741	0.455 5	199.43	437.81	0.414 3	181.40
600677	−0.026	−1.02	39.08	0.089 8	3.51	0.358 7	9.785 1	0.737 6	146.36	198.43	0.646 3	128.25
600710	0.021 4	1.21	56.49	0.081 1	4.58	0.285 1	16.067	0.331 5	30.09	90.77	0.302 5	27.46
600730	−0.600	−1.53	25.51	0.012 9	0.33	0.037 5	8.799 8	0.575 6	39.119	67.963	0.418 6	28.451
600742	0.109 7	9.68	88.23	0.157 5	13.9	2.190 4	6.345 6	0.317 9	46.45	146.13	0.310 5	45.38
600761	0.071 4	6.18	86.58	0.140 2	12.14	0.934 3	12.993	0.315 4	44.378	140.71	0.277 8	39.083
600776	−0.009	−0.69	81.25	0.064 7	5.26	0.139 6	37.680	0.180 0	18.33	101.85	0.171 7	17.94
600795	0.038 2	48.97	1 281.9	0.112 4	144.1	0.300 1	480.19	0.761 5	4 801.2	6 304.8	0.340 0	2 143.9
600811	0.030 5	6.02	196.94	0.082 0	16.14	0.322 8	50.004	0.486 0	217.52	447.58	0.423 8	189.70
600827	0.017 2	5.81	338.56	0.127 4	43.12	1.100 8	39.171	0.616 7	719.86	1 167.2	0.597 5	697.45
600843	−0.009	−0.21	23.65	0.108 2	2.56	0.190 1	13.467	0.498 9	25.879	51.864	0.287 7	14.921
600859	0.072 5	11.03	152.15	0.113 8	17.31	1.288 7	13.432	0.549 4	216.51	394.05	0.433 7	170.92
600875	0.111 6	47.95	429.38	0.185 1	79.48	1.322 1	60.116	0.791 5	1 888.6	2 386.1	0.768 4	1 833.5
600967	0.021 6	0.98	45.42	0.079 6	3.614	0.628 5	5.750 2	0.411 9	40.520	98.380	0.410 6	40.393
600990	0.035 7	0.47	13.15	0.106 5	1.40	0.396 8	3.528 0	0.616 2	28.46	46.19	0.576 7	26.64
601088	0.114 0	903.36	7 922.4	0.163 7	1 296.7	2.173 2	596.69	0.342 1	4 646.7	13 584.	0.239 0	3 246.2
601808	0.067 9	58.54	862.53	0.147 7	127.4	0.944 7	134.86	0.552 8	1 210.5	2 189.7	0.126 9	277.84
601999	−0.027	−1.33	49.25	0.054 0	2.66	0.160 9	16.527	0.320 0	23.975	74.921	0.313 4	23.481
000014	0.011 7	0.21	17.99	0.085 0	1.53	0.252 9	6.051 0	0.667 1	38.15	57.19	0.441 5	25.25
000021	−0.040	−5.15	129.55	0.056 3	7.30	0.195 3	37.379	0.607 6	208.06	342.45	0.604 6	207.03
000059	−0.023	−5.04	215.51	0.040 9	8.82	0.244 9	36.015	0.753 0	675.58	897.23	0.481 5	432.01
000065	0.091 8	1.83	19.94	0.118 4	2.36	0.484 3	4.872 9	0.748 8	71.16	95.03	0.731 2	69.49
000088	0.025 1	3.63	144.77	0.095 3	13.8	0.294 8	46.812	0.079 4	12.941	162.94	0.025 9	4.224 3
000488	−0.09	−17.27	445.93	0.043 5	19.38	0.313 3	61.861	0.687 9	969.07	1 408.8	0.420 4	592.22
000554	−0.020	−0.53	26.51	0.015 1	0.40	0.027 7	14.424	0.119 4	3.65	30.57	0.112 9	3.45
000582	0.050 6	0.57	11.26	0.106 6	1.20	0.281 5	4.263 6	0.577 5	63.53	110.01	0.275 2	30.28
000598	0.113 5	11.04	97.26	0.159 4	15.5	0.624 8	24.808	0.424 0	109.55	258.39	0.223 4	57.72

续表

代码	EVA′	∑EVA	∑NA	ROE′	∑NP	EPS′	∑TS	TLR′	∑TD	∑TA	CLR′	∑CD
000625	0.048 7	19.79	406.23	0.109 3	44.41	0.409 9	108.34	0.642 1	873.35	1 360.2	0.546 2	742.97
000669	−0.009	−0.33	36.04	0.070 8	2.55	0.561 6	4.540 4	0.591 4	64.131	108.43	0.348 5	37.788
000687	−0.043	−1.66	38.41	0.018 1	0.697	0.034 2	20.406	0.438 2	32.552	74.293	0.203 0	15.079
000698	−0.014	−1.30	92.88	0.028 4	2.64	0.133 1	19.828	0.551 4	115.10	208.75	0.373 8	78.03
000710	−0.049	−0.18	3.68	0.024 4	0.09	0.019 8	4.536 0	0.668 2	7.39	11.06	0.667 3	7.38
000723	−0.056	−0.84	15.03	−0.002	−0.026	−0.006	4.188 0	0.425 4	11.079	26.04	0.425 4	11.078
000727	−0.093	−1.40	15.12	−0.033	−0.50	−0.046	10.775	0.578 4	18.30	31.64	0.554 0	17.53
000748	−0.035	−1.37	39.05	0.037 1	1.45	0.128 7	11.267	0.446 5	32.72	73.28	0.251 8	18.45
000767	−0.547	−21.09	38.55	−0.381	−14.68	−0.370	39.712	0.874 8	480.41	549.15	0.546 1	299.89
000778	0.044 2	17.49	394.92	0.103 4	40.82	0.738 2	55.294	0.639 8	793.77	1 240.7	0.447 6	555.30
000809	0.206 8	10.31	49.84	0.249 2	12.42	1.204 7	10.310	0.387 3	52.453	135.44	0.236 6	32.049
000828	0.053 7	5.14	95.73	0.110 9	10.62	0.341	31.186	0.331 4	50.575	152.63	0.207 5	31.669
000858	0.217 0	159.15	733.32	0.290 3	212.86	1.869 2	113.88	0.271 6	342.96	1 262.8	0.270 2	341.19
000875	−0.186	−14.89	80.13	−0.037	−4.21	−0.167	25.173	0.809 8	415.95	513.65	0.242 4	124.50
000883	0.016 8	5.09	302.1	0.075 2	22.72	0.333 6	68.100	0.601 4	571.93	951.06	0.259 2	246.50
000902	−0.099	−1.18	11.87	−0.016	−0.19	−0.025	7.740 0	0.527 9	224.72	425.65	0.366 5	156.01
000920	−0.011	−0.36	31.86	0.092 0	2.93	0.231 4	12.660	0.438 0	27.746	63.349	0.409 3	25.929
000928	−0.149	−4.20	28.11	−0.062	−1.73	−0.204	8.486 7	0.700 1	49.27	70.38	0.692 0	48.7
000937	0.102 2	52.27	511.51	0.153 4	78.49	1.357 4	57.822	0.559 2	666.89	1 192.6	0.366 8	437.45
000953	−0.093	−1.07	11.50	−0.027	−0.31	−0.035	8.821 5	0.738 4	43.58	59.02	0.637 2	37.61
000962	0.017 0	1.04	60.95	0.068 6	4.18	0.337 6	12.381	0.479 0	66.778	139.41	0.332 9	46.414
000969	−0.002	−0.23	120.42	0.050 6	6.09	0.257 0	23.697	0.404 5	89.11	220.32	0.238 8	52.62
000997	−0.016	−0.70	42.77	0.097 9	4.186	0.273 5	15.308	0.493 5	45.040	91.268	0.389 3	35.532
002011	0.050 8	4.34	85.41	0.109 2	9.33	0.455 5	20.482	0.631 7	171.38	271.29	0.470 3	127.59
002017	−0.005	−0.11	20.2	0.053 5	1.08	0.170 0	6.353 8	0.479 6	18.81	39.22	0.412 0	16.16
002025	0.019	0.97	50.93	0.080	4.07	0.411 1	9.900 0	0.171 0	11.35	66.35	0.139 1	9.23
002041	0.076 0	3.87	50.91	0.240 0	12.22	1.388 6	8.800 0	0.268 4	23.415	87.245	0.251 1	21.905
002046	0.013 8	0.30	21.69	0.081 6	1.77	0.357 7	4.947 8	0.474 5	24.31	51.23	0.310 2	15.89
002056	−0.028	−2.37	84.9	0.027 8	2.36	0.189 1	12.477	0.317 5	40.487	127.53	0.218 4	27.918
002057	−0.071	−0.68	9.60	−0.015	−0.14	−0.052	2.676 9	0.304 6	5.23	17.17	0.245 2	4.21
002086	0.020 5	0.78	38.03	0.072 3	2.75	0.375 9	7.315 5	0.425 6	29.717	69.824	0.372 7	26.025
002092	−0.001	−0.21	213.9	0.049 2	10.52	0.321 7	32.706	0.623 6	387.92	622.07	0.214 0	133.14

续表

代码	EVA′	∑EVA	∑NA	ROE′	∑NP	EPS′	∑TS	TLR′	∑TD	∑TA	CLR′	∑CD
002101	0.042 7	1.17	27.41	0.091 7	2.513	0.612 9	4.100 0	0.445 0	25.351	56.968	0.404 1	23.021
002116	0.095 8	1.63	17.02	0.182 7	3.11	0.717 9	4.332 0	0.782 6	67.834	86.677	0.780 6	67.660
002176	0.009 8	0.21	21.44	0.068 6	1.47	0.197 3	7.450 9	0.357 0	15.087	42.260	0.334 0	14.113
002191	0.088 8	6.78	76.34	0.170 4	13.01	0.675 5	19.260	0.341 6	41.975	122.87	0.329 0	40.428
002221	−0.019	−0.59	31.19	0.067 0	2.09	0.282 4	7.400 7	0.726 2	119.19	164.13	0.656 6	107.77
002251	0.079 8	4.20	52.64	0.147 0	7.74	0.954 3	8.110 8	0.643 0	126.68	197.01	0.619 3	122.02
002267	0.094 2	7.79	82.72	0.138 3	11.44	0.562 5	20.337	0.595 0	132.41	222.55	0.276 3	61.490
002297	−0.021	−0.40	19.07	0.045 3	0.863	0.134 4	6.420 0	0.397 0	16.317	41.099	0.324 5	13.337

注：负债率 TLR′、CLR′ 数据与资产效率 EVA′、ROE′、EPS′ 数据相比，其时间范围之所以顺延一年，主要是考虑资产效率对负债率的影响有一定的时滞

附表5　EVA率与总负债率相关系数计算表

代码	EVA′ ①	TLR′ ②	EVA'^2	TLR'^2	①×②	代码	EVA′ ①	TLR′ ②	EVA'^2	TLR'^2	①×②
600019	0.006 6	0.478 0	0.000 0	0.228 5	0.003 2	000021	−0.040	0.607 6	0.001 6	0.369 2	−0.024 3
600039	0.083 6	0.846 1	0.007 0	0.330 0	0.070 7	000059	−0.023	0.753 0	0.000 5	0.567 0	−0.017 3
600064	−0.010	0.658 2	0.000 1	0.433 2	−0.006 6	000065	0.091 8	0.748 8	0.008 4	0.560 7	0.068 7
600097	−0.056	0.410 4	0.003 1	0.168 4	−0.023 0	000088	0.025 1	0.079 4	0.000 6	0.000 5	0.002 0
600112	0.005 9	0.553 9	0.000 0	0.306 8	0.003 3	000488	−0.09	0.687 9	0.008 1	0.473 2	−0.061 9
600128	−0.014	0.470 2	0.000 2	0.221 1	−0.006 6	000554	−0.020	0.119 4	0.000 4	0.014 3	−0.002 4
600148	0.008 0	0.583 6	0.000 1	0.340 6	0.004 7	000582	0.050 6	0.577 5	0.002 6	0.333 5	0.029 2
600165	−0.057	0.546 1	0.003 2	0.298 2	−0.031 1	000598	0.113 5	0.424 0	0.012 9	0.179 8	0.048 1
600198	−0.165	0.774 5	0.027 2	0.599 9	−0.127 8	000625	0.048 7	0.642 1	0.002 4	0.412 3	0.031 3
600216	0.163 2	0.138 1	0.026 6	0.019 1	0.022 5	000669	−0.009	0.591 4	0.000 1	0.349 8	−0.005 3
600232	−0.054	0.364 9	0.002 9	0.133 2	−0.019 7	000687	−0.043	0.438 2	0.001 8	0.192 0	−0.018 8
600249	−0.066	0.367 2	0.004 4	0.134 8	−0.024 2	000698	−0.014	0.551 4	0.000 2	0.304 0	−0.007 7
600266	0.073 2	0.723 6	0.005 4	0.523 6	0.053 0	000710	−0.049	0.668 2	0.002 4	0.446 5	−0.032 7
600300	−0.037	0.566 7	0.001 4	0.321 1	−0.021 0	000723	−0.056	0.425 4	0.003 1	0.181 0	−0.006
600317	0.009 3	0.406 7	0.000 1	0.165 4	0.003 8	000727	−0.093	0.578 4	0.008 6	0.334 5	−0.053 8
600333	−0.023	0.486 0	0.000 5	0.236 2	−0.011 2	000748	−0.035	0.446 5	0.001 2	0.199 4	−0.015 6
600354	−0.086	0.616 3	0.007 4	0.379 8	−0.053 0	000767	−0.547	0.874 8	0.299 2	0.765 3	−0.478 4
600371	0.093 4	0.590 0	0.008 7	0.348 1	0.055 1	000778	0.044 2	0.639 8	0.002 0	0.409 3	0.028 3
600389	−0.063	0.692 2	0.004 0	0.479 1	−0.043 6	000809	0.206 8	0.387 3	0.042 8	0.150 0	0.080 1
600409	0.032 9	0.660 2	0.001 1	0.435 9	0.021 7	000828	0.053 7	0.331 4	0.002 9	0.109 8	0.017 8

续表

代码	EVA′ ①	TLR′ ②	EVA′²	TLR′²	① × ②	代码	EVA′ ①	TLR′ ②	EVA′²	TLR′²	① × ②
600433	0.032 3	0.361 6	0.001 0	0.130 8	0.011 7	000858	0.217 0	0.271 6	0.047 1	0.073 8	0.058 9
600461	0.016 5	0.597 8	0.000 3	0.357 4	0.009 9	000875	−0.186 0	0.809 8	0.034 6	0.655 8	−0.150 6
600482	0.011 1	0.591 3	0.000 1	0.349 6	0.006 6	000883	0.016 8	0.601 4	0.000 3	0.361 7	0.010 1
600500	−0.037	0.608 8	0.001 4	0.370 6	−0.022 5	000902	−0.099	0.527 9	0.009 8	0.278 7	−0.052 3
600531	−0.027	0.766 0	0.000 7	0.586 8	−0.020 7	000920	−0.011	0.438 0	0.000 1	0.191 8	−0.004 8
600568	0.053 6	0.553 3	0.002 9	0.306 1	0.029 7	000928	−0.149	0.700 1	0.022 2	0.490 1	−0.104 3
600584	−0.026	0.621 9	0.000 7	0.383 8	−0.016 2	000937	0.102 2	0.559 2	0.010 4	0.312 7	0.057 2
600614	−0.027	0.597 3	0.000 7	0.356 8	−0.016 1	000953	−0.093	0.738 4	0.008 6	0.545 2	−0.068 7
600648	−0.086	0.777 2	0.007 4	0.604 0	−0.066 8	000962	0.017 0	0.479 0	0.000 3	0.229 4	0.008 1
600664	0.047 4	0.455 5	0.002 2	0.207 5	0.021 6	000969	−0.002	0.404 5	0.000 0	0.163 6	−0.000 8
600677	−0.026	0.737 6	0.000 7	0.544 1	−0.019 2	000997	−0.016	0.493 5	0.000 3	0.243 5	−0.007 9
600710	0.021 4	0.331 5	0.000 5	0.109 9	0.007 1	002011	0.050 8	0.631 7	0.002 6	0.399 0	0.032 1
600730	−0.600	0.575 6	0.360 0	0.331 3	−0.345 4	002017	−0.005	0.479 6	0.000 0	0.230 0	−0.002 4
600742	0.109 7	0.317 9	0.012 0	0.101 1	0.034 9	002025	0.019	0.171 0	0.000 4	0.029 2	0.003 2
600761	0.071 4	0.315 4	0.001 4	0.099 5	0.022 5	002041	0.076 0	0.268 4	0.005 8	0.072 0	0.020 4
600776	−0.009	0.180 0	0.000 1	0.032 4	−0.001 6	002046	0.013 8	0.474 5	0.000 2	0.225 2	0.006 5
600795	0.038 2	0.761 5	0.001 5	0.579 9	0.029 1	002056	−0.028	0.317 5	0.000 8	0.100 8	−0.008 9
600811	0.030 5	0.486 0	0.000 9	0.236 2	0.014 8	002057	−0.071	0.304 6	0.005 0	0.092 8	−0.021 6
600827	0.017 2	0.616 7	0.000 3	0.380 3	0.010 6	002086	0.020 5	0.425 6	0.000 4	0.181 1	0.008 7
600843	−0.009	0.498 9	0.000 1	0.248 9	−0.004 5	002092	−0.001	0.623 6	0.000 0	0.388 9	−0.000 6
600859	0.072 5	0.549 4	0.005 3	0.301 8	0.039 8	002101	0.042 7	0.445 0	0.001 8	0.198 0	0.019 0
600875	0.111 6	0.791 5	0.012 5	0.626 5	0.088 3	002116	0.095 8	0.782 6	0.009 2	0.612 5	0.075 0
600967	0.021 6	0.411 9	0.000 5	0.169 7	0.008 9	002176	0.009 8	0.357 0	0.000 1	0.127 4	0.003 5
600990	0.035 7	0.616 2	0.001 3	0.379 7	0.022 0	002191	0.088 8	0.341 6	0.007 9	0.116 7	0.030 3
601088	0.114 0	0.342 1	0.013 0	0.117 0	0.039 0	002221	−0.019	0.726 2	0.000 4	0.527 4	−0.013 8
601808	0.067 9	0.552 8	0.004 6	0.305 6	0.067 9	002251	0.079 8	0.643 0	0.006 4	0.413 4	0.051 3
601999	−0.027	0.320 0	0.000 7	0.102 4	−0.027	002267	0.094 2	0.595 0	0.008 9	0.354 0	0.056 0
000014	0.011 7	0.667 1	0.000 1	0.445 0	0.007 8	002297	−0.021	0.397 0	0.000 4	0.157 6	−0.008 3
Σ	−0.144 6	25.935 7	0.536 3	14.867 7	−0.197 6		−0.141 4	24.579 8	0.585 8	14.124 4	−0.423 4
总Σ	−0.286 0	50.515 5	1.122 1	28.992 1	−0.621 0	r=−0.286					

注：表中①代表 EVA′，②代表 TLR′，①×②指 EVA′ × TLR′；第四、第十列变量为 EVA′²，第五、第十一列变量为 TLR′²

附表 6　EVA 率与流动负债率相关系数计算表

代码	EVA′ ①	CLR′ ②	EVA′²	CLR′²	①×②	代码	EVA′ ①	CLR′ ②	EVA′²	CLR′²	①×②
600019	0.006 6	0.410 2	0.000 0	0.168 3	0.002 7	000021	−0.040	0.604 6	0.001 6	0.365 5	−0.024 2
600039	0.083 6	0.555 6	0.007 0	0.308 7	0.046 4	000059	−0.023	0.481 5	0.000 5	0.231 8	−0.011 1
600064	−0.010	0.526 2	0.000 1	0.276 9	−0.005 3	000065	0.091 8	0.731 2	0.008 4	0.534 7	0.067 1
600097	−0.056	0.374 6	0.003 1	0.140 3	−0.021 0	000088	0.025 1	0.025 9	0.000 6	0.000 7	0.000 7
600112	0.005 9	0.310 0	0.000 0	0.096 1	0.001 8	000488	−0.09	0.420 4	0.008 1	0.176 7	−0.037 8
600128	−0.014	0.463 6	0.000 2	0.214 9	−0.006 5	000554	−0.020	0.112 9	0.000 4	0.012 7	−0.002 3
600148	0.008 0	0.571 3	0.000 1	0.326 4	0.004 6	000582	0.050 6	0.275 2	0.002 6	0.075 7	0.013 9
600165	−0.057	0.483 3	0.003 2	0.233 6	−0.027 5	000598	0.113 5	0.223 4	0.012 9	0.049 9	0.025 4
600198	−0.165	0.728 0	0.027 2	0.530 0	−0.120 1	000625	0.048 7	0.546 2	0.002 4	0.298 3	0.026 6
600216	0.163 2	0.126 7	0.026 6	0.016 0	0.020 7	000669	−0.009	0.348 5	0.000 1	0.121 5	−0.003 1
600232	−0.054	0.362 3	0.002 9	0.131 3	−0.019 6	000687	−0.043	0.203 0	0.001 8	0.041 2	−0.008 7
600249	−0.066	0.283 6	0.004 4	0.080	−0.018 7	000698	−0.014	0.373 8	0.000 2	0.139 7	−0.005 2
600266	0.073 2	0.484 8	0.005 4	0.235 0	0.035 5	000710	−0.049	0.667 3	0.002 4	0.445 3	−0.032 7
600300	−0.037	0.450 7	0.001 4	0.203 1	−0.016 7	000723	−0.056	0.425 4	0.003 1	0.181 0	−0.023 8
600317	0.009 3	0.116 0	0.000 1	0.013 5	0.001 1	000727	−0.093	0.554 0	0.008 6	0.306 9	−0.051 5
600333	−0.023	0.424 7	0.000 5	0.180 4	−0.009 8	000748	−0.035	0.251 8	0.001 2	0.063 4	−0.008 8
600354	−0.086	0.578 2	0.007 4	0.334 3	−0.050 0	000767	−0.547	0.546 1	0.299 2	0.298 2	−0.298 7
600371	0.093 4	0.581 0	0.008 7	0.337 6	0.054 3	000778	0.044 2	0.447 6	0.002 0	0.200 3	0.019 8
600389	−0.063	0.664 5	0.004 0	0.441 6	−0.041 9	000809	0.206 8	0.236 6	0.042 8	0.056 0	0.048 9
600409	0.032 9	0.408 9	0.001 1	0.167 2	0.013 5	000828	0.053 7	0.207 5	0.002 9	0.043 1	0.011 1
600433	0.032 3	0.276 3	0.001 0	0.076 3	0.008 9	000858	0.217 0	0.270 2	0.047 1	0.073 0	0.058 6
600461	0.016 5	0.171 3	0.000 3	0.029 3	0.002 8	000875	−0.186 0	0.242 4	0.034 6	0.058 8	−0.045 1
600482	0.011 1	0.442 5	0.000 1	0.195 8	0.004 9	000883	0.016 8	0.259 2	0.000 3	0.067 2	0.004 4
600500	−0.037	0.417 8	0.001 4	0.174 6	−0.015 5	000902	−0.099	0.366 5	0.009 8	0.134 3	−0.036 3
600531	−0.027	0.660 9	0.000 7	0.436 8	−0.017 8	000920	−0.011	0.409 3	0.000 1	0.167 5	−0.004 5
600568	0.053 6	0.447 0	0.002 9	0.199 8	0.024 0	000928	−0.149	0.692 0	0.022 2	0.478 9	−0.103 1
600584	−0.026	0.510 6	0.000 7	0.260 7	−0.013 3	000937	0.102 2	0.366 8	0.010 4	0.134 5	0.037 5
600614	−0.027	0.483 1	0.000 7	0.233 4	−0.013 0	000953	−0.093	0.637 2	0.008 6	0.406 0	−0.059 3
600648	−0.086	0.652 5	0.007 4	0.425 8	−0.056 1	000962	0.017 0	0.332 9	0.000 3	0.110 8	0.005 7
600664	0.047 4	0.414 3	0.002 2	0.171 6	0.019 6	000969	−0.002	0.238 8	0.000 0	0.057 0	−0.000 5
600677	−0.026	0.646 3	0.000 7	0.417 7	−0.016 8	000997	−0.016	0.389 3	0.000 3	0.151 6	−0.006 2
600710	0.021 4	0.302 5	0.000 5	0.091 5	0.006 5	002011	0.050 8	0.470 3	0.002 6	0.221 2	0.023 9
600730	−0.600	0.418 6	0.360 0	0.175 2	−0.251 2	002017	−0.005	0.412 0	0.000 0	0.169 7	−0.002 1
600742	0.109 7	0.310 5	0.012 0	0.096 4	0.034 1	002025	0.019	0.139 1	0.000 4	0.019 3	0.002 6
600761	0.071 4	0.277 8	0.001 4	0.077 2	0.019 8	002041	0.076 0	0.251 1	0.005 8	0.063 1	0.019 1

续表

代码	EVA′ ①	CLR′ ②	EVA′^{2}	CLR′^{2}	①×②	代码	EVA′ ①	CLR′ ②	EVA′^{2}	CLR′^{2}	①×②
600776	−0.009	0.171 7	0.000 1	0.029 5	−0.001 5	002046	0.013 8	0.310 2	0.000 2	0.096 2	0.004 3
600795	0.038 2	0.340 0	0.001 5	0.037 3	0.013 0	002056	−0.028	0.218 4	0.000 8	0.047 7	−0.006 1
600811	0.030 5	0.423 8	0.000 9	0.179 6	0.001 2	002057	−0.071	0.245 2	0.005 0	0.060 1	−0.017 4
600827	0.017 2	0.597 5	0.000 3	0.357 0	0.010 3	002086	0.020 5	0.372 7	0.000 4	0.138 9	0.007 6
600843	−0.009	0.287 7	0.000 1	0.082 8	−0.002 6	002092	−0.001	0.214 0	0.000 0	0.045 8	−0.000 2
600859	0.072 5	0.433 7	0.005 3	0.188 1	0.031 4	002101	0.042 7	0.404 1	0.001 8	0.163 3	0.017 3
600875	0.111 6	0.768 4	0.012 5	0.590 4	0.085 8	002116	0.095 8	0.780 6	0.009 2	0.609 3	0.074 8
600967	0.021 6	0.410 6	0.000 5	0.168 6	0.008 9	002176	0.009 8	0.334 0	0.000 1	0.111 5	0.003 3
600990	0.035 7	0.576 7	0.001 3	0.332 6	0.020 6	002191	0.088 8	0.329 0	0.007 9	0.108 2	0.029 2
601088	0.114 0	0.239 0	0.013 0	0.057 1	0.027 2	002221	−0.019	0.656 6	0.000 4	0.431 1	−0.012 5
601808	0.067 9	0.126 9	0.004 6	0.016 1	0.008 6	002251	0.079 8	0.619 3	0.006 4	0.383 5	0.049 4
601999	−0.027	0.313 4	0.000 7	0.098 2	−0.008 5	002267	0.094 2	0.276 3	0.008 9	0.076 3	0.026 0
000014	0.011 7	0.441 5	0.000 1	0.194 9	0.005 2	002297	−0.021 0	0.324 5	0.000 4	0.105 3	−0.006 8
Σ	−0.144 6	20.467 1	0.536 3	9.829 5	−0.220 0		−0.141 4	18.244 9	0.585 8	8.332 7	−0.230 8
总Σ	−0.286 0	38.712	1.122 1	18.162 2	−0.450 8	r=−0.198 4					

注：表中①代表 EVA′，②代表 CLR′，①×②指 EVA′ × CLR′；第四、第十列变量为 EVA′^{2}，第五、第十一列变量为 CLR′^{2}

附表 7　净资产收益率与总负债率相关系数计算表

代码	ROE′ ①	TLR′ ②	ROE′^{2}	TLR′^{2}	①×②	代码	ROE′ ①	TLR′ ②	ROE′^{2}	TLR′^{2}	①×②
600019	0.088 2	0.478 0	0.007 8	0.228 5	0.042 2	000021	0.056 3	0.607 6	0.003 2	0.369 2	0.034 2
600039	0.138 6	0.846 1	0.019 2	0.330 0	0.117 3	000059	0.040 9	0.753 0	0.001 7	0.567 0	0.030 8
600064	0.071 6	0.658 2	0.005 1	0.433 2	0.047 1	000065	0.118 4	0.748 8	0.014 0	0.560 7	0.088 7
600097	0.105 1	0.410 4	0.011 0	0.168 4	0.043 1	000088	0.095 3	0.079 4	0.009 1	0.000 5	0.007 6
600112	0.064 5	0.553 9	0.004 2	0.306 8	0.035 7	000488	0.043 5	0.687 9	0.001 9	0.473 2	0.029 9
600128	0.062 2	0.470 2	0.004 0	0.221 1	0.029 2	000554	0.015 1	0.119 4	0.000 2	0.014 3	0.001 8
600148	0.102 6	0.583 6	0.010 5	0.340 6	0.059 9	000582	0.106 6	0.577 5	0.011 4	0.333 5	0.061 6
600165	−0.001	0.546 1	0.000 0	0.298 2	−0. 001	000598	0.159 4	0.424 0	0.025 4	0.179 8	0.067 6
600198	0.118 1	0.774 5	0.013 9	0.599 9	0.091 5	000625	0.109 3	0.642 1	0.011 9	0.412 3	0.070 2
600216	0.208 2	0.138 1	0.043 3	0.019 1	0.028 8	000669	0.070 8	0.591 4	0.005 0	0.349 8	0.041 9
600232	0.010 1	0.364 9	0.000 1	0.133 2	0.003 7	000687	0.018 1	0.438 2	0.000 3	0.192 0	0.007 9
600249	0.006 7	0.367 2	0.000 0	0.134 8	0.002 5	000698	0.028 4	0.551 4	0.000 8	0.304 0	0.015 7
600266	0.202 2	0.723 6	0.040 9	0.523 6	0.146 3	000710	0.024 4	0.668 2	0.000 6	0.446 5	0.016 3
600300	0.062 6	0.566 7	0.003 9	0.321 1	0.035 5	000723	−0.002	0.425 4	0.000 0	0.181 0	−0.000 9
600317	0.042 3	0.406 7	0.001 8	0.165 4	0.017 2	000727	−0.033	0.578 4	0.001 1	0.334 5	−0.019 1
600333	0.038 1	0.486 0	0.001 5	0.236 2	0.018 5	000748	0.037 1	0.446 5	0.001 4	0.199 4	0.016 6
600354	0.076 3	0.616 3	0.005 8	0.379 8	0.047 0	000767	−0.381	0.874 8	0.145 2	0.765 3	−0.333 3

续表

代码	ROE′ ①	TLR′ ②	ROE'^2	TLR'^2	①×②	代码	ROE′ ①	TLR′ ②	ROE'^2	TLR'^2	①×②
600371	0.182 0	0.590 0	0.033 1	0.348 1	0.107 4	000778	0.103 4	0.639 8	0.010 7	0.409 3	0.066 2
600389	0.047 9	0.692 2	0.002 3	0.479 1	0.033 2	000809	0.249 2	0.387 3	0.062 1	0.150 0	0.096 5
600409	0.074 9	0.660 2	0.005 6	0.435 9	0.049 4	000828	0.110 9	0.331 4	0.012 3	0.109 8	0.036 8
600433	0.088 5	0.361 6	0.007 8	0.130 8	0.032 0	000858	0.290 3	0.271 6	0.084 3	0.073 8	0.078 8
600461	0.059 7	0.597 8	0.003 6	0.357 4	0.035 7	000875	−0.037	0.809 8	0.001 4	0.655 8	−0.030 0
600482	0.053 2	0.591 3	0.002 8	0.349 6	0.031 5	000883	0.075 2	0.601 4	0.005 7	0.361 7	0.045 2
600500	0.099 1	0.608 8	0.009 8	0.370 6	0.060 3	000902	−0.016	0.527 9	0.000 3	0.278 7	−0.008 4
600531	0.054 0	0.766 0	0.002 9	0.586 8	0.041 4	000920	0.092 0	0.438 0	0.008 5	0.191 8	0.040 3
600568	0.117 6	0.553 3	0.013 8	0.306 1	0.065 1	000928	−0.062	0.700 1	0.003 8	0.490 1	−0.043 4
600584	0.046 9	0.621 9	0.002 2	0.383 8	0.029 2	000937	0.153 4	0.559 2	0.023 5	0.312 7	0.085 8
600614	0.062 4	0.597 3	0.003 9	0.356 8	0.037 3	000953	−0.027	0.738 4	0.000 7	0.545 2	−0.019 9
600648	0.106 8	0.777 2	0.011 4	0.604 0	0.083 0	000962	0.068 6	0.479 0	0.004 7	0.229 4	0.032 9
600664	0.106 6	0.455 5	0.011 4	0.207 5	0.048 6	000969	0.050 6	0.404 5	0.002 6	0.163 6	0.020 5
600677	0.089 8	0.737 6	0.008 1	0.544 1	0.066 2	000997	0.097 9	0.493 5	0.009 6	0.243 5	0.048 3
600710	0.081 1	0.331 5	0.006 6	0.109 9	0.026 9	002011	0.109 2	0.631 7	0.011 9	0.399 0	0.069 0
600730	0.012 9	0.575 6	0.000 2	0.331 3	0.007 4	002017	0.053 5	0.479 6	0.002 9	0.230 0	0.025 7
600742	0.157 5	0.317 9	0.024 8	0.101 1	0.050 1	002025	0.080 0	0.171 0	0.006 4	0.029 2	0.013 7
600761	0.140 2	0.315 4	0.019 7	0.099 5	0.044 2	002041	0.240 0	0.268 4	0.057 6	0.072 0	0.064 4
600776	0.064 7	0.180 0	0.004 2	0.032 4	0.011 6	002046	0.081 6	0.474 5	0.006 7	0.225 2	0.038 7
600795	0.112 4	0.761 5	0.012 6	0.579 9	0.085 6	002056	0.027 8	0.317 5	0.000 8	0.100 8	0.008 8
600811	0.082 0	0.486 0	0.006 7	0.236 2	0.040 0	002057	−0.015 0	0.304 6	0.000 2	0.092 8	−0.004 6
600827	0.127 4	0.616 7	0.016 2	0.380 3	0.078 6	002086	0.072 3	0.425 6	0.005 2	0.181 1	0.030 8
600843	0.108 2	0.498 9	0.011 7	0.248 9	0.054 0	002092	0.049 2	0.623 6	0.002 4	0.388 9	0.030 7
600859	0.113 8	0.549 4	0.013 0	0.301 8	0.062 5	002101	0.091 7	0.445 0	0.008 4	0.198 0	0.040 8
600875	0.185 1	0.791 5	0.034 3	0.626 5	0.146 5	002116	0.182 7	0.782 6	0.033 4	0.612 5	0.143 0
600967	0.079 6	0.411 9	0.006 3	0.169 7	0.032 8	002176	0.068 6	0.357 0	0.004 7	0.127 4	0.024 5
600990	0.106 5	0.616 2	0.011 3	0.379 7	0.065 6	002191	0.170 4	0.341 6	0.029 0	0.116 7	0.058 2
601088	0.163 7	0.342 1	0.026 8	0.117 0	0.056 0	002221	0.067 0	0.726 2	0.004 5	0.527 4	0.048 7
601808	0.147 7	0.552 8	0.021 8	0.305 6	0.081 6	002251	0.147 0	0.643 0	0.021 6	0.413 4	0.094 5
601999	0.054 0	0.320 0	0.002 9	0.102 4	0.017 3	002267	0.138 3	0.595 0	0.019 1	0.354 0	0.082 3
000014	0.085 0	0.667 1	0.007 2	0.445 0	0.056 7	002297	0.045 3	0.397 0	0.002 1	0.157 6	0.018 0
Σ	4.407 6	25.935 7	0.518 0	14.867 7	2.028 7		3.266 7	24.579 8	0.680 3	14.124 4	1.374 3
总Σ	7.674 3	50.515 5	1.198 3	28.992 1	3.403 0	r=−0.535 4					

注：表中①代表 ROE′，②代表 TLR′，①×②指 ROE′ × TLR′；第四、第十列变量为 ROE'^2，第五、第十一列变量为 TLR'^2

附表8 净资产收益率与流动负债率相关系数计算表

代码	ROE′ ①	CLR′ ②	ROE′²	CLR′²	①×②	代码	ROE′ ①	CLR′ ②	ROE′²	CLR′²	①×②
600019	0.088 2	0.410 2	0.007 8	0.168 3	0.036 2	000021	0.056 3	0.604 6	0.003 2	0.365 5	0.034 0
600039	0.138 6	0.555 6	0.019 2	0.308 7	0.077 0	000059	0.040 9	0.481 5	0.001 7	0.231 8	0.019 7
600064	0.071 6	0.526 2	0.005 1	0.276 9	0.037 7	000065	0.118 4	0.731 2	0.014 0	0.534 7	0.086 6
600097	0.105 1	0.374 6	0.011 0	0.140 3	0.039 4	000088	0.095 3	0.025 9	0.009 1	0.000 7	0.002 5
600112	0.064 5	0.310 0	0.004 2	0.096 1	0.020 0	000488	0.043 5	0.420 4	0.001 9	0.176 7	0.018 3
600128	0.062 2	0.463 6	0.004 0	0.214 9	0.028 8	000554	0.015 1	0.112 9	0.000 2	0.012 7	0.001 7
600148	0.102 6	0.571 3	0.010 5	0.326 4	0.058 6	000582	0.106 6	0.275 2	0.011 4	0.075 7	0.029 3
600165	−0.001	0.483 3	0.000 0	0.233 6	−0.000 5	000598	0.159 4	0.223 4	0.025 4	0.049 9	0.035 6
600198	0.118 1	0.728 0	0.013 9	0.530 0	0.086 0	000625	0.109 3	0.546 2	0.011 9	0.298 3	0.059 7
600216	0.208 2	0.126 7	0.043 3	0.016 0	0.026 4	000669	0.070 8	0.348 5	0.005 0	0.121 5	0.024 7
600232	0.010 1	0.362 3	0.000 1	0.131 3	0.003 7	000687	0.018 1	0.203 0	0.000 3	0.041 2	0.003 7
600249	0.006 7	0.283 6	0.000 0	0.080	0.001 9	000698	0.028 4	0.373 8	0.000 8	0.139 7	0.010 6
600266	0.202 2	0.484 8	0.040 9	0.235 0	0.098 0	000710	0.024 4	0.667 3	0.000 6	0.445 3	0.016 3
600300	0.062 6	0.450 7	0.003 9	0.203 1	0.028 2	000723	−0.002	0.425 4	0.000 0	0.181 0	−0.000 9
600317	0.042 3	0.116 0	0.001 8	0.013 5	0.004 9	000727	−0.033	0.554 0	0.001 1	0.306 9	−0.018 3
600333	0.038 1	0.424 7	0.001 5	0.180 4	0.016 2	000748	0.037 1	0.251 8	0.001 4	0.063 4	0.009 3
600354	0.076 3	0.578 2	0.005 8	0.334 3	0.044 1	000767	−0.381	0.546 1	0.145 2	0.298 2	−0.208 1
600371	0.182 0	0.581 0	0.033 1	0.337 6	0.105 7	000778	0.103 4	0.447 6	0.010 7	0.200 3	0.046 3
600389	0.047 9	0.664 5	0.002 3	0.441 6	0.031 8	000809	0.249 2	0.236 6	0.062 1	0.056 0	0.059 0
600409	0.074 9	0.408 9	0.005 6	0.167 2	0.030 6	000828	0.110 9	0.207 5	0.012 3	0.043 1	0.023 0
600433	0.088 5	0.276 3	0.007 8	0.076 3	0.024 5	000858	0.290 3	0.270 2	0.084 3	0.073 0	0.078 4
600461	0.059 7	0.171 3	0.003 6	0.029 3	0.010 2	000875	−0.037	0.242 4	0.001 4	0.058 8	−0.009 0
600482	0.053 2	0.442 5	0.002 8	0.195 8	0.023 5	000883	0.075 2	0.259 2	0.005 7	0.067 2	0.019 5
600500	0.099 1	0.417 8	0.009 8	0.174 6	0.041 4	000902	−0.016	0.366 5	0.000 3	0.134 3	−0.005 9
600531	0.054 0	0.660 9	0.002 9	0.436 8	0.035 7	000920	0.092 0	0.409 3	0.008 5	0.167 5	0.037 7
600568	0.117 6	0.447 0	0.013 8	0.199 8	0.052 6	000928	−0.062	0.692 0	0.003 8	0.478 9	−0.042 9
600584	0.046 9	0.510 6	0.002 2	0.260 7	0.023 9	000937	0.153 4	0.366 8	0.023 5	0.134 5	0.056 3
600614	0.062 4	0.483 1	0.003 9	0.233 4	0.030 1	000953	−0.027	0.637 2	0.000 7	0.406 0	−0.017 2
600648	0.106 8	0.652 5	0.011 4	0.425 8	0.069 7	000962	0.068 6	0.332 9	0.004 7	0.110 8	0.022 8
600664	0.106 6	0.414 3	0.011 4	0.171 6	0.044 2	000969	0.050 6	0.238 8	0.002 6	0.057 0	0.012 1
600677	0.089 8	0.646 3	0.008 1	0.417 7	0.058 0	000997	0.097 9	0.389 3	0.009 6	0.151 6	0.038 1
600710	0.081 1	0.302 5	0.006 6	0.091 5	0.024 5	002011	0.109 2	0.470 3	0.011 9	0.221 2	0.051 4
600730	0.012 9	0.418 6	0.000 2	0.175 2	0.005 4	002017	0.053 5	0.412 0	0.002 9	0.169 7	0.022 0
600742	0.157 5	0.310 5	0.024 8	0.096 4	0.048 9	002025	0.080 0	0.139 1	0.006 4	0.019 3	0.011 1
600761	0.140 2	0.277 8	0.019 7	0.077 2	0.038 9	002041	0.240 0	0.251 1	0.057 6	0.063 1	0.060 3

续表

代码	ROE′ ①	CLR′ ②	ROE′²	CLR′²	①×②	代码	ROE′ ①	CLR′ ②	ROE′²	CLR′²	①×②
600776	0.064 7	0.171 7	0.004 2	0.029 5	0.011 1	002046	0.081 6	0.310 2	0.006 7	0.096 2	0.025 3
600795	0.112 4	0.340 0	0.012 6	0.037 3	0.038 2	002056	0.027 8	0.218 4	0.000 8	0.047 7	0.006 1
600811	0.082 0	0.423 8	0.006 7	0.179 6	0.034 8	002057	−0.015 0	0.245 2	0.000 2	0.060 1	−0.003 7
600827	0.127 4	0.597 5	0.016 2	0.357 0	0.076 1	002086	0.072 3	0.372 7	0.005 2	0.138 9	0.026 9
600843	0.108 2	0.287 7	0.011 7	0.082 8	0.031 1	002092	0.049 2	0.214 0	0.002 4	0.045 8	0.010 5
600859	0.113 8	0.433 7	0.013 0	0.188 1	0.049 4	002101	0.091 7	0.404 1	0.008 4	0.163 3	0.037 1
600875	0.185 1	0.768 4	0.034 3	0.590 4	0.142 2	002116	0.182 7	0.780 6	0.033 4	0.609 3	0.142 6
600967	0.079 6	0.410 6	0.006 3	0.168 6	0.032 7	002176	0.068 6	0.334 0	0.004 7	0.111 5	0.022 9
600990	0.106 5	0.576 7	0.011 3	0.332 6	0.061 4	002191	0.170 4	0.329 0	0.029 0	0.108 2	0.056 1
601088	0.163 7	0.239 0	0.026 8	0.057 1	0.039 1	002221	0.067 0	0.656 6	0.004 5	0.431 1	0.044 0
601808	0.147 7	0.126 9	0.021 8	0.016 1	0.018 7	002251	0.147 0	0.619 3	0.021 6	0.383 5	0.091 0
601999	0.054 0	0.313 4	0.002 9	0.098 2	0.016 9	002267	0.138 3	0.276 3	0.019 1	0.076 3	0.038 2
000014	0.085 0	0.441 5	0.007 2	0.194 9	0.037 5	002297	0.045 3	0.324 5	0.002 1	0.105 3	0.014 7
Σ	4.407 6	20.467 1	0.518 0	9.829 5	1.895 4		3.266 7	18.244 9	0.680 3	8.332 7	1.099 4
总Σ	7.674 3	38.712	1.198 3	18.162 2	2.994 8	r=−0.086					

注：表中①代表 ROE′，②代表 CLR′，①×②指 ROE′ × CLR′；第四、第十列变量为 ROE′²，第五、第十一列变量为 CLR′²

附表 9　每股收益与总负债率相关系数计算表

代码	EPS′ ①	TLR′ ②	EPS′²	TLR′²	①×②	代码	EPS′ ①	TLR′ ②	EPS′²	TLR′²	①×②
600019	0.613 8	0.478 0	0.376 8	0.228 5	0.293 4	000021	0.195 3	0.607 6	0.038 1	0.369 2	0.118 7
600039	0.626 8	0.846 1	0.392 9	0.330 0	0.530 3	000059	0.244 9	0.753 0	0.060 0	0.567 0	0.184 4
600064	0.736 1	0.658 2	0.541 8	0.433 2	0.484 5	000065	0.484 3	0.748 8	0.234 5	0.560 7	0.362 6
600097	0.365 3	0.410 4	0.133 4	0.168 4	0.149 9	000088	0.294 8	0.079 4	0.086 9	0.000 5	0.023 4
600112	0.159 8	0.553 9	0.025 5	0.306 8	0.088 5	000488	0.313 3	0.687 9	0.098 2	0.473 2	0.215 5
600128	0.359 3	0.470 2	0.129 1	0.221 1	0.168 9	000554	0.027 7	0.119 4	0.000 8	0.014 3	0.003 3
600148	0.241 4	0.583 6	0.058 3	0.340 6	0.140 9	000582	0.281 5	0.577 5	0.079 2	0.333 5	0.162 6
600165	−0.005	0.546 1	−0.000 0	0.298 2	−0.002 7	000598	0.624 8	0.424 0	0.390 4	0.179 8	0.264 9
600198	0.274 1	0.774 5	0.075 1	0.599 9	0.212 3	000625	0.409 9	0.642 1	0.168 0	0.412 3	0.263 2
600216	2.120 1	0.138 1	4.494 8	0.019 1	0.292 8	000669	0.561 6	0.591 4	0.315 4	0.349 8	0.332 1
600232	0.034 5	0.364 9	0.001 2	0.133 2	0.012 6	000687	0.034 2	0.438 2	0.001 2	0.192 0	0.015 0
600249	0.032 4	0.367 2	0.001 0	0.134 8	0.011 9	000698	0.133 1	0.551 4	0.017 7	0.304 0	0.073 4
600266	1.552 7	0.723 6	2.410 9	0.523 6	1.123 5	000710	0.019 8	0.668 2	0.000 4	0.446 5	0.013 2
600300	0.115 4	0.566 7	0.013 3	0.321 1	0.065 4	000723	−0.006	0.425 4	0.000 0	0.181 0	−0.002 6
600317	0.183 3	0.406 7	0.033 6	0.165 4	0.074 5	000727	−0.046	0.578 4	0.002 1	0.334 5	−0.026 7
600333	0.116 6	0.486 0	0.013 6	0.236 2	0.056 7	000748	0.128 7	0.446 5	0.016 6	0.199 4	0.057 5

续表

代码	EPS′①	TLR′②	EPS$'^2$	TLR$'^2$	①×②	代码	EPS′①	TLR′②	EPS$'^2$	TLR$'^2$	①×②
600354	0.392 9	0.616 3	0.154 4	0.379 8	0.242 1	000767	−0.370	0.874 8	0.136 9	0.765 3	−0.323 7
600371	0.437 9	0.590 0	0.191 8	0.348 1	0.258 4	000778	0.738 2	0.639 8	0.544 9	0.409 3	0.472 3
600389	0.225 9	0.692 2	0.051 0	0.479 1	0.156 4	000809	1.204 7	0.387 3	1.451 3	0.150 0	0.466 6
600409	0.258 2	0.660 2	0.066 7	0.435 9	0.170 5	000828	0.341 0	0.331 4	0.116 3	0.109 8	0.113 0
600433	0.236 6	0.361 6	0.056 0	0.130 8	0.085 6	000858	1.869 2	0.271 6	3.493 9	0.073 8	0.507 7
600461	0.353 3	0.597 8	0.124 8	0.357 4	0.211 2	000875	−0.167	0.809 8	0.027 9	0.655 8	−0.135 2
600482	0.138 8	0.591 3	0.019 3	0.349 6	0.082 1	000883	0.333 6	0.601 4	0.111 3	0.361 7	0.200 6
600500	0.624 4	0.608 8	0.389 9	0.370 6	0.380 1	000902	−0.025	0.527 9	0.000 6	0.278 7	−0.013 2
600531	0.341 3	0.766 0	0.116 5	0.586 8	0.261 4	000920	0.231 4	0.438 0	0.053 5	0.191 8	0.101 4
600568	0.452 0	0.553 3	0.204 3	0.306 1	0.250 1	000928	−0.204	0.700 1	0.041 6	0.490 1	−0.142 8
600584	0.140 7	0.621 9	0.019 8	0.383 8	0.087 5	000937	1.357 4	0.559 2	1.842 5	0.312 7	0.759 1
600614	0.105 7	0.597 3	0.011 2	0.356 8	0.063 1	000953	−0.035	0.738 4	0.001 2	0.545 2	−0.025 8
600648	0.554 4	0.777 2	0.307 4	0.604 0	0.430 9	000962	0.337 6	0.479 0	0.114 0	0.229 4	0.161 7
600664	0.482 6	0.455 5	0.232 9	0.207 5	0.219 8	000969	0.257 0	0.404 5	0.066 0	0.163 6	0.104 0
600677	0.358 7	0.737 6	0.128 7	0.544 1	0.264 6	000997	0.273 5	0.493 5	0.074 8	0.243 5	0.135 0
600710	0.285 1	0.331 5	0.081 3	0.109 9	0.093 3	002011	0.455 5	0.631 7	0.207 5	0.399 0	0.287 7
600730	0.037 5	0.575 6	0.001 4	0.331 3	0.021 6	002017	0.170 0	0.479 6	0.028 9	0.230 0	0.081 5
600742	2.190 4	0.317 9	4.797 9	0.101 1	0.696 3	002025	0.411 1	0.171 0	0.169 0	0.029 2	0.070 3
600761	0.934 3	0.315 4	0.872 9	0.099 5	0.294 7	002041	1.388 6	0.268 4	1.928 2	0.072 0	0.372 7
600776	0.139 6	0.180 0	0.019 5	0.032 4	0.025 1	002046	0.357 7	0.474 5	0.127 9	0.225 2	0.169 7
600795	0.300 1	0.761 5	0.090 1	0.579 9	0.228 5	002056	0.189 1	0.317 5	0.035 8	0.100 8	0.060 0
600811	0.322 8	0.486 0	0.104 2	0.236 2	0.156 9	002057	−0.052	0.304 6	0.002 7	0.092 8	−0.015 8
600827	1.100 8	0.616 7	1.211 8	0.380 3	0.678 9	002086	0.375 9	0.425 6	0.141 3	0.181 1	0.160 0
600843	0.190 1	0.498 9	0.036 1	0.248 9	0.094 8	002092	0.321 7	0.623 6	0.103 5	0.388 9	0.200 6
600859	1.288 7	0.549 4	1.660 7	0.301 8	0.708 0	002101	0.612 9	0.445 0	0.375 6	0.198 0	0.272 7
600875	1.322 1	0.791 5	1.747 9	0.626 5	1.046 4	002116	0.717 9	0.782 6	0.515 4	0.612 5	0.561 8
600967	0.628 5	0.411 9	0.395 0	0.169 7	0.258 9	002176	0.197 3	0.357 0	0.038 9	0.127 4	0.070 4
600990	0.396 8	0.616 2	0.157 5	0.379 7	0.244 5	002191	0.675 5	0.341 6	0.456 3	0.116 7	0.230 8
601088	2.173 2	0.342 1	4.722 8	0.117 0	0.743 5	002221	0.282 4	0.726 2	0.079 7	0.527 4	0.205 1
601808	0.944 7	0.552 8	0.892 5	0.305 6	0.522 2	002251	0.954 3	0.643 0	0.910 7	0.413 4	0.613 6
601999	0.160 9	0.320 0	0.025 9	0.102 4	0.051 5	002267	0.562 5	0.595 0	0.316 4	0.354 0	0.334 7
000014	0.252 9	0.667 1	0.064 0	0.445 0	0.168 7	002297	0.134 4	0.397 0	0.018 1	0.157 6	0.053 4
Σ	25.298 5	25.935 7	27.657 5	14.867 7	12.901 0		17.599 3	24.579 8	15.042 1	14.124 4	8.170 4
总Σ	42.897 8	50.515 5	42.699 6	28.992 1	21.071 4	r=−0.199 3					

注：表中①代表 EPS′，②代表 TLR′，①×②指 EPS′ × TLR′；第四、第十列变量为 EPS$'^2$，第五、第十一列变量为 TLR$'^2$

附表 10　每股收益与流动负债率相关系数计算表

代码	EPS′ ①	CLR′ ②	EPS′²	CLR′²	①×②	代码	EPS′ ①	CLR′ ②	EPS′²	CLR′²	①×②
600019	0.613 8	0.410 2	0.376 8	0.168 3	0.251 8	000021	0.195 3	0.604 6	0.038 1	0.365 5	0.118 1
600039	0.626 8	0.555 6	0.392 9	0.308 7	0.348 2	000059	0.244 9	0.481 5	0.060 0	0.231 8	0.117 9
600064	0.736 1	0.526 2	0.541 8	0.276 9	0.387 3	000065	0.484 3	0.731 2	0.234 5	0.534 7	0.354 1
600097	0.365 3	0.374 6	0.133 4	0.140 3	0.136 8	000088	0.294 8	0.025 9	0.086 9	0.000 7	0.007 6
600112	0.159 8	0.310 0	0.025 5	0.096 1	0.049 5	000488	0.313 3	0.420 4	0.098 2	0.176 7	0.131 7
600128	0.359 3	0.463 6	0.129 1	0.214 9	0.166 6	000554	0.027 7	0.112 9	0.000 8	0.012 7	0.003 1
600148	0.241 4	0.571 3	0.058 3	0.326 4	0.137 9	000582	0.281 5	0.275 2	0.079 2	0.075 7	0.077 5
600165	−0.005	0.483 3	−0.000 0	0.233 6	−0.002 4	000598	0.624 8	0.223 4	0.390 4	0.049 9	0.139 6
600198	0.274 1	0.728 0	0.075 1	0.530 0	0.199 5	000625	0.409 9	0.546 2	0.168 0	0.298 3	0.223 9
600216	2.120 1	0.126 7	4.494 8	0.016 0	0.268 6	000669	0.561 6	0.348 5	0.315 4	0.121 5	0.195 7
600232	0.034 5	0.362 3	0.001 2	0.131 3	0.012 5	000687	0.034 2	0.203 0	0.001 2	0.041 2	0.006 9
600249	0.032 4	0.283 6	0.001 0	0.080	0.009 2	000698	0.133 1	0.373 8	0.017 7	0.139 7	0.049 8
600266	1.552 7	0.484 8	2.410 9	0.235 0	0.752 7	000710	0.019 8	0.667 3	0.000 4	0.445 3	0.013 2
600300	0.115 4	0.450 7	0.013 3	0.203 1	0.052 0	000723	−0.006	0.425 4	0.000 0	0.181 0	−0.002 6
600317	0.183 3	0.116 0	0.033 6	0.013 5	0.021 3	000727	−0.046	0.554 0	0.002 1	0.306 9	−0.025 5
600333	0.116 6	0.424 7	0.013 6	0.180 4	0.049 5	000748	0.128 7	0.251 8	0.016 6	0.063 4	0.032 4
600354	0.392 9	0.578 2	0.154 4	0.334 3	0.227 2	000767	−0.370	0.546 1	0.136 9	0.298 2	−0.202 1
600371	0.437 9	0.581 0	0.191 8	0.337 6	0.254 4	000778	0.738 2	0.447 6	0.544 9	0.200 3	0.330 4
600389	0.225 9	0.664 5	0.051 0	0.441 6	0.150 1	000809	1.204 7	0.236 6	1.451 3	0.056 0	0.285 0
600409	0.258 2	0.408 9	0.066 7	0.167 2	0.105 6	000828	0.341 0	0.207 5	0.116 3	0.043 1	0.070 8
600433	0.236 6	0.276 3	0.056 0	0.076 3	0.065 4	000858	1.869 2	0.270 2	3.493 9	0.073 0	0.505 1
600461	0.353 3	0.171 3	0.124 8	0.029 3	0.060 5	000875	−0.167 0	0.242 4	0.027 9	0.058 8	−0.040 5
600482	0.138 8	0.442 5	0.019 3	0.195 8	0.061 4	000883	0.333 6	0.259 2	0.111 3	0.067 2	0.086 5
600500	0.624 4	0.417 8	0.389 9	0.174 6	0.260 9	000902	−0.025 0	0.366 5	0.000 6	0.134 3	−0.009 2
600531	0.341 3	0.660 9	0.116 5	0.436 8	0.225 6	000920	0.231 4	0.409 3	0.053 5	0.167 5	0.094 7
600568	0.452 0	0.447 0	0.204 3	0.199 8	0.202 0	000928	−0.204 0	0.692 0	0.041 6	0.478 9	−0.141 2
600584	0.140 7	0.510 6	0.019 8	0.260 7	0.071 8	000937	1.357 4	0.366 8	1.842 5	0.134 5	0.497 9
600614	0.105 7	0.483 1	0.011 2	0.233 4	0.051 1	000953	−0.035	0.637 2	0.001 2	0.406 0	−0.022 3
600648	0.554 4	0.652 5	0.307 4	0.425 8	0.361 7	000962	0.337 6	0.332 9	0.114 0	0.110 8	0.112 4
600664	0.482 6	0.414 3	0.232 9	0.171 6	0.199 9	000969	0.257 0	0.238 8	0.066 0	0.057 0	0.061 4
600677	0.358 7	0.646 3	0.128 7	0.417 7	0.231 8	000997	0.273 5	0.389 3	0.074 8	0.151 6	0.106 5
600710	0.285 1	0.302 5	0.081 3	0.091 5	0.086 2	002011	0.455 5	0.470 3	0.207 5	0.221 2	0.214 2
600730	0.037 5	0.418 6	0.001 4	0.175 2	0.015 7	002017	0.170 0	0.412 0	0.028 9	0.169 7	0.070 0
600742	2.190 4	0.310 5	4.797 9	0.096 4	0.680 1	002025	0.411 1	0.139 1	0.169 0	0.019 3	0.057 2
600761	0.934 3	0.277 8	0.872 9	0.077 2	0.259 5	002041	1.388 6	0.251 1	1.928 2	0.063 1	0.348 7

续表

代码	EPS′①	CLR′②	EPS'^{2}	CLR'^{2}	①×②	代码	EPS′①	CLR′②	EPS'^{2}	CLR'^{2}	①×②
600776	0.139 6	0.171 7	0.019 5	0.029 5	0.024 0	002046	0.357 7	0.310 2	0.127 9	0.096 2	0.111 0
600795	0.300 1	0.340 0	0.090 1	0.037 3	0.102 0	002056	0.189 1	0.218 4	0.035 8	0.047 7	0.041 3
600811	0.322 8	0.423 8	0.104 2	0.179 6	0.136 8	002057	−0.052	0.245 2	0.002 7	0.060 1	−0.012 8
600827	1.100 8	0.597 5	1.211 8	0.357 0	0.657 7	002086	0.375 9	0.372 7	0.141 3	0.138 9	0.140 1
600843	0.190 1	0.287 7	0.036 1	0.082 8	0.054 7	002092	0.321 7	0.214 0	0.103 5	0.045 8	0.068 8
600859	1.288 7	0.433 7	1.660 7	0.188 1	0.558 9	002101	0.612 9	0.404 1	0.375 6	0.163 3	0.247 7
600875	1.322 1	0.768 4	1.747 9	0.590 4	1.015 9	002116	0.717 9	0.780 6	0.515 4	0.609 3	0.560 4
600967	0.628 5	0.410 6	0.395 0	0.168 6	0.258 1	002176	0.197 3	0.334 0	0.038 9	0.111 5	0.065 9
600990	0.396 8	0.576 7	0.157 5	0.332 6	0.228 8	002191	0.675 5	0.329 0	0.456 3	0.108 2	0.222 2
601088	2.173 2	0.239 0	4.722 8	0.057 1	0.519 4	002221	0.282 4	0.656 6	0.079 7	0.431 1	0.185 4
601808	0.944 7	0.126 9	0.892 5	0.016 1	0.119 9	002251	0.954 3	0.619 3	0.910 7	0.383 5	0.591 0
601999	0.160 9	0.313 4	0.025 9	0.098 2	0.050 4	002267	0.562 5	0.276 3	0.316 4	0.076 3	0.155 4
000014	0.252 9	0.441 5	0.064 0	0.194 9	0.111 7	002297	0.134 4	0.324 5	0.018 1	0.105 3	0.043 6
Σ	25.298 5	20.467 1	27.657 5	9.829 5	10.250 2		17.599 3	18.244 9	15.042 1	8.332 7	6.288 9
总Σ	42.897 8	38.712 0	42.699 6	18.162 2	16.539 1	r=−0.098					

注：表中①代表 EPS′，②代表 CLR′，①×②指 EPS′ × CLR′；第四、第十列变量为 EPS'^{2}，第五、第十一列变量为 CLR'^{2}